沟通说服的心理智慧

邓兮◎编著

国家一级出版社 中国纺织出版社 全国百佳图书出版单位

内 容 提 要

智慧谋略是决策成功之本，不管是兴周八百年的姜尚，还是兴汉四百年的张良，或是众所周知的诸葛亮，无一不说明智慧谋略的重要性。

事贵制人，而不贵制于人，制人者，握权也；见制于人者，制命也。学鬼谷子智慧，做人做事，便也多了三分心安。

图书在版编目（CIP）数据

沟通说服的心理智慧／邓兮编著.--北京：中国纺织出版社，2018.3（2019.4重印）
ISBN 978-7-5180-4628-7

Ⅰ.①沟… Ⅱ.①邓… Ⅲ.①说服—心理交往Ⅳ.①H019

中国版本图书馆CIP数据核字（2018）第014744号

责任编辑：闫 星　　特约编辑：王佳新　　责任印制：储志伟

中国纺织出版社出版发行
地址：北京市朝阳区百子湾东里A407号楼　邮政编码：100124
销售电话：010—67004422　传真：010—87155801
http：//www.c-textilep.com
E-mail：faxing@c-textilep.com
中国纺织出版社天猫旗舰店
官方微博http://weibo.com/2119887771
三河市延风印装有限公司印刷　各地新华书店经销
2018年3月第1版　2019年4月第2次印刷
开本：710×1000　1/16　印张：17
字数：219千字　定价：39.80元

前言

鬼谷子，战国时期著名的思想家、谋略家、军事家、教育家，堪称纵横家的鼻祖，其一生都笼罩着神秘色彩，被誉为千古奇人。他长于持家养性，精于心理揣摩，深谙刚柔之势，通晓纵横捭阖之术，独具大智慧。

冯梦龙在《东周列国志》中评价鬼谷子为，“其人通天彻地，有几家学问，人不能及。一曰数学：日星象纬，在其掌中，占往查来，言无不验；二曰兵学：六韬三略，变化无穷，布阵行兵，鬼神莫测；三曰游学：广记多闻，明理审势，出辞吐辩，万口莫当；四曰出世学：修真养性，服食引导，祛病延年，冲举可矣。”鬼谷子的智慧，莫过于“学以报国，智以保身，商以致富，名满天下，惠及子孙，泽被百姓，慈善乡里”。

鬼谷子的纵横智慧有着较为现实的操作意义，历代诸多有识之士皆悉心研究其智慧。如后世的李斯、乐毅、张良、韩信、司马懿、魏征、李白、刘伯温、曾国藩，还有美国、德国、日本等国的政治家，都是通过深谙鬼谷子的纵横智慧，最终获得了极大的成功。

鬼谷子智慧可以说是纵横家的理论宝典，不仅适用于历代有识之士，也适用于现代每一个普通人。诸如知情术、决策术、游说术、用人术等，这其中蕴含着深刻的哲学道理，引导着人们在社会竞争中“以智取胜”。可以说，鬼谷子简直是中国最早的心理学家，说客的开山鼻祖。

生活中，无论是说话做事、理家治企，一言一行都离不开鬼谷子的智慧。对客户，奇招迭出，无招胜有招；对事情，摸准规律，力到事必成；对人，知其言行，悟其本性。或许有人不认识鬼谷子，但人们每天都在用他的智慧来解决问题，这正是鬼谷子的智慧之处。

编著者

2017年1月

目　录

第一章

捭阖之道——顺应人心，扭转阴阳

捭阖就是一种智慧术，通过挑动对方打开心扉，使对方说出实情或沉默，显露真情，使自己达到或捭或阖。通过试探对方的表现，顺应人心，从而扭转态势，阴阳试之，以达到自己的目的。

阴阳之阖，达人心理

观阴阳之开阖以命物，知存亡之门户，筹策万类之终始，达人心之理，见变化之朕焉，而守司其门户。

——鬼谷子

在鬼谷子看来，人们完全可以通过观察阴阳两类现象的变化来对事物作出判断，并进一步了解事物生存和死亡的途径。计算和预测事物的发生过程，通晓人们思想变化的关键，揭示事物变化的征兆，从而把握事物发展变化的关键。

生活中，遇到事情不能只凭碰运气，而要想好了再出手。一件事情的发展，必然会透露某些细枝末节，而我们需要的就是通过这些细节来预测未来可能发生的事情。换而言之，即要我们分清形势，未雨绸缪。

在日常生活中，我们要想做好一件事情，就必须事先分析形势，学会未雨绸缪。一个人要想有所建树，就必须时刻保持胆大心细，在做任何一件事情之前都必须提醒自己，要三思而后行，“想停当了再动手”。

一只野狼卧在草地上勤奋地磨牙，狐狸看到了，就对它说：“天气这么好，大家都在休息娱乐，你也加入我们的队伍吧！”野狼没有说话，继续磨牙，把它的牙齿磨得又尖又利。狐狸奇怪地问道：“现在森林这么安静，猎人和猎狗都已经回家了，老虎也不在近处徘徊，又没有任何危险，你何必那么用劲磨牙呢？”

野狼停下来回答说：“我磨牙并不是为了娱乐，你想想，如果有一天我被猎人或者老虎追逐，到那时，我想磨牙也来不及了，而如果平时我就把牙磨好，到那时就可以保护自己了。”

其实，我们在做任何一件事情的时候，都应该未雨绸缪，居安思危，防患于未然。有了充分的准备，再去迎接挑战，我们将有很大的胜算。哪怕事情有了意外的发展，我们也不至于手忙脚乱，而能从容不迫地按照变化的形势而变化。平时不准备，临时抱佛脚是不可能的。

比如，在生意场上，每一次运作都会有一定的风险，大胆投资一桩生意，带来的究竟是丰厚的利润还是血本无归呢？在结果没有出现的时候，我们是很难预先清楚知道的，往往是到最后才能见分晓。但是，如果你事先作了周密的部署，分清形势，未雨绸缪，就几乎不会出现太大的问题。

著名商人胡雪岩是一个善于未雨绸缪的人，每一次的周密思考，都会作好充分的准备。

太平运动纷纷而起，杭州被团团围住，王有龄按照地方官“守土有责”的惯例，率杭州军民坐守孤城，直至粮草殆尽，断粮长达一个月之久。当时，城内没有食物，就将药材南货，诸如熟地、黄精、枣栗、海茎类，都用来充饥。到后来，只能吃糖、吃皮箱、吃草根树皮，最后，甚至到了以尸肉来充饥的地步。

为了筹备粮食，胡雪岩冒死出城，到上海买了一船救命的粮食，运到了杭州城外的钱塘江面，恰逢这时，所有进城的通道都已经被断绝，粮食也无法送进城内，只能远远相望。过了几天，陪同胡雪岩一起到杭州送粮的萧家骥打算进城送个消息，顺便看看是否有可行的办法将粮食运进城里。对此，胡雪岩同意了萧家骥的决定，在出发之前，胡雪岩问道：“你怎么样到达对岸，如何进城，若是在途中遇到了敌人该怎么办？”然而，对于这些至关重要的问题，萧家骥却连想都没想，他说：“在这种情况下，只能见机行事，碰碰运气了。”胡雪岩回答道：“这时候做事，不能说碰运气，要想停当了再动手。”

原来，胡雪岩有自己的想法：在这危急时刻，绝不能碰运气，历尽了千辛万苦买回来的救命粮食已经运到了城外，绝不能无果而返。既然决定冒险进城，就一定要有一个好的结果。城外对城内的情况一概不知，而城外有重兵把守，如果不小心被抓住了，肯定会给予重罚，搞不好还会被杀头；而在城中，没有一个人认识萧家骥，又不能写一个能证明其身份的文书、信函之类的东西在身边，进城去有可能还会被当成奸细呢。这样想来，就应该细细预料进城途中所遇到的情况，未雨绸缪，才能求得一个好的结果。

在胡雪岩看来，萧家骥此次进城，事关杭州百姓的安危，需要三思而后行。毕竟，许多事情之间都存在着千丝万缕的关系，一时的疏忽有可能会造成整件事情的失败，所谓“牵一发动全身”，其产生的连锁反映，将影响整个事业，最后导致全面崩盘。胡雪岩正是明白这样的道理，所以，才会在出发之前细问萧家骥到底是如何打算的。

在现实生活中也是一样的道理，例如，在投入生产前，先多花些时间，做好完善的硬件设施，未雨绸缪，这样，以后才能过上安逸清闲的日子。试想，在做一件事情之前，我们就想好了部署，想到了那些意外的情况，这样，等到真正去做的时候，胜算的几率会不会大一些呢？答案是肯定的，所谓“谋定而后动”，这才是事情成功的秘密。

鬼谷子智慧

在生活中，许多人抱怨自己没有机会，但当机会来临的时候，却由于没能充分的准备而与机会擦肩而过，到最后只能后悔莫及。所以，在做事情之前，要学会分析形势，未雨绸缪，才能掌控大局。

或捭或阖，循环始终

变化无穷，各有所归。或阴或阳，或柔或刚，或开或闭，或弛或张。

——鬼谷子

鬼谷子认为，尽管事物的变化没有止境，然而他们最终都各有自己的归宿。

或者是属阴，或者是属阳；或者是柔弱，或者是刚强；或者是开放，或者是封闭；或者是松弛，或者是紧张。

现代社会复杂多变，生活中的每一个人都没办法完全做到坦然和随心所欲，因此，适当地了解和运用一些“捭阖之术”是十分有必要的。当我们周边的环境对自己的发展有利的时候，我们应该积极采取“捭”的战略，开启自己，积极主动地进攻，以便获得更大的胜利。但是，一旦周边的环境对自己十分不利，我们就要采取“阖”的战略，收敛自己，积蓄力量，等待时机。不过，在这里“阖”的战略并不是指消极地等待时机的来临，而是应该积极地创造条件，等待时机，使当前形式朝着有利的方向转换，一捭一阖，一阴一阳，循环始终。

相传，勾践战败后，他接受了大臣文种的建议，收买了吴国太宰伯嚭，向夫差称臣纳贡求降，越王和王后到吴国给夫差为奴做妾。夫差答应了，并在吴国对勾践夫妻极尽羞辱。勾践在夫差面前一副感恩戴德五体投地的奴才相，嘴里还感激夫差不计前嫌以德报怨，宽宏仁慈。他称自己为贱臣，小心翼翼，百依百顺。夫差要上马，勾践就跪下来让夫差踏在自己的背上。夫差生病了，勾践在夫差面前寝食难安，问病尝粪，嘴里一边吃着夫差的大便，一边说出自己的忠诚之志：“恭喜大王，大王的病就快好了。”

就这样，勾践以自己的忠诚打动了夫差，终于，夫差下令让勾践回到越国。勾践回到越国之后，立志要报仇雪恨，他唯恐眼前的安逸消磨了自己的志气，于是在吃饭的地方挂上一个苦胆，每逢吃饭的时候，就先尝尝苦味，并问自己：“你忘了会稽的耻辱了吗？”他还把席子撤去，用柴草当褥子，这就是后人一直传诵的“卧薪尝胆”。

经过多年的努力，勾践召集诸大夫，向他们宣告说：“我准备和吴国开战，决一生死，希望士大夫同心协力。跟吴王夫差颈臂相交肉搏而亡，是我最大的愿望。如果这些办不到，从国内考虑，我们的国力不足以损伤吴国，与国外的诸侯结盟也不能毁灭它，那么，我将抛弃国家，离开群臣，手举刺刀，更换姓名，改变容貌，去当奴役，侍奉吴王，以便找机会刺杀他，虽然我知道这样做危险太大，要被天下人所羞辱，但我的决心已定，如果那种方法还不可行，我也一定要想办法实现自己的诺言！”

后来，越国与吴国在五湖决战，吴国军队大败，越军包围了吴王的王宫，攻下城门，夫差自刎而亡。在灭掉吴国两年之后，越国称霸诸侯。

在吴王夫差面前，勾践简直跟奴才差不多，甚至比奴才更卑贱，不仅受到了夫差的百般侮辱，嘴里还感激夫差不计前嫌以德报怨，并自称“贱臣”。这样的姿态，比委曲求全更甚，所受的侮辱和苦难不是普通人所能及的，但勾践都一一忍耐了过来。其实，他早就有了复国大计，之所以在夫差面前百般受辱，就是为了赢得夫差的信任，这样自己就可以早日回到越国去施行复国大计。

那看似的委曲求全，实则是勾践采用的“阖”的策略，在兵败吴国后，勾践便隐去锋芒，忍气吞声，暗中积蓄力量，用种种措施来慢慢转化不利的形势。一旦形势有利于自己，就马上采取“捭”的策略，主动征战，一举吞并了吴国。

韩信是淮阴人，还未成名的时候，他只是一个平民百姓，贫穷而又没有好品行，不能够被推选去做官，不可以做买卖维持生活，经常寄居在别人家里吃闲饭，因此受到人们的嫌弃。他曾多次前往下乡南昌亭亭长处吃闲饭，并在那里连续吃了好几个月，亭长的妻子很嫌弃他，就提前做好了早饭，端到内室的床上去吃。开饭的时候，韩信去了，亭长夫妇却不给他准备饭菜，韩信也明白他们的用意，一气之下，就告辞而去，不再回来。

有一次，韩信在城下钓鱼，有几个老大娘在漂洗涤丝绵，其中一位大娘看见韩信饿了，就拿出饭给韩信吃，一连几十天都这样给韩信送饭菜，直到这位大娘将所有的涤丝绵都漂洗完了。韩信感到很高兴，对那位大娘说：“我一定重重地报答您老人家。”大娘生气地说：“大丈夫不能养活自己，我是可怜你这位公子才给你饭吃，难道是希望你报答吗？”

还有一次，淮阴屠户中有个年轻人侮辱韩信说：“虽然你长得高大，喜欢带刀佩剑，但其实只是个胆小鬼。”又当众侮辱他说：“你要不怕死，就拿剑刺我；如果怕死，就从我胯下爬过去。”韩信仔细地打量了他一番后，低下身去，趴在地上，从他的胯下爬了过去。满街的人看见了，都嘲笑韩信，认为他胆小。

后来，韩信先是跟随项羽，后追随刘邦，成为刘邦麾下的杰出大将。正是因为面对胯下之辱时能够忍辱负重，才有了后来功成名就的韩信。

人人都耻笑韩信懦弱，但韩信本人却不以为耻。实际上，当时韩信绝不是不敢刺他，而是因为韩信胸怀大志，不愿与小人多生是非。如果他一剑将那个屠夫刺死了，自己也难以逃脱。因此，他甘受胯下之辱，他知道“小不忍则乱大谋”的道理，暂时忍下，等待一个可以施展自己一身才华的机会来临。

鬼谷子智慧

鬼谷子认为，忍辱负重，也是有目的的，如果一个人是毫无目的地忍耐，不管遇到何人何事都采取忍耐的态度，那这样的忍耐就是愚蠢的。在忍耐的同时，我们应该问自己“为什么忍耐”“忍耐需要达到什么样的目的”，当心中有计划，那就必须忍耐；羽翼未丰，也需要忍耐。这样的忍耐是一种智谋，因为在委曲求全忍耐的同时，他早已经将所有的计划掌控于胸中，忍耐不过是为赢得最后的成功拖延时间而已。

捭之贵周，阖之贵密

即欲捭之贵周，即欲阖之贵密。

——鬼谷子

鬼谷子认为，如果要开放，最重要的是考虑周详；如果要封闭，最重要的是严守机密。鬼谷子的这一闭藏之术与老子所说的“大巧若拙，大辩若讷”不谋而合，意思就是说那些大智慧的人、真正有本事的人，尽管有满腹学识，但平时很懂得隐藏自己，从来不自作聪明；有的人尽管能言善辩，但表现得就好像不会说话一样。

人们常常用“聪明”这样的华丽字眼儿来形容一个人的智慧，实际上，“聪明”是个值得玩味的词，它虽然透露出“智慧”，但也隐含着“不稳重、浮躁、爱表现”的意思，所以，有时候聪明也是一个贬义词。

真正的聪明人，他不会随便显露自己的聪明，甚至让人感觉是愚蠢笨拙的，表现得既谦虚又谨慎。有人认为谦虚或谨慎是一种消极的人生态度，实际上，倘若一个人能够谦虚诚恳地对待他人，就会赢得他人的好感；如果他能够谨言慎行，还有可能赢得他人的尊重。所以，做一个大智若愚的人，深藏自己的智慧，这才是人生至善至美的境界。

汉武帝即位之初，下诏征求贤良有识之士，东方朔也赶来凑热闹，他上书说：“臣自幼失去父母，由兄嫂养大，12岁开始学书法，3年之后文史知识足资运用；15岁学击剑；16岁学诗书，背诵22万言；19岁学习孙武兵法，战阵排列，也背诵了22万言。臣身高九尺三寸，眼睛明亮如宝珠，牙齿整洁如有序的贝壳，像孟贲一样勇敢，像庆忌一样敏捷，像鲍叔一样廉洁，像尾生一样忠信。像我这样的人，可以做陛下的大臣。”这分奏章自视甚高，油腔滑调，偏偏汉武帝觉得此人比较奇特，下令东方朔等诏于公车。

有一天，东方朔陪汉武帝游上林苑，汉武帝指着苑中一棵树，问东方朔：“此树叫什么名字？”“叫善哉。”东方朔随口答道。汉武帝暗中叫人将这棵树做了记号，并记下东方朔说的树名。几年后，汉武帝和东方朔又来到那棵树前，汉字武帝问东方朔：“此树叫什么名字？”“叫瞿所。”东方朔随口说道。

汉武帝脸色一沉，呵斥道：“你竟敢欺君，同一棵树，为何有两个名字？”东方朔不慌不忙地回答：“陛下，马长大之后，我们才叫它马；在它小时候，我们却称之为驹；鸡也一样，在它小时候，我们叫它雏。这棵树也有一个生长过程，我以前叫它善哉，现在叫它瞿所，有什么好奇怪的？”汉武帝明知东方朔是在诡辩，但对他的足智多谋非常欣赏，就没有追究。

东方朔聪明绝顶，但一直没能得到汉武帝的重用，多数时间只是郎官，仅供汉武帝取乐而已。东方朔也曾满怀壮志，上书陈请农战强国的大计，但是，汉武帝始终没有采纳他的意见，这主要是因为东方朔不懂得运用“闭藏之术”，总是自作聪明。

一个拥有大智慧的人，他从来不会到处炫耀自己的聪明和才华，因为他懂得更好地保护自己，这样的人才是真正有智慧的人。有人说，聪明伶俐，人见人爱！其实并不是这样，那些到处显露聪明的人实际上并没有受到人们的喜欢，相反，他们会处处受到排挤，最后郁郁不得志。

我们深究其原因，那就是他们锋芒太露，太过张扬，从来不掩饰自己的聪明，甚至为了表现自己的聪明才智，他们常常口若悬河、直抒胸臆，丝毫不考虑别人的感受；或者毫不留情地当面指出对方的错误，不给对方一个台阶下。也许，他们在表现自己时是得意的，但随后他们就会沦落为失意者。因为他们自以为很聪明的行为，无形之中给自己人生路上带来了莫大的阻碍，还会因为抢了人家的风头而招人妒忌。有的人因为聪明外露而阻碍了自己的前程，也有的人因为聪明外露而招来了杀身之祸。

鬼谷子的闭合之术，旨在要求我们懂得隐藏自己的才华与聪明，尤其是在某些人面前，或一些特定的场合之中。一个人随意展露自己的才华并不值得推崇，学会隐藏自己的锋芒，聚敛才华，方能成大事。

有人说：“聪明人能装得不让人觉得聪明，那才是真聪明。”那些表面上聪明的人，人们是不喜欢的。聪明并不是坏事，但太过锋芒毕露了，就是坏事了，因为会招人嫉妒，另外还会得罪人。所以，尽可能地隐藏自己的聪明才智，做一个人生路上的大智者。这是一种心理智慧，更是我们和谐人际关系的宝贵钥匙。

鬼谷子智慧

早在几千年以前，鬼谷子就一语道破了智慧人生的玄机，那就是我们无论处于一个什么样的位置，锋芒必不可露，不要随处显示自己的聪明。一个人有绝顶的聪明，有满腹的才华，那固然是好事，但在合适的时机运用才华而不被或少被人所妒忌，避免功高盖主，这才是最大的才华。

随其嗜欲，以见其志

审定有无与其实虚，随其嗜欲以见其志意。

——鬼谷子

鬼谷子认为，与他人相处时，要考察他们的有无与虚实，通过对他们嗜好和欲望的分析来揭示他们的志向和意愿。社会的复杂，在于人心的复杂。在日常交际中，要想与他人建立稳固的关系，首先需要了解他人，识破对方的心思，看清周围的环境，只有这样，我们才能在复杂的环境中更好地保护自己，游刃有余地应付他人。

在这个世界上，并没有独立存在的个体，因而，人与人之间的交际是不可避免的。随着经济的日新月异，人们的物理距离越来越近，甚至，彼此之间只有一堵墙或者一层楼板，但是，人们之间的心理距离却越来越远了，我不知道你所想，你亦不知道我所思，交往之中总是觉得少了点亲近，多了份阻碍。

这种距离感，实际上就是人们彼此间互不信任、互不理解而造成的。其造成的后果，不仅仅使人与人之间的关系变得越来越扑朔迷离，还会给我们带来麻烦与困惑，因为彼此戒备，交往势必更困难。那么，如何才能轻轻松松成为一个交际达人呢？秘诀只有一个，即察人心通人性，识破他人的心理，再以相应的策略迎合，如此一来，才能使你在交际场上左右逢源。

为人处世，与人相处，半分钟看破人心极为重要，只有这样，我们才能在片刻之间看透身边的人与事，看破一个人的真伪，洞悉对方内心深处所隐藏的秘密。只有看破人心，才能以不变应万变，窥探出其心理的微妙变化，辨别出其真实的心理，让自己在交际场合中左右逢源、轻松自如。

有一次，曾国藩收到了学生李鸿章的一封书信，在信中，李鸿章向恩师推荐了三位年轻人，希望他们能在恩师的帐前效力。没过几天，家人来报："李大人推荐来的人在庭院等候。"曾国藩心生一计，他悄悄地在离他们不远处的地方停了下来，暗暗观察这几个人。只见其中一个人不停地用眼睛观察着屋内的摆设，似乎在思考着什么；另外一个年轻人则低着头规规矩矩地站在庭院里；剩下的那个年轻人相貌平庸，却气宇轩昂，背着双手，仰头看着天上的浮云。

观察了一会，曾国藩便回到了房间里。很快，他就召见了这三位年轻人，和他们攀谈了起来。慢慢地，曾国藩发现，不停打量自己客厅摆设的那个年轻人和自己谈得最投机，自己的喜好习惯，似乎他都早已经熟悉；相比较之下，另外两个人的口才就差一点了，不过，那个抬头看云的年轻人虽然口才一般，但对人对事都有自己的看法，但说法比较直。最后，出人意料的是，曾国藩并没有对那个与自己谈得最投机的人委以重任，而是让他出任一个有名无权的虚职；派那个很少说话的年轻人去管理钱粮马草；而那个看云的年轻人却被派去军前效力，而且，曾国藩再三叮嘱，这个年轻人要重点培养。

众人听了曾国藩这样安排，都十分疑惑，对此，曾国藩道出了原委："第一个年轻人在庭院里等待的时候，便用心打量大厅的摆设，刚才他与我说话的时候，明显看得出来他对很多东西不甚精通，只是投我所好罢了，由此可见，此人善于钻营，有才无德，不足托付大事；第二个年轻人遇事唯唯诺诺，沉稳有余，魄力不足，只能做一个刀笔吏；最后一个年轻人不焦不躁，竟然还有心情仰观浮云，就这一份从容淡定便是少有的大将风度，更难能可贵的是，面对显贵他能不卑不亢地说出自己的想法而且很有见地，这是少有的人才啊！"曾国藩一席话说得众人连连点头称是。"不过，他性情耿直，很可能会招来口舌是非。"说完，曾国藩不由得一声叹息。

原来，那位观云的年轻人就是刘铭传，他没有辜负曾国藩的厚望，在后来的征战中脱颖而出，并因为战功赫赫被册封了爵位。然而，也正如曾国藩所预料到的一样，性情耿直的刘铭传被小人中伤，黯然离开了台湾。在等待的时候，三位年轻人神态各异，曾国藩不仅观察出了其中的端倪，还加以分析，从而看出了三位年轻人真正的才学，如此，才得出了后面的一段话。如此看来，分析能力确是看破人心的关键能力。

纵观古今中外，凡成大事者，无一不是察人心的高手。不能识风浪，就不能扬帆沧海；不能察鸟兽，就不能纵横山林；不能察人心，就不能左右逢源。也许，你能够在职场驰骋纵横、无往不胜，但是面对纷繁复杂的人际交往，却一样会困惑、迷茫。在我们身边，没有人会完完全全地把自己呈现出来，他们将自己隐藏在面具后面；不过，其眼神、举动、行为、习惯，都会暴露出其心理与性格。而我们只需要找到这些透露出来的细枝末节，就能识破对方心理了。

鬼谷子智慧

一个善于识人心的人，一定是一个观察力敏锐的人。如果你没有一定的观察能力，就无法察觉对方在表情、动作、语言上的变化，对方心里在想什么，你也根本无从知道。所以，要想看透他人，识破人心，就必须学会察言观色。不仅如此，还需要拥有慎密的心思，毕竟没有一个人会完全地袒露自己，让自己处于人们的视线之下。

启人心扉，使其畅言

微排其所言，而捭反之，以求其实，贵得其指。阖而捭之，以求其利。

——鬼谷子

鬼谷子认为，与人交际时，可以适当贬抑对方所说的话，当他们敞开（心扉）以后再反复考察，以便探察实情，切实把握对方言行的宗旨，让对方先封闭而后开放，以便抓住有利时机。在这里，鬼谷子所说的“开启之术”，就是打开对方的心扉，让对方畅所欲言。鬼谷子提倡，假如可行，我们需要先顺从对方的意向，从对方感兴趣的话题说起。

许多拜访过罗斯福的人，都会对其广博的知识感到惊奇，而且，在他身上有个格外的特点，那就是和谁都有共同话题。不管是纽约政客，还是一位外交家，罗斯福都知道该与他谈论些什么。有人问罗斯福是如何做到这一点的，他回答：“我每接见一位来访者，都会在这之前的一个晚上阅读有关这位客人特别感兴趣的东西，以便找到令人感兴趣的话题。”心理学认为，每个人都有自己的兴趣，都对和自己有共同兴趣的人有着特殊的好感。所以，当对方听到你对他的兴趣爱好也这么感兴趣，还如此了解的时候，他就会产生“同好”心理而倍感亲切。

斯科特先生是一家食品店的老板，库尔曼曾向他推销自己所在保险公司有史以来最大一笔寿险：6672美元。其实，在斯科特先生第一次推销的时候，似乎并不顺利。当时，库尔曼向斯科特先生问道：“斯科特先生，是否方便耽误您一些时间呢？我想跟您聊一聊人寿保险的事情。”斯科特有些不悦：“我工作比较忙，如果我听你说保险那就是浪费时间。我今年已经63岁了，早几年我就停止买保险了。我的孩子们已经长大成人了，他们可以很好地照顾自己，现在家里只有我、妻子、女儿，即使我有什么意外，她们也有足够的钱来过余下的生活。”

眼看出师不利，如果是其他人听到斯科特这番合情合理的话，肯定会沮丧万分。不过乐观的库尔曼并不灰心，依然向他问道：“斯科特先生，像您这样成功的人，在事业或家庭之外，应该还会有一些别的兴趣，比如对医院、宗教、慈善事业的资助。您想过这个问题吗？假如您百年之后，这些机构将怎么运转呢？”

听到这样的话，斯科特沉默了，库尔曼意识到自己说到问题的点子上了，于是趁热打铁，继续说下去：“斯科特先生，假如您选择购买我们公司的寿险，不管你是否健在，您资助的事业都将会继续运转下去。7年之后，如果您还在世的话，您每月将收到5000美元的支票，一直到您去世。假如您觉得这些钱用不着，那您可以用它们来完成您的慈善事业。”

听了这样的话，斯科特的眼睛亮了，脸上也多了笑容。他笑着说：“确实，我资助了3名尼加拉瓜传教士，这件事对我异常重要。你刚才说假如我买了保险，那3名传教士在我死后依然可以得到资助，那我一共需要花多少钱来买这份保险呢？”库尔曼回答说：“6672美元。”最终，斯科特先生购买了这份寿险。

可以说，以上这个案例是一次成功的谈判。在实际沟通过程中，最忌讳的是当我们说出自己的某些想法或观念之后，所遭遇的是对方冷漠的态度，这将使整个谈话陷入一种僵局，假如在这时不及时缓和气氛，或者说几句话暖场，那我们的沟通有可能会遭遇失败。在这个案例中，库尔曼也遭遇了这样的窘境，不过，信心十足而又机智的他并没有引导谈话走向死胡同，而是转换了一个话题，开启对方心扉，让对方畅所欲言。

在沟通过程中，谈论对方的兴趣与爱好，能让对方感觉到受重视、受尊重，继而赢得对方的好感与信任。许多人习惯于谈论自己的兴趣爱好，从来不考虑对方，这样的人永远不会得到对方的认同。

每个人都有自己感兴趣的事物或话题，我们不妨去迎合他的兴趣，积极主动地寻找出共同话题，这比漫无目的地乱说一通强过一百倍。比如，假如你了解到他以前是一个歌手，那么你就可以说“那时候唱歌辛苦吗”“感觉你声音很独特，唱歌肯定很好听”。

鬼谷子智慧

在沟通过程中，我们应该率先向对方传递友好的信息，激起对方说话的欲望。当你的话题使对方产生了浓厚的兴趣，对方就会不由自主地打开话匣子。所以，当谈话陷入尴尬境地的时候，一定要通过合适的话题激起对方的兴趣，使谈话能够持续下去，比如“看来你对书法挺有研究的”。

捭之阖之，阴阳其和

捭之者，开也、言也、阳也；阖之者，闭也，谋也、阴也。阴阳其和，终始其义。

——鬼谷子

鬼谷子认为，所谓“捭之”，就是开放、发言、公开；所谓“阖之”，就是封闭、缄默、隐匿。阴阳两方相谐调，开放与封闭才能有节度，才能善始善终。口，乃心之门户。我们需要控制好这个门户，用开启和封闭来把守这个关口，谨慎为佳。

有句话叫作“祸从口出”，在生活中，我们要学会谨言慎行，平时在与他人的交往中一定要把好口风，什么话该说，什么话不该说，什么话可以信，什么话不可信，这都需要“三思”，在大脑里多绕几个圈子，心中有个衡量，这样才能建立和谐、融洽的人际关系，避免犯下不可挽回的错误。现代社会人际关系较为复杂，自然而然就会有一些闲言碎语，有时候，你可能不小心冒出一句话而得罪了别人；有时候，我们可能无意中成为别人攻击的对象。

有一次，曾国藩与好友为学业争论了起来，后来，他回家反省：“彼此持论不合，反复辩诘。余内有矜气，自是特甚，反疑别人不虚心，何以明于责人而暗于责己也？”后来，曾国藩到友人那里为其母亲拜寿，席间，浮躁的语言多，在与同僚讨论诗文时多有浮夸之语，对此，曾国藩又回家反省：“平日辩论夸诞之人，不能遽变聋哑，惟当谈论渐低卑，开口必诚，力去狂妄之习。此二习痼弊于吾心已深。前日云，除谨言静坐，无下手处，今忘之耶？”

几天过后，曾国藩设家宴为父亲祝寿，在席间又因为虚妄之语而与友人发生了口角。父亲曾麟书看不过去，就责令曾国藩亲自登门向朋友道歉。在此之前，曾国藩已经知道自己的毛病，如今，父亲的一席话，使其彻底醒悟过来，对此，曾国藩在日记中这样写道："小珊前与予有隙，细思皆我之不是。苟我素以忠信待人，何至人不见信？苟我素能礼人以敬，何至人有谩言？且即令人有不是，何至肆口谩骂，忿戾不顾，几于忘身及亲若此！此事余有三大过：平日不信不敬，相恃太深，一也；比时一语不合，忿恨无礼，二也；龃龉之后，人之平易，我反悍然不近人情，三也。恶言不出于口，忿言不反于身，此之不知，遑问其他？谨记于此，以为切戒。"

一直以来，曾国藩都主张"谨言慎行"，由于身居要职，他对自己更是要求严格，一言一行都需要慎重考虑，这一修身行为成为其事业成功的绝对保证。现代社会，我们一样需要"谨言"，最好是少说话为妙，以避免言多必失，祸从口出。交际场合是一个极其微妙的地方，它看似平静如水，实则暗藏汹涌，因此，作为活跃于其中的一员，我们说话要三思，明白哪些话该说，哪些话不该说。

曾国藩曾经这样说："做官的人，比一般人办事方便得多；做大官的人，往往他想都没有想到，就已有人帮他把事办好了。不仅他自己是这样，就连他的家人往往也是颐指气使，无限风光，翻手为云，覆手为雨，这就是'一人得道，鸡犬升天'。所以，那些位高权贵的人，就需要对自己的言语格外小心，包括自己家人的言语也应谨慎有加。"

以曾国藩的身份和地位，平日自然会有许多同乡找他商量事情，请求帮助。对此，他所遵守的是"银钱则量力相助，办事则竭力经营"。同时，他嘱咐家人，不能到衙门里说公事，即使碰到了也要保持沉默。如果闯入了衙门，一方面会有失乡绅的气度；另一方面也会使自家受辱。哪怕是自家有事，宁愿吃亏，也不可与他人争辩，以免留下话柄。

等到升职为两江总督的时候，曾国藩手中权势更大了，他也变得更加谨慎，他曾写信给弟弟曾国荃："捐务公事，我的意思是老弟绝不多说一句话为妙。大凡人官运极盛的时候，他们的子弟经手去办公务也格外顺手，一唱百和，一和百应。然而闲言碎语也因此而起，怨恨诽谤也由此而生。"

曾国藩虽是一个天不怕地不怕的人，但是，他最怕就是言语不当而留下话柄，紧接着那些闲言、诽谤、怨恨就因此而来了。因此，他觉得在任何时候，语言都要谨慎，该沉默时就一定要沉默。以至于许多后人在评论他时，所用到的形容词是：固执、高傲、不多言。在官场活跃了十多年的曾国藩，自然十分清楚官场的险恶，有时甚至可能会因为一句话不当而丢性命，因此，他索性选择沉默，不说话似乎会更安全些。

其实，在很多时候，沉默是交际家经常用到的方法。沉默，相当于迷魂阵，让别的人看不透你的真实目的，对手也就不知道该从哪里下手了。而且，之所以保持沉默，是因为时机还不成熟，一旦这件事已经演变到不可逆转的时候，再出言就可以定乾坤。

鬼谷子智慧

鬼谷子倡导，言语既需要开启，同时更需要封闭，也就是沉默。沉默是一种态度，拖也是一种工作方法。一个人需要卓越的口才，相应地，他同样需要适当的沉默。

第二章

反应之道——眼观六路，耳听八方

鬼谷子的反应术，指的是通过言辞从对方那里获得情报的一种方法。反就是刺探对方，应就是对方的变化。使用这个方式，需要反复观察对方，探寻客体事物，务求通过各种技巧获得实情。

听其言辞，反而求之

人言者，动也；己默者，静也。因其言，听其辞。言有不合者，反而求之，其应必出。

——鬼谷子

鬼谷子认为，人家说话，是活动；自己缄默，是静止。要根据别人的言谈来听他的辞意。如果其言辞有矛盾之处，就反复诘难，其应对之矢就会出现。

在沟通过程中，占据主动位置的一定是会说的人吗？不一定是，有时候，能够把控沟通的主方向的人往往是一些善于倾听的人。卡耐基说："对和你谈话的那个人来说，他的需要和他自己的事业永远比你的事重要得多。在他的生活中，他要是牙痛，要比发生天灾数百万人伤亡的事情还更重大；他对自己头上小疮的在意，要比对一起大地震的关注还要多。"因此，我们必须要学会利用我们的耳朵，做一个善于倾听的人，并牢牢地抓住沟通的主控权。

在一次推销中，乔·吉拉德与客户洽谈顺利，眼看就快要签约成交的时候，对方却突然变了卦——快进笼子的鸟儿飞走了。

当天晚上，按照顾客留下的地址，乔·吉拉德找上门去求救。客户见他满脸真诚，就实话实说："你的失败是由于你没有自始至终听我讲的话，就在我准备签约前，我提到我的独生子即将上大学，而且提到他的运动成绩和他将来的抱负。我是以他为荣的，但是你当时却没有任何反应，而且转过头去用手机和别人讲电话，我一恼就改变主意了！"

这一番话重重地提醒了乔·吉拉德，使他领悟到"听"的重要性，让他认识到假如不能自始至终倾听对方讲话的内容，认同顾客的心理感受，难免会失去自己的顾客。以后再面对顾客时，他就十分注意倾听他们的话，不管是否和他的交易有关，都给予充分的尊重，并收到了意想不到的效果，终于他成为了一名推销大师。

在西方有一句谚语：倾听是最高的恭维。英国学者约翰阿尔代说：对于真正的交流大师来说，倾听和讲话是相互关联的，就像一块布的经线和纬线一样。当他倾听的时候，他是站在他同伴的心灵的入口；而当他讲话时，他则邀请他的听众站在通往他自己思想的入口。生活中，我们经常会遇到这样的事情：当一个遭遇烦恼的朋友找自己倾诉时，我们只需要认真听他讲话，等他讲完了，心情就会平静很多，甚至不需要我们做任何事情来帮助其恢复平静。

有一次，乔·吉拉德拜访了一个有趣的客户，谈话一开始，客户就喋喋不休地谈论起自己的儿子，他十分自豪地说："我的儿子要当医生了。"乔·吉拉德惊叹道："是吗？那太棒了！"客户继续说："我的孩子很聪明吧，在他还是婴儿的时候，我就发现他相当聪明。"乔·吉拉德点点头，回应道："我想，他的成绩非常不错。"客户回答说："当然，他是他们班上最棒的。"乔·吉拉德笑了，问道："那他高中毕业打算干什么呢？"客户回答："他在密歇根大学学医，这孩子，我最喜欢他了……"话匣子一打开，客户就聊起了儿子在小学、中学、大学的趣事。

第二天，当乔·吉拉德再次打电话给那位客户时，却被告知客户已经决定在他手中买车，而客户的原因很简单，他说："当我提起我的儿子吉米有多骄傲的时候，他是多么认真地听。"

或许，有人错误地认为多说话才能把握沟通的主动权，其实，多说话会给我们带来很多负面的影响，多说有可能会使他人对你产生戒心，认为你有某种企图；说得太多了，他人会对你敬而远之，因为他没有义务当你的倾诉桶；况且，说话这件事，说得多了，难免会出错；有时候，说得太多，暴露的信息太多，就会被别人看穿。所以，做一个懂得倾听的人，并将这样的美德沿袭在自己身上，你会赢得比别人更多的机会，获取更多的信息，并把握沟通的主动权，更加有效地打动人心。

布里德奇说："学会了如何倾听，你甚至能从谈吐笨拙的人那里得到收益。"倾听并不是没有任何意义的随声附和，一个优秀的倾听者可以从说话者那里获取大量的信息，赢得对方的喜欢，达到打动人心的目的。

不过，倾听也是有技巧的，除了听之外，还需要适时地重复对方话语中的关键字眼。当然，倾听比说话更需要毅力和耐心，假如你只是埋头玩自己的手机，或者把头瞥向一边，这样无疑会打击说话者的积极性。

鬼谷子智慧

鬼谷子认为，只有听懂了别人表达意思的人才能沟通得更好，倾听是说话的前提，先听懂别人的意思，再表达出自己的想法和观点，才能更有效地沟通。同时，听懂了别人的意思，我们才有机会掌握沟通的主动权，如此，才更容易打动人心，达到办事成功的目的。

钓语为饵，探其实情

其钓语合事，得人实也。

——鬼谷子

鬼谷子认为，对方在引诱下说出的言辞，如果与事实相一致，就可以助我们刺探到对方的实情。鬼谷子所说的“钓语”，其实就是欲擒故纵的计策。假如我们想探知对方的真正内幕和真实想法，就需要学会问话，并且自己少说，而尽可能地让对方多说。这样做，就好像在对方面前张开了一张大网，只要我们准备好了诱饵，调整好了心态，在安静等待中，便可以探知对方内心的真实世界。知对方如何想，我们就可知如何施行自己的计策，欲擒故纵，耍的就是心计。

在20世纪80年代，北京全聚德在一段时间里经常丢失烤鸭。为了调查情况，领导们秘密购买了监控器，悄悄地安装在仓库门前，结果真相很快就清楚了，原来偷烤鸭的竟是一位在全聚德勤勤恳恳工作了20多年的大厨师。

对大厨师偷窃烤鸭的行为，有的人建议报案，将他交给公安机关处理，有人觉得其中必有隐情，应该了解清楚原因再作决定。当然，贤明的领导采取了后面一种建议，立即安排人手对大厨师展开了秘密调查。

经过调查发现大厨师的妻子不久前下岗了，家中的两个孩子又在读书，因而生活陷入困境。大厨师一念之差，通过偷窃烤鸭换钱来维持生活，因此犯下错误。公司的领导们了解到这一情况之后，决定实施欲擒故纵之计，给大厨师一个改过自新的机会。

一天晚上，这位大厨师再一次偷了两只烤鸭准备回家的时候，几个事先埋伏在仓库周围的领导一起出动，大喊抓贼。大厨师一时之间吓呆了，手里拎着两只烤鸭呆呆地站在那里。这时，其中一位领导快速跑到大厨师身边，一把夺下他手里的烤鸭，高高地举起说："大厨师刚刚赶跑小偷，夺回了两只烤鸭，明天早上一定开会颁奖表扬他。"

果然，第二天公司授予大厨师"爱护国家财产优秀员工"称号，后来，又组织员工去大厨师家里，给予他适当的生活困难补助。从此，大厨师工作起来更卖力了，再也没有发生过类似偷窃的行为了。

钓语之计，具有心理攻势的作用。我们巧妙地运用欲擒故纵的战术，就是为了先让对方放松警惕，消除其戒备心理，使对方接受我们。在这个故事中，领导们明明知道窃贼就是大厨师，却故意装作不知，还给大厨师授以"爱护国家财产优秀员工"称号，一下子融化了大厨师的戒备之心，促其自感羞愧，从而促使其更加卖力地工作。而且，领导在处理这件事的时候，还免去了大厨师的后顾之忧，那就是给正陷在困境中的大厨师一家送去及时的帮助。这一计策，无疑是高人一筹的智慧。

孟尝君被驱逐出国后又回国了，谭拾子到国境上去迎接他，并问他说："您还怨恨齐国的那些士大夫吗？"孟尝君咬牙切齿地说："我对他们恨之入骨。""恨不得把他们杀了才解气，是吗？"孟尝君毫不含糊地说："是的。"谭拾子转过话题说道："有些事情是必然要发生的，有些道理是本来就存在着的，您考察过这个问题吗？"孟尝君说："没有。"

谭拾子接着说："必然要发生的事情指的是死亡，本来就存在的道理指的是人们都有追逐富贵而远离贫贱的趋向。这就是我所要说的必然发生的事情和本来如此的道理。请允许我拿集市打个比方好吗？在集市上，一到早晨便热闹非凡人来人往，一到晚上便冷冷清清无人光顾。这并不是说人们早晨喜欢集市晚上讨厌集市，而是因为早晨有生意买卖，才使得人们趋之若鹜；晚上没有生意买卖了，人们只好纷纷离去。齐国的士大夫们在朝政上不过是拿利害作交易罢了，您又何必怨恨他们呢？"

听了谭拾子这番话，孟尝君马上取出写有仇人姓名的五百支木札一刀一刀地把名单刮掉了，从此不再提起这事。

在这里，谭拾子成功地运用了鬼谷子所说的"钓语之术"，即欲擒故纵之计。他先给孟尝君提出了两个问题，让对方把自己的情绪、想法和观点充分地表露出来，然后便针对对方的心理状态、情绪态度和思想观念，采取转换视角、改变话题的方法，阐述自己的观点。当然，施行这个计策的前提是：了解并掌握对方的心境，力图站在对方的立场上设身处地思考问题，精心设计开场白。谭拾子第一句话是"您还怨恨齐国的士大夫吗"，由此走进了对方的心灵世界；接着问"恨不得杀了他们，是吗"，表示自己站在对方的立场上，造就了一个双方对话的平台。一旦等孟尝君开始真情流露，谭拾子就灵活地转变了话题，说服了孟尝君。

鬼谷子智慧

钓语之术，也就是为了要擒住对方，先故意放开他，使其不加戒备，然后再一举歼灭。当然，这个策略与三十六计中的欲擒故纵有异曲同工之妙。当我们将对方逼到无路可走时，对方就会想要反击，而让对方逃跑则可以减弱其气势。当我们在追击的时候，跟踪对手不要过于逼迫他，以消耗他的体力，瓦解他的斗志，待对方士气沮丧、溃不成军时，再想要去捕捉他，就可以避免流血。我们需要等待，等待对方心理上完全失败而信服我们，就能赢得整个结局。

以情动之，随而牧之

以象动之，以报其心，见其情，随而牧之。

——鬼谷子

鬼谷子认为，用“法象”来使对手感动，进而考察对方的思想，使其暴露出实情，进而控制对手。在与人相处的过程中，情是最能触动人心的，正所谓“欲晓之以理，必先动之以情”。一般情况下，当我们与他人进行沟通的时候，彼此都会产生一种防范心理，双方都不容易为对方的言辞所动。

这时候，你要想说服对方，就需要消除对方的防范心理。从一定程度上说，防范是一种潜意识里的自卫心理，也就是当我们把对方当作假想敌时产生的一种自我保护。而消除对方这种防范心理最有效的方法就是以情动人，通过那些充满真情的话语使对方感到你是朋友而不是敌人，用真情去瓦解对方筑起来的“防范墙”，继而有效地影响其心理。真情，可以是嘘寒问暖，可以是予以关心，可以是予以帮助等。所以，我们在日常沟通中，要善于用情说话，使对方无法抗拒。

在八十年代初，引滦入津工程因为炸药供应不足，始终处于面临停工、延误工期的困境。负责这一工程的领导者心急如焚，于是派李连长到东北某化工厂，希望能得到对方的援助。李连长接到任务后，昼夜兼程千余里赶到化工厂供销科，可只得到这样一句答复：眼下没货！于是他连忙找厂长，可无论自己怎么样劝说，厂长始终不为所动，硬邦邦地对他说：“眼下没货，我也无能为力。”

这时，厂长劝李连长不要再磨了，并给他倒了一杯茶水，李连长并不死心，他喝了一口茶，就在这时，他脑袋里突然有了主意，于是开口说道："这水真甜啊！天津人可是苦啊，喝的是海河槽，各洼淀中集的苦水，不用放茶就是黄的。"这时候，他又一眼瞥见厂长戴的是天津产的手表，于是又说道："您戴的也是天津表？听说现在全国每10块表中就有1块是天津的，每4个人里就有1个用的是天津的碱，您是办工业的行家，最懂得水与工业的关系。造一辆自行车要用一吨水，造一吨碱要160吨水，造一吨纸要200吨水……引滦入天津，正是为解燃眉之急！没有炸药，工程就得延期……"

李连长的语言很动情，同时也十分有道理。厂长理解了他的急切心情，便与他聊了起来，问："你是天津人？""不，我是河南人。也许通水时，我也喝不上那滦河水！"经过这一番对话，厂长彻底折服了。只见他抓起电话立即下达命令："全厂加班3天！"3天后，李连长拉着一车炸药胜利返程了。

无论李连长怎么劝说，厂长都不为所动，眼看自己这一次任务就要面临失败。这时候，聪明的李连长放弃了直接表达想法的方式，他知道自己再说下去，厂长肯定会恼火的，所以，他独辟蹊径，开始借题发挥起来，先是对茶水细细地评价一番，又说到了正在饮用黄水的天津百姓。然后，他看到了厂长手上所佩戴的天津手表，适时地以手表联系了天津的企业，阐述了水与工业的关系，一句"引滦入天津，正是为解燃眉之急！没有炸药，工程就得延期……"不仅说得十分动情，而且很有道理。厂长理解了他的心情，主动与李连长攀谈起来，经过一番对话，厂长折服了，而李连长也顺利完成了任务。

谚语说："真诚贵于珠宝，信实乃人民之珍。"要想自己的话语能够打动对方，就需要在话语里注满真诚，只有真诚才能打动人。如果你仅仅是几句花言巧语或者虚情假意地表达，反而令对方厌恶。

人都是有感情的，说话能做到动之以情，晓之以理，就是最完美的沟通。在实际谈判中，我们说话时要注意对方的反应，学会从对方的反应中修正自己的话语，尽可能把话说到对方心里。把话说到对方心里，才能真正地打动人。如果你在说话时总是想着自己，光顾着自己，这样说出来的话是不会有感情的。因此，我们应该处处为他人着想，让自己站在对方的立场说话，这样说出的话才有感情，才能打动对方。

鬼谷子智慧

以情动人，这时候情感就会转化为巨大的、永恒的、不可估量的力量，它能化解人与人之间的隔阂，能拉近彼此之间的距离，能感人以肺腑。另外，情通则理达，以情“动”人更有助于以理“服”人，让对方更轻易接受你的想法和建议。所以，在实际沟通中，当道理说不通的时候，我们就要换个方法，以情动人，如此才更容易成事。

善反听者，以得其情

古善反听者，乃变鬼神以得其情。其变当也，而牧之审也。

——鬼谷子

在鬼谷子看来，古代善于从反面听别人言论的人，可以改变鬼神，从而刺探到实情。他们随机应变很得当，对对手的控制也很周到。俗话说：“求神要看佛，说话要看人。”人上一百，形形色色，每个人都有自己的性情，每个人都有不同的心理。这时候，我们的语言表达方式也需要因人而异，需要迎合对方的性情、心理特点，才有可能影响对方心理。否则，一味地强势或一味地退却，只会使我们在交流中处于越来越被动的位置。所以，我们在与他人交流的时候，需要讲究看准人下“话药”，如此这般，才能使自己在人际交往中如鱼得水、应对自如。

两千多年前，孔子的学生仲由问：“听到了，就可以去干吗？”孔子回答：“不能。”这时，另一个学生冉求也问了同样的问题：“听到了，就可以去干吗？”孔子回答说：“那当然，去干吧！”公西华听了，对于老师孔子的回答感到很疑惑，就询问孔子：“这两个人问题相同，而你的回答却相反，我有点儿糊涂，想来请教。”孔子回答：“求也退，故进之；由也兼人，故退之。”

孔子的意思就是，冉求平时做事喜欢退缩，所以我要给他壮壮胆；仲由好胜，胆大勇为，所以我要劝阻他，做事要三思而后行。孔子诲人也不是千篇一律，更何况是说话呢？我们面对不同的说话对象，需要看准人下“话药”，时而强势，时而退避三舍，这样才能有效地影响他人心理。

《红楼梦》里林黛玉抛父进京城，小心翼翼初登荣国府的时候，王熙凤先是人未到话先到：“我来迟了，不曾迎接远客！”尚未出场，就给人以热情似火的感觉。随后拉过黛玉的手，上下细细打量了一回，仍送至贾母身边坐下，笑着说：“天下竟有这样标致的人物，我今儿算见了！况且这通身的气派，竟不像老祖宗的外孙女儿，竟是个嫡亲的孙女儿，怨不得老祖宗天天口头心头一时不忘。只可怜我这妹妹这样命苦，怎么姑妈偏就去世了！”

一席话，既让老祖宗悲中含喜，心里舒坦，又叫林妹妹情动于衷，感激涕零。而当贾母半嗔半怪说不该再让她伤心时，王熙凤话头一转，又说：“正是呢！我一见了妹妹，一心都在她身上了，又是喜欢，又是伤心，竟忘了老祖宗。该打，该打！”

短短几句话，王熙凤把初次见到林妹妹的悲喜爱怜的情绪，表演得淋漓尽致。而那一字一句都值得细细品味，这些语言都彰显着其性格特征。她知道黛玉是贾母最疼爱的外孙女，先恭维道：“天下竟有这样标致的人物，我今儿算见了！况且这通身的气派，竟不像老祖宗的外孙女儿，竟是个嫡亲的孙女儿，怨不得老祖宗天天口头心头一时不忘。”她看似称赞林黛玉，实际上却是讨好贾母，还捎带博得了迎春等嫡孙女的欢心。然后提到黛玉的母亲，硬是“抢先用帕拭泪”，看见贾母笑了，她也由喜转悲。她拉着黛玉的手问这问那，主要是为了炫耀自己在贾府中的地位和权势，同时，又在贾母面前表现出对黛玉的关心。

鬼谷子曾经说：“与智者言依于传，与博者言依于辨，与贵者言依于势，与富者言依于豪，与贫者言依于川，与战者言依于谦，与勇者言依于敢，与愚者言依于锐。”“说人主者，必与之言奇；说人臣者，必与之言私。”一个人要善于说话才会受欢迎，而且要能够根据不同的人说不同的话，使自己的话语有“弹性”，如此，你的人际交往也会相应地收放自如。

当我们置身于一个谈话环境中时，你就必须清楚与对方的关系，了解对方的喜好禁忌，了解对方喜欢听什么，讨厌听什么。这时候，洞悉其心理，对方想听什么，你就说什么，那些讨嫌的话绝对不能说。当然，为了能够应对各种人，我们必须不断地积累知识，拓展自己的知识面，这样才能和什么人都有话说，才能够说出对方喜欢听的话。

鬼谷子智慧

我们在开口说话之前，需要仔细观察了解对方这个人，或是了解其性格特征，或者了解他的喜好。在交谈进行的过程中，势必要“什么人说什么话”，比如，对上司不能强势，只能退避三舍；自己的利益受侵犯，必须强势维护自己的利益。

欲闻其声，必先反默

欲闻其声反默，欲张反敛，欲高反下，欲取反与。

——鬼谷子

鬼谷子认为，想要讲话，反而应该先沉默。在实际沟通中，有时候需要我们假装沉默，让对方摸不准我们心中所思所想。所谓“言多必失”，真正卓越的谈判者要善于沉默，不管在什么谈判场合，说话都应该有的放矢，不该说的时候一句话也不要说。口齿伶俐，在谈判场合中口若悬河、滔滔不绝，这是很多人所向往的场景，但如果自己在不适当的时机口无遮拦，说了错话，说漏了嘴，那就是难以弥补的过失。

楚庄王即位近三年以来，他整天打猎、喝酒，不理政事，还在宫门口挂起块大牌子，上边写着："进谏者，杀无赦！"这一天，大夫伍举进见楚王。楚庄王手中端着酒杯，口中嚼着鹿肉，醉醺醺地观赏歌舞。他眯着眼睛问道："大夫来此，是想喝酒呢，还是要看歌舞？"伍举话中有话地说："有人让我猜一个谜语，我怎么也猜不出，特此来向您请教。"楚庄王一边喝酒，一边问："什么谜语这么难猜？你说说。"伍举说："谜语是'楚京有大鸟，栖上在朝堂，历时三年整，不鸣亦不翔。令人好难解，到底为哪桩？'您请猜猜，不鸣也不翔，这究竟是只什么鸟？"楚庄王听了，心中明白伍举的意思，笑着说："我猜着了。它可不是只普通的鸟。这只鸟啊，三年不飞，一飞冲天；三年不鸣，一鸣惊人。你等着瞧吧。"伍举明白了楚庄王的意思，便高兴地退了出来。

果然，第二年，楚庄王听政，发布了九条法令，废除了十项措施，处死了五个贪官，选拔了六个进士。于是国家昌盛，天下归服。

楚庄王是一位相当聪明的君王，他不做没有把握的事，适当地选择沉默，不过早暴露自己的意图，所以最后能成就大业。古人说："大器晚成，大音希声，不鸣则已，一鸣惊人！"沉默并不是无言，而是一种积蓄能量的途径，一个酝酿思想的过程。当所有的准备都已经作好时，便只须等待猝发。就如同拉弓蓄力，为的是箭发时能铮铮有力，直冲云霄。

著名作家大仲马说过："不管一个人说得多好，你要记住，当他说得太多的时候，终究会说出蠢话来。"确实，若你说得太多，那么关于自己的一些信息就会源源不断地传递给对方，这样我们很容易就被对方看穿了，为此，我们要学会假意沉默，让对手猜不透我们的心理。

有一个经营印刷业的老板，在经营了多年之后萌发了退休的念头。他原来从美国购进了一批印刷机器，经过几年使用后，扣除磨损费应该还有250万美元的价值。他在心中打定主意，在出售这批机器的时候，一定不能以低于250万的价格。有一个买主在谈判的时候，针对这台机器的各种问题滔滔不绝地讲了很多缺点和不足，这让印刷业的老板十分恼火。但是他在自己刚要发作的时候，突然想起自己250万元的底价，于是又冷静了下来，一言不发，看着那个人继续滔滔不绝。

结果到了最后，那人再没有说话的力气，突然蹦出一句："嘿，老兄，我看你这个机器我最多能够给你350万元，再多的话我们可真是不要了。"于是，这个老板很幸运地比计划多卖了整整100万美元。

正所谓"静者心多妙，超然思不群"。一些习惯于滔滔不绝的人往往是最沉不住气的人，一旦遇到了冷静的对手，他就最容易失败，因为急躁的心情让他们没有时间考虑自己的处境与位置，也不会静下心来思考有效的对策。而在上面这个案例中，那位 嗦不停的买主正好中了老板无意设下的"陷阱"，不等对方发言，就迫不及待地提出建议价格，等于自己拿空子让别人钻。

在沟通过程中，当我们完全占据了优势的位置时，就需要少说话，正所谓"桃李不言，下自成蹊"，对方在无措之时自会露出破绽。有时候，在不了解对方的情况时不要盲目地乱说，这有可能会给对方提供可乘之机，使自己遭受很大的损失。所以，在不了解对方情况的时候，不要轻易把话说出口，需要谨慎用语。

当自己或对方的情绪正激烈的时候最好少说话，这时候一旦出言不慎就会引发一场争执。最佳的说话时机是等双方都冷静下来，能够心平气和地谈话时，再安排时间交谈，因为只有这个时候双方的交流才能顺利进行下去。

鬼谷子智慧

言不在多，假意沉默可以使自己有更多的时间思考，经过思考之后，再找准说话时机，这样说出的话会更精彩。更关键的是，假意沉默会让对方摸不着头脑，猜不透我们的心理。在日常交际中，我们应该学会假意沉默，特别是当一个比自己更有经验的人在场的时候，如果自己说得太多了，就无异于自曝其短，这样继续下去的结果将对自己很不利。

探量其能，洞其真意

若探人而居其内，量其能射其意也。符应不失，如腾蛇之所指，若羿之引矢。

——鬼谷子

鬼谷子认为，（要想探知他人真实心理）就像刺探敌情而深居敌境一般，要首先估计敌人的能力，其次再摸清敌人的意图，像验合符契一样可靠，像蛇一样迅速，像后羿张弓射箭一样准确。在日常交际中，某些特定情境下的沟通往往是一场心理战。谁能掌握了主动权，谁就能赢得最后的胜利。面对强有力的对手，我们不仅要具备良好的心理素质，更需要通过对手表现出来的细枝末节去揣摩其真实意图，简单地说，你需要知道对手手中拿着的最后一张王牌，否则，你只能败下阵来。俗话说："知己知彼，百战不殆。"

在一番心理较量中，如果我们能有效地识破对手的真实意图，无疑为整个沟通成功赢得了最佳的机会。必要的时候，我们可以利用对方的"底牌"给予其适当的压力，这会令对方更容易作出决定，他会在压力之下不得不答应我们的要求。所以，面对对手，我们要有信心去打好一场心理战，在心理较量中，识破对手的真实意图，以此达到自己的目的。

20世纪80年代，我国曾与突尼斯SIAP公司的商务代表技术代表关于在我国兴办化肥厂的有关事项进行谈判。中突双方都非常重视这个建设项目，双方完成了可行性研究报告后，经有关人员的反复论证，选择了具有优越港口条件的秦皇岛市作为建厂地点。可行性研究报告刚刚结束，科威特石油化学公司得此消息，便立即表态，愿参与此项目，与中方合资办厂，并派出了谈判代表。

可是，出乎意料之外，在谈判一开始，对方听我方介绍完该项目的前期工作后，就断然道：“厂址选在秦皇岛不合适，你们所做的一切工作都是毫无用处的，要从头开始！”这话无异于晴空霹雳，我方一时难以提出反驳意见，谈判陷入僵局。我方代表愣住了：没想到对手一来就是一个下马威。很明显。其目的是想以嚣张气焰逼迫我方败下阵来，以便答应他们提出的条件。可是，对手不过也是吓吓我方而已，放弃秦皇岛并不是他的真实意图，他的真正的意图是以最少的代价征用秦皇岛的土地。这样想来，弄清楚了对手的真实意图，我方代表心生一计。

我方一代表猛地起身发言：“我们为了建设这个化肥厂，安置了……看来这事项要无限地拖延下去了，那我们也只好把这块地让出去！对不起，我还有别的事情需要处理，我宣布退出谈判，今天下午我等候你们最后的决定！”三十分钟后，情势急转直下，对方表态：“快请代表先生回来，我们强烈要求迅速征用秦皇岛的厂地！”

谈判最终取得成功的秘诀在于，我方代表识破了对手的真实意图：他们不敢真正地舍弃秦皇岛这个占据优势的地理位置。于是，我方代表巧妙应付，向对手表示“那我们只好把这块地让出去了”，没想，这样一说，真的吓坏了对手，一下子击中了对方的要害，令其不得不降服于自己。

1969年9月的一天，美国国务卿基辛格，就越南战争问题与苏联驻美国大使多勃雷宁举行会谈。谈判正在饭桌上进行时，尼克松总统给基辛格打来电话，接完电话之后，基辛格对多勃雷宁说：“总统刚才在电话里对我说，关于越南问题，列车刚刚开出车站，现在正在轨道上行驶。”老练的多勃雷宁试图缓和一下气氛，机智地接过话头说：“我希望是驾飞机而不是火车，因为飞机中途还能改变航向。”基辛格立即回答道：“总统是非常注意选择词汇的，我相信他说一不二，他说的是火车。”

基辛格巧用火车与飞机的比喻，幽默地对对手进行旁敲侧击，既鲜明、坚定地表明了自己的立场，又试探出了对方的立场，而语气和态度又不显得过分强硬，令对手容易接受。可见，在谈判中，隐晦、形象的试探语言，往往能有效地活跃气氛，使沟通轻松、愉快，并逐步向有利的方向发展。

沟通时，若是紧紧相逼，不仅不能识破对方的真实意图，反而会使自己陷入难堪的境地。因此，我们需要懂得退让。另外，让步不能一步到位，而是应该一步一步地退让，而且让步也不能太早，过早地让步往往会导致己方的后悔。但是，若关键时刻不肯让步，也容易导致沟通的破裂。大多数情况下，当对方已经到了让步的最后阶段，我们可以适当作出让步，让沟通得以顺利进行。

鬼谷子智慧

在沟通过程中，以静制动，就是静非不动，敌不动我不动，静观其变。在双方的对峙中，需要以静制动，你若按捺不住，四处乱动，那么，你的胜算就会少之又少；如果你能以静制动，那么，在与对手的周旋过程中，便能逐渐转化自己的劣势，变为优势，而且，在这等待的过程中，你能够通过对手表现出来的言行而识破他的真实意图，这样，对手就处于被迫地位了。

第二章 内揵之道——找准支点，一攻即破

『内』，就是使人采取自己的计策。『揵』；就是设法坚持自己的计策。内揵之道，即进献说辞、固守谋略，以情动人，以理动人。在运用内揵术的过程中，最重要的在于把握领导的心理。

君臣上下，亲疏有间

君臣上下之事，有远而亲，近而疏；就之不用，去之反求；日进前而不御，遥闻声而相思。

——鬼谷子

鬼谷子认为，君臣上下之间，有的距离很远却很亲密，有的距离很近却很疏远；有的在身边却不被使用，有的在离去以后还受聘请；有的天天都能到君主眼前却不被信任，有的距离君主十分遥远却听到声音就被思念。

鬼谷子道出了复杂的职场关系：为什么同是下属，与上司的亲疏关系却是如此变化多端呢？其实，其中最重要的一点就是善于用言语揣摩到上司的心思，如此我们自己才能把握与上司的亲疏关系。

在职场中，我们所需要接触较多的人就是上司和同事，尤其是上司，他在一定程度上将决定着我们职场前途的兴衰。为此，与上司相处时，需要我们多长个心眼，了解上司的微妙心理，正所谓“知己知彼，百战不殆”。许多人发现，步入职场后，一旦与上司开始接触，自己之前那种喜悦之情就会骤然消失，取而代之的是不安的心理，甚至，上司的相处过程可谓是痛苦不堪。如果仔细询问原因，他会哭丧着脸说：“谁知道上司的心思这么难猜呢！”

明朝建国后，有一天，明太祖朱元璋在大殿上想到江南之地已归己有，便吩咐画工将江南山川画于殿壁上。

谁料，画工回答说：“臣未遍迹山川，且才识浅薄，不敢奉诏。”皇上勃然大怒：“小奴才，胆敢违旨抗命，可否知罪？”于是，立即命令刀斧工欲将画工推出去斩首，这时，画工急中生智道：“陛下息怒，您遍历九州岛，见多识广，而且是您的江山，您了如指掌，劳陛下先画个轮廓。”皇上一听，果然转怒为喜，挥笔画了一个轮廓，让画工开始润色。画工说道："陛下江山已定，岂可动摇。"这话说得朱元璋心头大喜，不但免去了画工的死罪，且赏了画工白银300两。

本来要被斩首的画工仅仅是凭着自己揣摩上司心理的技巧，不仅保全了自己的性命，而且得到了上司的赏赐，这就是掌握上司心理的职场决胜技巧。在职场中，上司的位置随时处于高地，这对于他的下属来说，就像心中随时揣了一只兔子，心里七上八下，稍有不慎，就可能会因为一句话而毁掉自己的职场美梦。为此，我们需要揣摩上司的心理，了解上司，这样，我们才能"对症下药"，才能把话说到上司心窝里，也才能赢得上司的青睐。

小倩是单位后勤部的行政人员，她性格活泼开朗，喜欢开玩笑。上班后不久，她发现后勤部的张主任长相很斯文，对下属也经常是笑嘻嘻的，小倩就很想开开张主任的玩笑。

这天，张主任穿着一身新衣服来上班，黑色西装、黑色衬衫、黑色裤子、黑色领带，正好在走廊上碰到了小倩。小倩马上大声地说："哟，张主任，您今天这是去哪里啊，穿得这么崭新。"张主任听了，咧嘴一笑，可小倩马上说道："瞧你穿着一身黑色的，莫不是参加谁的葬礼吧？"话刚说完，张主任的脸色就变了，小倩也意识到自己说错了话，但自己经常跟朋友们开这样的玩笑，应该不会怎么样吧。

由于对张主任开了这样的玩笑，在后面的工作中，张主任根本不愿意接触小倩，以至于小倩无法与领导进行正常的沟通，工作开展得也很不顺利。

在上面这个案例中，小倩所开的玩笑太过火了，虽然她意识到自己说错了话，但觉得这些玩笑都是平时与朋友说的，应该没什么问题。然而她忽略了，领导就是领导，并不是朋友，你与朋友说话可以很随便，但对领导说话却不能这样随意，而是需要谨慎开口，把握好彼此之间的亲近尺度。

在生活中，我们不喜欢谁，大可以与对方保持距离，但在工作中就不一样了。一旦自己与上司缺乏沟通，结果只会使彼此之间越来越不信任。那么，如何才能做到很好地了解上司呢？比如，当上司向你委以重任的时候，请先清楚了解上司的真意，再衡量做法，以免因误会而带来不必要的麻烦。而且，你在进行任务的过程中，不要抗拒上司的意愿以切合自己的需求，如此，双方合作才会愉快。所有活跃于职场中的人都明白这样一个道理：与上司建立良好的合作关系，对自己的工作是百利而无一害的。

鬼谷子所说的最成功的君臣关系是，你想亲近就亲近，你想疏远就疏远，当然，这一切都需要我们从上司的心思着手。在生活中，很少有哪个领导不喜欢被下属恭维，这显示出的就是上司的虚荣心理，他们喜欢被人恭维，并且乐于享受被下属恭维的过程。上司的恭维心理是由领导超乎一般人的强烈的自我价值肯定愿望所决定的，对此，作为下属，我们应该准备好充足的高帽子，适时为上司戴上一顶。

虽然，在交际场合中每个人的面子都大过天，但在上司面前，你需要放下自己的面子，而去维护上司的面子。尤其是当上司的处境不利，缺乏自信，或者不为他人所接纳或赞许的情况下，千万不要驳了上司的面子。最切忌的是，不要当面指责上司，如果上司真的在某方面犯了错误，作为下属，我们只有建议的义务，而没有指责的权利。否则，你就有苦头吃了。

鬼谷子智慧

在职场中，我们要明白，与上司建立融洽和谐的人际关系是多么重要。即使我们十分热爱那份工作，但如果不能与上司和谐相处、愉快共事，那么，职场美梦也有可能会变成噩梦。事实上，每个领导都有基本的“上司心理”，我们要想了解上司，自然应该从上司身上着手。

辨明得失，以顺其意

阴虑可否，明言得失，以御其志。

——鬼谷子

鬼谷子认为，（想要说服君子，应）暗中分析是可是否，透彻辨明所得所失，以便影响君主的意向。在鬼谷子看来，不管是采纳意见还是进献计谋，都需要顺其意、顺其心，这是一切游说的前提和基础。当然，在游说之前，我们需要掌握对方的真实情况，分析和揣测对方的世界，如此才能对症下药。

所谓的“合其道”“顺其意”“顺其心”，也不过如此。韩非子曾说：“谏诤之难，不在于自己要有足可进言的见识，也不在于把自己的意见表达清楚，更不在于要有足够的胆量、勇气把话说完，而在于怎么样看透对方喜恶心理，然后根据其需要，提出自己的意见。”

在城濮之战中，郑文公曾经出兵帮助楚国打晋国，所以晋文公对此怀恨在心，一心想要灭掉郑国。他派人去给秦穆公送信，约秦国一同出兵攻打郑国。秦穆公也正想向东扩张自己的势力，便痛痛快快地答应了。

郑文公哪见过这样的阵势，着急得不知道怎么办才好。郑国大夫叔詹提出意见说：“秦晋两国力量强大，我们打不过他们。如果能够说服秦国退兵，只剩下一个晋国，那就好对付了。”郑文公说：“派谁去劝说秦国退兵呢？”这时有人推荐了一名叫烛之武的大夫，于是，郑文公就叫人把他请来了。

烛之武来了，大家一看，那不过是一个白发苍苍、弯腰驼背、走路一瘸一拐的老头子，都忍不住笑了。郑文公却恭恭敬敬地对烛之武说：“听说先生能言善辩，想请您去见秦穆公，劝他退兵，不知先生意下如何？”烛之武说：“您太抬举我了，我年富力强的时候都没能够为国家做点事情，如今上了年纪，还有什么用呢？”郑文公一听，这老头子是话里有话呢，有感慨自己不被重用的意思，连忙说：“过去没有重用先生，那是我的过错。现在国家危急，请先生辛苦一趟吧。要是郑国亡了，对先生也不利呀！”烛之武见郑文公很诚恳，说的话在理，就答应下来了。

最后烛之武靠着自己的“三寸不烂之舌”，向秦穆公陈述了攻打郑国的利害关系，不但使秦穆公撤退了进攻的兵力，还留下了两千兵力帮助郑国守卫。

在这里，郑文公善于采纳意见，而且他善于发现他人内心的真实想法，听了烛之武看似自谦的话，了解了他话里隐含的不满之意，急忙道歉，以此感动了烛之武，从而化解了自己国家的危机。

许多下属都遇到这样的情况，当自己向领导进谏的时候，却不能够得到领导的采纳，甚至还有可能造成被领导冷落的局面。其实，造成这样的情况并不是因为你所提出的建议和想法不具备可行性，也不是因为领导平庸无能，而在于你进谏之前未考虑到其中的利害得失关系。

邹忌身高八尺多，而且身材魁梧，容貌美丽。有一天早晨他穿戴好衣帽，照着镜子，对他的妻子说：“我与城北的徐公相比，谁更美呢？”他的妻子说：“您美极了，徐公怎么能比得上您呢？”城北的徐公，是齐国的美男子。邹忌不相信妻子的话，于是又问他的妾说：“我与徐公相比，谁更美？”妾说：“徐公怎能比得上您呢？”

第二天，一位客人来家里拜访，邹忌问客人：“我和徐公相比，谁更美？”客人说：“徐公不如您美啊！”第二天，徐公来了，邹忌仔细地端详他，自觉不如他美；再照镜子看看自己，更觉得远远比不上人家。晚上，他躺在床上想这件事情，说：“我的妻子赞美我的原因，是偏爱我；妾赞美我的原因，是惧怕我；客人赞美我的原因，是对我有所求。”

对此，邹忌上朝拜见齐威王，说：“我确实知道自己不如徐公美。但我的妻子偏爱我，我的妾惧怕我，我的客人对我有所求，所以他们都说我比徐公美。如今齐国，土地纵横千里，有一百二十座城池，宫中的姬妾和身边的近臣，没有不偏爱大王的；朝廷中的大臣，没有不惧怕大王的；国内的百姓，没有不对大王有所求的。由此看来，大王您受蒙蔽更厉害了！”

齐威王说："好。"于是下了一道命令："所有大臣、官吏、百姓，能够当面批评我过错的，可得上等奖赏；能够上书劝谏我的，得中等奖赏；能够在众人聚集的公共场所指责、议论我的过失，并能够传到我耳朵里的，得下等奖赏。"政令刚一下达，许多官员都来进言规劝，宫门庭院就像集市一样；几个月以后，偶尔还有人进谏；一年以后，即使想进谏，也没有什么可说的了。

在案例中，邹忌向领导进谏，所采用的是顺畅的方式，先通过讲述自己的经历，以此类推出皇帝所受的蒙蔽更多，最终达到了进谏的目的。而这一进谏良策，必是之前在家里琢磨了一阵工夫，考量了其中的利害得失关系，才能达到这样的效果。

鬼谷子认为，在游说之前一定要考虑清楚，辨明得失，这是游说成功的前提。当然，游说方法上，我们也需要注意。我们可以采取顺势引导的办法，比如，当你发现你的领导在管理上还是运用的旧思想，也不重视选拔、培养人才，什么事情都事必躬亲，使公司运转效率下降时，那你不妨鼓动领导参加MBA学习，接受国内外的先进管理制度，一起讨论公司现在运转中遇到的问题。这样，就会使领导改变自己的管理模式，促进工作的有效开展。

鬼谷子智慧

在工作中，领导也并不是绝对正确的人，由于受各方面的因素影响，使得领导在作决策时有可能存在一定的偏差或错误。作为下属，我们千万不要因为领导出了错误就幸灾乐祸，甚至当场提出其不足之处，这样只会使领导陷入极端尴尬的局面。如果遇到心胸狭窄的领导，他还会恼羞成怒，伺机对你进行报复。

应合时宜，以和其谋

方来应时，以和其谋。详思来楗，往应时当也。

——鬼谷子

鬼谷子认为，以道术来进言当应合时宜，以便与君主的谋划相合。详细地思考后再来进言，去适应形势。鬼谷子所强调的重点是“以和其谋”，要求进言者要了解君主谋划的事情，要知晓君主的意图。所办的事情有不合君主之意的，是因为对君主的意图还有不了解的地方。简单地说，就是要合了君主的意图。聪明人在说服对方的时候，懂得去暗合对方的心理，这样能让他人感到受尊重。当然，在说话时利用语言来暗合对方的心理，需要“合”得巧妙，千万不能让对方看出破绽。

在日常生活中，面对不同的场合、不同的对象，每个人都有自己的心理，有着不同的心理需求。当我们在与他们进行语言交流的时候，需要从对方的言语中明白其心理需求，或者通过察言观色来洞悉对方的心理，再通过语言表达来暗合对方的心理，令对方无法反驳。

一次，曾国藩用完晚饭后与几位幕僚闲谈，评论当今英雄。他说：“彭玉麟、李鸿章都是大才，为我所不及。我可自许者，只是生平不好谀耳。”一个幕僚说：“各有所长——彭公威猛，人不敢欺；李公精敏，人不能欺。”说到这里，他说不下去了。曾国藩又问：“你们以为我怎样？”众人皆低头沉思。忽然走出一个管抄写的后生过来插话道：“曾帅仁德，人不忍欺。”众人听了齐拍手。曾国藩十分得意地说：“不敢当，不敢当。”后生告退而去。曾氏问：“此是何人？”幕僚告诉他：“此人是扬州人。入过学，家贫，办事还谨慎。”曾国藩听完后说：“此人有大才，不可埋没。”不久，曾国藩升任两江总督，就派这位后生去扬州任盐运使。

众人皆知，曾国藩认为自己“仁德”，希望大家都附和他，也希望他的仁德能够得到大家的认可。那位后生，真可谓是区区一句话，胜读十年书。他正是抓住了曾国藩自以为“仁德”这一点，暗合其心理，投其所好地进行了赞美，才得到曾国藩的信任，甚至重用。

安东尼·提莫克是新英格兰穷牧师的儿子，刚刚从菲利浦斯学院毕业，18岁的他还处于人生事业的起步阶段，所以只是一个办公室的小工，他最大的愿望就是能向纽约银行行长推销一些公债券。

安东尼·提莫克还替一个商人干点杂活，一个星期只有一块半的工资。不过，老板觉得他是一个十分聪明的小伙子，就让他去销售铁路公债券。因此，安东尼·提莫克希望能与纽约银行行长摩西·泰勒说几句话，他知道泰勒对铁路很有兴趣，但自己怎么做才能引起这位银行行长的注意呢？

有一天，安东尼·提莫克获得了这样一个机会，他走到泰勒的办公桌面前，这时泰勒正很不耐烦地对着一个话多的人说：“说正题！说正题！”不一会儿，泰勒就摇了摇头，把那个人赶走了。接着，他向安东尼·提莫克点头，示意他过去。安东尼·提莫克把公债券放在了办公桌上说：“97。”泰勒很奇怪地看了他一眼，拿过他的支票簿问道：“你的老板叫什么名字？”“伯兰克先生。”提莫克回答。签好了支票后，泰勒又问：“伯兰克先生给你多少回扣？”“0.25%。”提莫克继续回答，“太少了，你管他要1%的回扣，如果他不付给你，我就替他付。”泰勒开玩笑地说道。就这样，提莫克成功地把公债券卖掉了，同时，他也成功地使行长注意到了他，3年后，他就成了百万富翁。

提莫克凭借着敏锐的眼光，看出泰勒是一个有着强烈脾气的人，他喜欢使用简洁的语言，讨厌那些不必要的繁文缛节。所以，当提莫克了解了泰勒的心理要求之后，他就一直使用简洁的语言来应付他，不说一句废话，这暗合了泰勒的心理，泰勒再也不用大声说“说正题”，也不在嘴上为难提莫克。后来，泰勒继续购买提莫克的公债券，还在其他事情上给了他有力的支持。提莫克用这个简单的方法暗合了许多人的心理，得到了那些人的鼎力支持。然而，提莫克之所以能成功，是因为他早就懂得这样一个心理策略的重要性，那就是：从最细微的细节里去迎合他人的心理。

鬼谷子智慧

“以和其谋”，才是鬼谷子的终极目标。在游说过程中，我们要把话说到对方的心坎上，迎合其心理、其谋划，这才是最关键的。每个人都比较自我，当对方的言语触碰了自己心里的禁忌的时候，他们会像被攻击的刺猬一样，用尖锐的语言反击对方，为难他人。鉴于这样的心理特点，为了获得对方的好感与信任，我们需要了解对方的心理需求，同时，还需要通过语言来暗合对方的心理，这样才能说服对方，令对方无法反驳。

言辞多变，善审形势

言往者，先顺辞也；说来者，以变言也。善变者审知地势，乃通于天，以化四时，使鬼神，合于阴阳，而牧人民。

——鬼谷子

鬼谷子认为，凡是谈论过去的事情，要先有顺畅的言辞；凡是谈论未来的事情，要采用容易、变通的言辞。善于变化的人，要详细了解地理形势，只有这样，才能沟通天道，化育四时，驱使鬼神，附合阴阳，牧养人民。情况还没有明朗之前就去进行游说的人，一定会失败；还没掌握实情就去游说的人，也会受到非议。只有了解了情况，再按照实际情况确定具体的方法，这样去推行自己的主张，就进可攻，退可守：既可以进谏，坚持自己的观点，又可以放弃自己的主张，随机应变。

有一次，唐太宗去洛阳，路上住在显仁宫。大队人马安顿下来，侍女奉茶，太宗一看茶盘、茶杯都是几年前来这儿用过的旧银器，心中很是不快，命人把总管叫来，狠狠地训斥了一通。总管心想：贞观初年，皇上您自己省俭得很，怎么如今嫌这嫌那的呢？总管心里不明白，嘴上却只能认错，赶忙命御厨为皇上的晚餐多加几样海鲜。晚上，太宗来到餐桌前，瞥了一眼，又大为不悦：“怎么搞的，海味不见新奇，山珍又少得可怜，总管哪里去了？快把他贬为百姓！”说罢拂袖而去。

第二天，魏征知道了事情的来龙去脉，便来到太宗的内宫。这时的魏征已是唐太宗的宠信之臣，进出较为方便，与太宗讲话亦自在得多了。叙过君臣之礼后，魏征转入正题：“陛下，臣闻皇上为总管侍奉不好而发脾气，臣以为这是个不好的苗头。”

唐太宗不解：“我大唐国家殷实，多花几个小钱有什么了不起？再说，我可是一国之君啊！”魏征深感唐太宗“当局者迷”，便决计为他指点“迷津”：“陛下，正因为您是一国之君，所以您一开头，马上上行下效，整个社会就要形成一种奢靡的风气，那就糟了。”

“爱卿，请不要把话说得这么严重。国君就我一人，其他人谁敢向我看齐？”

魏征越发感到问题的严重性，他想：皇上经常把隋亡的教训挂在嘴上，何不以此来警策皇上呢？“陛下，当年隋炀帝巡游，每到一地，就因地方上不献食物或贡物不精而加以责罚。如此无限制地追求享受，结果使老百姓负担不起，导致人心思变，江山丢失。皇上怎么能效法隋炀帝呢？”这一招真灵，唐太宗果然大为震惊：“难道我是在效法隋炀帝吗？”

“是的，陛下!像显仁宫这样的供应，如果知足的话，会很感满足的。但如果炀帝来，即使供应再丰盛精美一万倍，也难填他的欲壑。”唐太宗听了既震惊又感动：“爱卿，除了你，其他人是讲不出这种话的啊!”

虽然魏征在进谏时一向是直来直去，但并不能说魏征进谏就是乱说一气。魏征在进谏之前，他已经清楚了整件事情的来龙去脉，自然知道应该从哪方面着手。他先是劝说不要让朝廷内外形成一种奢靡的风气，没想到被唐太宗一句“我大唐国家殷实，多花几个小钱有什么了不起”驳回来了。这可怎么办呢？直谏的魏征灵机一动，皇上可是经常把隋亡的教训挂在嘴上，何不通过这个来警策皇上呢？果然，魏征提到了隋亡的教训后，唐太宗幡然醒悟过来。

唐太宗即位之时百废待兴。一天，他问魏征："贤明的君主治理好国家需要百年的工夫吧？"魏征不同意太宗的想法，他说："圣明的人治理国家，就像声音发出立刻就有回音一样，一年之内就可见到效果，两年见效就太晚了，怎么要等百年才能治理好呢？"尚书仆射封德彝嘲笑魏征的看法，魏征说："大乱之后治理国家，就像饿极了的人要吃东西一样，来得更快。行帝道则帝，行王道则王，事在人为，而不在于人民是否可以教化。"太宗听从了魏征的意见，积极采取有效措施，只过了三两年，唐朝就出现了贞观之治的局面。

臣子对君王的进谏能够成功，仕途自然是一帆风顺。这个道理在现代社会一样适用，在职场中拼搏的人，有哪个不想一步高升呢？但是，要想实现这个梦想，就需要经常和领导打交道，只有得到了领导的欣赏和肯定，才可以在职场中拼出风采来。而要得到领导的器重，则需要通过向领导提出意见和建议来展示自己的能力和才华。

鬼谷子智慧

在古代，衡量忠臣的一个重要标准就是"文死谏、武死战"。也就是说，当君主犯错的时候，大臣们要"冒死直谏"。不过，韩非子并不赞同让大臣去作无谓的牺牲，而是主张"进谏"要因人而异，从实际情况出发，具体问题使用具体方法，要懂得随机应变，这才是智慧的进谏。

见其谋事，知其志意

见其谋事，知其志意。

——鬼谷子

鬼谷子认为，（臣子）要了解君主谋划的事情，要知晓君主的意图。我们在现实工作中面对着各种各样的上司，常常会觉得与他们打交道是一件很困难的事情。上司的很多言语行为是我们捉摸不透的，他们的很多做法在我们看来也是不知所谓。其实，主要的原因就是我们没有准确领会上司的意图，这样就会造成我们的工作出现一些障碍。而对于每一个上司来说，都希望自己的下属能够准确地领会自己的每一句话，甚至于自己做一个手势，下属就应该知道该怎么去做。这样的下属无疑是上司最喜欢的，也是最欣赏的。这就需要我们在实际工作中能够从上司的一言一行，一举一动来透析其真实意图，准确领会上司的心思，进而有效地开展工作。

是否能准确领会上司的意图，主要在于你作为下属的心态问题。我们在工作中，很多时候并没有真正把上司当作上司看，我们太注重自己的个人感受。所以，我们没有主动去适应上司的工作风格和工作习惯，这样就会使自己处于一个十分被动的地位，自己也会感觉到与上司总是格格不入，水火不容。其实，作为职场中的一员，你要随时端正好自己的心态，既然他是你的上司，那么无论他的性格有多么古怪，你都不可能去改变他。既然是改变不了的现实，那么最佳的办法就是让自己去适应他。当你开始踏入职场生涯时，首先要做的就是花点时间去了解上司的工作习惯与作风，准确领会上司的意图，按照上司的想法，对自己的工作方式与习惯作出适当的调整。如此，你就会发现其实与上司相处并不是那么困难。

在我们了解上司的过程中，需要从几个方面来准确领会上司的真实意图。首先，你要把自己的上司真正放到上司的位置，而不是瞧不起或不屑的态度；还需要准确判断上司的性格，并且相应地采用不同的对策；沟通是双向的，这就需要你与上司进行有效的沟通，并在沟通中了解上司。

当我们踏进职场生涯后，作为下属的我们就要时刻端正自己的心态，从心理上把上司当作上司看。千万不要把自己“初生牛犊不怕虎”的劲头过多地暴露在上司面前，他只会认为你还不够成熟，也会瞧不起你的。即便是你在某方面能力超群或者技术出众，也不能看不起自己的上司。如果你怀着这样一种心理去与上司打交道，上司就会从你的言行举止中看出你的想法，也会在工作中故意为难你。再说，即便上司并不知晓你的心思，你对上司的抵触心理也会给你工作带来一些负面影响。

因此，当你已经处于职场时，就要随时保持对上司的尊重。一般情况下，一个既有能力而又不具备攻击性的下属更容易让上司喜欢，也更容易让上司来接受你的建议和想法。其实，上司与下属之间虽然存在一种管理与被管理的关系，但是这种关系实际上是相互的。只有你恰当地把握与上司的关系，才能形成一种利益双赢的局面。

其实，每个人都有自己的性格特点，与人相处的最佳法宝就是避开对方个性中比较消极的部分，而迎合其个性来表现自己。要想使你与上司的交流更为有效地进行，首先需要判断出上司的特点，然后再运用相应的应对措施。

在你跟你的上司进行正面接触的时候，需要事先了解很多关于上司的信息，而最为重要的一点就是上司的性格特征。因为一个人具备什么样的性格特征，他在工作中就会把这样一种个性发挥出来，并且会影响到你的工作。比如，他的优点和弱点是什么？他喜欢什么样的工作方式？他喜欢怎样获取信息？当发生冲突的时候，他一般采用什么样的方法？如果你没有掌握足够多的信息，当你与上司打交道的时候就会盲目行事，这就难免会出现一些不必要的冲突、误会和问题。

当然，了解上司性格特征的途径很多。当你刚开始接触上司的时候，不要急于拉近你们之间的距离。因为你还根本不了解上司，这样会给你们的沟通带来一些障碍。你可以通过身边的同事或者上司周围的人来证实上司的一些想法，并且在平时工作中寻找各种机会，对上司行为中的蛛丝马迹作细致的观察，这样才能够准确判断出上司的性格特点，进而了解上司的工作习惯与工作作风。

面对不同性格的上司应使用不同的应对策略，这就需要你在平时工作中多观察，多思考。当你摸透上司的性格、喜好之后，再与上司打交道时，就可以对症下药，灵活地采用不同的应对策略。

除此之外，在与上司进行沟通的时候，需要避免自己产生先入为主的观念。你在与上司正式接触之前，可能已经通过同事或其他渠道了解到上司的一些性格特征和行为习惯，而他所具备的那些特征正是你认同的地方或者是比较讨厌的。其实，无论别人是怎么评价上司的，你都不要让那些信息来干扰自己的思路。你需要更直接、更全面地对上司进行了解，做好一个下属的本职工作，因此，你就会发现与上司相处其实是一件很容易的事情。

鬼谷子智慧

实际上，了解上司的最佳办法就是进行有效的沟通。沟通是双向的，需要建立在互相尊重的基础之上。你只有在上司面前表现出足够的尊重，才会换来上司对你的尊重，进而才能进行有效的沟通。在与上司进行沟通的时候，你要学会察言观色，仔细观察上司的言行举止，那些细微的举动很有可能隐含着对方的真实意图。

明哲保身，急流勇退

若欲去之，因危与之。环转因化，莫知所为，退为大仪。

——鬼谷子

鬼谷子认为，要拒绝对方的诏命，要设法给人一种错觉。就像圆环旋转往复一样，使旁人看不出你想要干什么。在这种情况下，急流勇退是最好的办法。所谓“急流勇退谓之知机”，这句话正应了鬼谷子的谋策。

对于许多人而言，能够站到一个万众瞩目的位置上，这是一种无上的荣耀，只要不是走到了山穷水尽的地步，绝对不应该轻言放弃自己的位置。不过，一个人不管做什么事情，都逃不出事物发展的客观规律，那就是从好到不好，从不好到好，这就是一个事物发展的过程。我们要把握自己的规律，该进则进，该退则退。

湘军攻破天京，红旗报捷，曾国藩让官文列于捷疏之首，让他人先行。这其中，颇有一番谦让之意，而且，在曾国藩心中，已经有了一个决定：裁撤湘军，留存淮军。因为不裁湘军，担心功高震主，危及自己；如裁撤淮军，手中不操锋刃，就会任人宰割。于是，曾国藩让李鸿章按淮军不动，从自己处开刀。虽然，曾国藩表面上是李鸿章的老师，但两人之间却有诸多的矛盾所在，用现在的话说，两人是竞争的同事，在这关键时刻，曾国藩让李鸿章先行，却拿自己开刀，这确实是煞费苦心。

自有了裁撤湘军的决定以后，曾国藩递上了奏折，在奏折中这样说道："臣统军太多，即裁撤三四万人，以节糜费。"当时，曾国藩所统帅的湘军约十二万人，但是，左系湘军进入浙江后就已经独立，而湘军内部将领之下均有数万人，弟弟曾国荃统帅的有大约五万人。曾国藩明白这才是清政府最担心的，于是，他就先从这五万人开始裁撤。曾国藩只留了张诗日等一万多人防守江宁，裁撤了助攻天京的一万二千五百余人。后来，又裁撤了八营。曾国藩奉命北上山东剿捻，这时裁撤七千五百人。到最后，能够被曾国藩调动的军队只剩下六千人。如此的大刀阔斧，赢得了清政府的信任，曾国藩也得以保全自己和弟弟的性命。

其实，早在裁撤湘军之前，曾国藩就写信给李鸿章，在信中，他这样说道："惟湘勇强弩之末，锐气全消，力不足以制捻，将来戡定两淮，必须贵部淮勇任之。国藩早持此议，幸阁下为证成此言。兵喘未息，自须培养朝气，涤涤暮气。淮勇气方强盛，必不宜裁，而湘勇则宜多裁速裁。"

在给李鸿章的信中，曾国藩一再强调"湘勇强弩之末，锐气全消"，另一方面却赞赏淮军的英勇，道出了"裁撤湘军，留存淮军"的决定。作为同是为朝廷效力的同僚，曾国藩懂得低调忍让，以保全淮军为目的，不惜拿自己开刀。历史向我们证明了曾国藩这一决定的正确性，在裁撤湘军以后，曾国藩的官场之路变得平坦了许多，同时，成就了其一代中兴名臣的威名。

春秋后期，越国的名臣范蠡精通韬略，足智多谋，拜为大夫。勾践三年，吴王夫差大破越军，勾践入吴俯首称臣。作为越国大夫的范蠡在吴国做了两年的人质，三年后回到越国，他与文种拟定兴越灭吴九术，策划和组织了越国“十年生聚，十年教训”的复国大计。为了实施灭吴战略， 即九术之一的“美人计”，范蠡亲自跋山涉水，终于在苎萝山浣纱河访到德、才、貌兼备的巾帼奇女——西施，谱写了西施深明大义献身吴王，里应外合兴越灭吴的传奇篇章。

范蠡追随越王勾践二十多年，苦身戮力于灭吴，成就越王霸业，被尊为上将军。他辅佐勾践卧薪尝胆，图强雪耻。然而范蠡深知勾践为人，只可同患难，不可共安乐，于是在举国欢庆之时，范蠡急流勇退，携妻带子，秘密离开了越国。

后来，他辗转来到齐国，改了姓名，带领儿子和门徒在海边结庐而居。他垦荒耕作，兼营副业并经商，没过几年，就积累了数千万家产。他仗义疏财，施善乡梓，范蠡的贤明能干被齐人赏识，齐王把他请进国都临淄，拜为主持政务的相国。他喟然感叹：“居官致于卿相，治家能致千金；对于一个白手起家的布衣来讲，已经到了极点。久受尊名，恐怕不是吉祥的征兆。”于是，三年后，他再次急流勇退，向齐王归还了相印，散尽家财给知交和老乡。

就这样，一身布衣的范蠡第三次迁徙到了陶，在这个居于“天下之中”的最佳经商之地，他重新经商，没过几年，成了巨富，于是自称“陶朱公”。

在范蠡隐退之时，勾践曾对他说：“先生若愿意留在寡人身边，寡人愿意与你共分越国，若不遵寡人，将身死名裂，妻子为戮！”范蠡当然知道勾践的为人，执意选择离去，最终不告而别。在走之前，他曾写信给文种：“狡兔死，走狗烹；飞鸟尽，良弓藏。越王为人，长颈鸟啄，鹰视狼步。可与共患难，而不可共处乐；可与履危，不可与安。子若不去，将害于子，明矣。”后来真如范蠡所预料，在越王的猜忌下，文种自刎而死，一代名臣最终落得如此下场，只怪他不懂得急流勇退，明哲保身。

鬼谷子智慧

鬼谷子主张功成身退，明哲保身。所谓“人无千日好，花无百日红”，任何一个人都不能总是保持一个样子不变。花有花开花落的时候，不能总是开；人也总会有好运气和坏运气的时候。懂得这个道理，就知道自己不会总是成功，总是荣誉，也会有走麦城的时候。关键在于自己掌握规律，把握时机，伺机行动，这样才能保全自我。

第四章

抵巇之道——滴水不漏，见缝插针

任何事物都有两面，且存在一定的缝隙。抵巇之道，在于见缝插针，使整个事物滴水不漏。不管是熟悉了解，还是伺机而动，抑或一击即中，目的在于堵住缝隙，使原本有裂缝的事物得以重生。

深谋远虑，顾全大局

近而不可见者，不察其辞也；远而可知者，反往以验来也。

——鬼谷子

鬼谷子认为，距离近而互相不了解，是因为没有互相考察言辞；距离远却能彼此熟悉，是因为经常往来，互相体察。万事万物，都需要反复考察才能异常熟悉，才不至于产生漏洞。

俗话说：“万事烂熟于心。”如果我们在做每一件事情之前，能将每一步、每一个细节记在心中，这样，每走一步，都不会影响整个大局。一定要深谋远虑，把每件事都过滤一遍，以防万一。深谋远虑，也就是做事情不仅需要稳当、周全，而且不能急于求成，不能只顾眼前利益。一个成大事的人，眼光总是比身边的人看得稍远一点，他不着眼于眼前的利益，而是看得更远。许多人之所以会不断地失败，那是因为只看到了眼前的利益，做事不彻底，往往做到离成功还差一步就停止不做了，自然，他们也就与成功失之交臂了。

汉朝初期，汉高祖刘邦派樊哙以相国的名义带兵去平定谋反的燕王绾。发兵之后，有人揭发樊哙在刘邦生病的时候与吕后勾结，等刘邦一死，就要把戚夫人一家杀绝。刘邦很生气，就派陈平骑马去传达命令，让周勃代替樊哙指挥军队，并立即在军中把樊哙斩首。

陈平接受任务之后，私下里与周勃商量说：“樊哙是功臣，又是吕后的妹夫，皇上只是一时恼怒，想要杀掉他。不过皇上已经病重，未来是什么样的情况，我们也不清楚。所以还是不要把樊哙马上斩首，而是把他押回来让皇上自己下命令杀掉为好。”周勃也同意这样做。

后来，在押送樊哙回京的路上，陈平听见刘邦去世的消息。他急忙赶回向吕后报告逮捕樊哙的经过，吕后命令他把樊哙放了。因为他没有按照刘邦的旨意杀了樊哙，所以吕后还是相信他，又让他做太子的老师。后来吕后家族要为樊哙报复陈平，吕后并没有同意。

因为深谋远虑，陈平料到刘邦病重，未来的情况自己难以预料；但他知道，一旦刘邦去世，吕后必然会成为处理朝中要事的第一人选，而樊哙又是吕后的妹夫。这样谋划下来，樊哙是杀不得的，果然，这个慎重考虑之下作出的决策，使得陈平保全了自己。

凡事需要谋划，有准备才能有胜利的把握。无论是向上司进谏，还是与客户谈判，都需要我们作一定的准备，否则，无一不会失败。哪怕是请求上司加薪这样的小事情，也不能冒冒失失就提出，在提出请求之前，需要我们考虑措辞、语气、语言表达等，各方面都需要考量，否则，有可能你一句话不对，上司就拒绝了你的加薪请求。

春秋战国时期，北方的赵国一心发奋图强，渴望自己快速强大起来。有一次，赵武灵王对臣子楼缓说："我们的东边有齐国、中山，北边有燕国、东胡，西边有秦国、韩国和楼烦。假如我们不快速强大起来，随时都有被别人消灭的危险。"

楼缓听了十分同意，然后就问富国强兵的策略。赵武灵王接着说："想要变得强大起来，必须进行改革。你看我们穿的是长袍大褂，干活打仗都不方便；胡人穿短衣窄袖、皮靴就比我们灵活得多。"楼缓马上就领会了赵武灵王的意图，原来大王要仿照胡人的风俗改变穿着。而且，赵武灵王还要学着胡人一样骑马射箭，克服打仗时全靠步兵、用马拉车的不足之处。

不过，在与大臣商量的时候，赵武灵王的意见遭到了大家的反对。后来，大臣肥义说："大王要办大事就不能犹豫，既然认为胡服骑射对国家有利，就不能担心大家的讥笑。"赵武灵王听了十分高兴，开始大力推行自己的改革。

没过多久，赵国的势力就开始发展起来。公元前305年，赵武灵王亲自率领骑兵打败了临近的中山国，后来又收服了东胡和临近几个部落，成为当时的一方霸主。

赵武灵王眼光长远、胆大心细，真正做到了深谋远虑，因此使自己的国家强盛起来，实在不愧为一代枭雄。

我们需要学习鬼谷子深谋远虑的智慧。无论是工作，还是与人相处，我们都应该仔细思量事情的始末、细节、方方面面，既要着眼于全局，同时也要不放过细节问题。这样，每成功一步，就是向前走了一大步。反之，如果你着眼于大局，而不考虑细节，稍有不慎，一小步就会毁了整个局面。

鬼谷子智慧

这其中蕴含的智慧就相当于下棋一般，棋盘摆好后，在我们心中萦绕的除了细节，还有以往的经验与教训，之前走错的都将得到改正，之前走正确的将继续沿袭下去。在下棋过程中，每走一步，我们都需要顾全大局，如此综合考虑，我们才能赢得整盘棋局。

抵而塞之，抵而得之

世可以治则抵而塞之，不可治则抵而得之。

——鬼谷子

鬼谷子认为，当世道可以治理时，就要采取弥补的“抵”法，使其“巇”得到弥合继续保持它的完整，让它继续存在下去；如果世道已坏到不可治理，就用破坏的“抵”法，占有它并重新塑造它。

在鬼谷子看来，可治则抵而塞之，不可治则抵而得之。世间万物遇到有矛盾和缝隙的时候，假如可以修补就努力修补，这是万物继续发展下去的条件；假如实在没有办法挽救了，那就打碎这个本来的东西，重新塑造一个新的事物。在这里，鬼谷子是用国家的存亡作为例子，当然，这样的道理适用任何事物，一旦事物出现了矛盾或裂缝，就需要修补，使其继续保持它原有的完整，让它继续生存下去。比如，美国的强生集团就是这样不断崛起的，并从来不被打垮。

1982年9月，芝加哥地区发生了七人服用美国强生公司生产的“泰来诺尔”成人止痛药片之后中毒身亡的恶性事件。面对这一危机，强生公司及时采取了一系列措施，包括：

立即成立危机事件处理小组进行细致调查，并承诺首先考虑公众和消费者的利益；

抽调大批人马对全部800万片药剂进行检验，并通过媒体将药品污染的调查结果公诸于众——总计不超过75片，为同一批药品，且全部在芝加哥地区；

花巨资在最短时间内从市场上收回全部的“泰来诺尔”成人止痛片；

推出带有容易识别的“防污染包装”的全新药品，并向受损失的公司和个人免费提供。

这样做的结果是：强生公司的诚意和努力，得到了社会公众和新闻界的认可。事故发生5个月以后，“泰来诺尔”就重新夺回了原来市场的百分之七十，而强生公司还因此获得了美国公关协会颁发的银钻奖。

我们再来看看中国山东三株集团公司处理危机的情况：三株企业老板吴斌新靠30万元起家，在短短的几年里，最高销售额达到了80亿元，其产品三株口服液更是家喻户晓。但是，在1996年6月，一位77岁的老人陈伯顺在服用了三株口服液后不久病故身亡。一时之间，三株的这起人命官司震惊全国。由于三株公司没有采取强有力的抵戲术，没有及时的补救方法。没过多久，三株公司就销声匿迹，淡出了人们的视线。两家公司遭遇的几乎相同的危机事件，然而，不同的处理方法却带来了不同的结局，这就是灵活使用抵戲术的作用。

在孙膑初到魏国时，魏王想考察一下他的本事，以确定他是不是真的有才华。有一次，魏王召集朝中大臣，当面考察孙膑的智谋。魏王坐在宝座上，对孙膑说：“你有什么办法让我从座位上下来吗？”庞涓在一旁出谋说：“可在大王座位下生起火来。”魏王说：“不行。”孙膑说：“大王坐在上面嘛，我是没有办法让大王下来的。不过，大王如果是在下面，我却有办法让大王坐上去。”魏王听了，得意扬扬地说，“那好，”说着就从座位上走了下来，“我倒要看看你有什么办法让我坐上去。”

周围的大臣一时没有反应过来，也都嘲笑孙膑不自量力，等着看他出洋相。这时候，孙膑却哈哈大笑起来，说：“我虽然无法让大王坐上去，却已经让大王从座位上下来了。”众人这时才恍然大悟，对孙膑的才华连连称赞。魏王也对孙膑刮目相看，孙膑很快就得到了魏王的重用。

孙膑是我国古代著名的军事家，他的《孙膑兵法》到处蕴含着变通的哲学。其实，从这件事情中我们可以看出，孙膑本人也是一个善于变通的人。当魏王提出了“有什么办法让我从座位上下来时”，孙膑并没有依照常人的思维来分析，而是表示“有办法让大王坐上去”，这无疑就变通了魏王所出的难题，以巧取胜，所以，他也受到了魏王的重用。

鬼谷子的抵戏术告诉我们，当一件事情实在行不通的时候，不妨变通一下，打碎之前的想法，重新拟定一个新的想法，说不定变了就通了。王国维在《人间词话》里说：“诗人对于宇宙，须入乎其内，又须出乎其外。入乎其内，故能写之。出乎其外，故能观之。入乎其内，故有生气。出乎其外，故有高致。”这就是告诉我们，无论是做人还是做事，都需要灵活变通，不能太死板，也不必拘泥于某个地方，这样才能在复杂的社会中左右逢源，获得成功。

鬼谷子智慧

当事物出现了矛盾或缝隙的时候，我们应最先考虑怎么样补救，是否有补救的方法。假如问题不是特别严重，那肯定是采取补救的方法，不到万不得已，绝不放弃。只有到了无法补救的情况下，我们才可另觅他路，寻找其他可以彻底代替其原来事物的东西。所谓“穷则变，变则通”，就是这个道理。

察以捭阖，一击即中

自天地之合离、终始，必有巇隙，不可不察也。察之以捭阖，能用此道，圣人也。

——鬼谷子

鬼谷子认为，自从天地之间有了“合离”“终始”以来，万事万物就必然存在裂痕，这是不可不研究的问题。要想研究这个问题就要用“捭阖”的方法。能用这种方法的人，就是圣人。

如果能找寻到漏洞，将一击即中。核心就是分化离间，在敌人之间或内部挑拨是非，引起纠纷，制造隔阂，破坏敌人内部团结，使之反目成仇。假如敌人内部团结一致，就会形成强大的力量我方难以与其分出胜负。而反间计就是要把敌人分散开来，不管是哪部分遇到危难，其他部分只会袖手旁观，这就是抵戲术。

公元1134年，韩世忠镇守扬州。南宋朝廷派魏良臣、王绘等去金营议和。二人北上，经过扬州。韩世忠心里极不高兴，生怕二人为讨好敌人，泄露军情。可他转念一想，何不利用这两个家伙传递一些假情报呢？等二人经过扬州时，韩世忠故意派出一支部队开出东门。二人忙问军队去向，回答说是开去防守江口的先头部队。二人进城，见到韩世忠。忽然一再有流星庚牌送到。韩世忠故意让二人看，原来是朝廷催促韩世忠马上移营守江。

第二天，二人离开扬州，前往金营。为了讨好金军大将聂呼贝勒，他们告诉他韩世忠接到朝廷命令，已率部移营守江。金将送二人往金兀术处谈判，自己立即调兵遣将。韩世忠移营守江，扬州城内空虚，正好夺取。于是，聂呼贝勒亲自率领精锐骑兵向扬州挺进。

韩世忠送走二人，急令“先头部队”返回，在扬州北面大仪镇的二十多处设下埋伏，形成包围圈，等待金兵。金兵大军一到，韩世忠率少数兵士迎战，边战边退，把金兵引入伏击圈。只听一声炮响，宋军伏兵从四面杀出，金兵乱了阵脚，一败涂地，先锋被擒，主帅仓皇逃命。金兀术大怒，将送假情报的两个投降派囚禁起来。

反间计的妙处在于，可以巧妙地利用敌人的间谍反过来为我所用。在《孙子兵法》里就尤其强调间谍的作用，认为将帅打仗一定要事先了解敌方的情况，要准确掌握敌方的情况，而这些不要靠鬼神，不要靠经验，需要靠间谍去完成。

三国时期，赤壁大战前夕，周瑜巧用反间计杀了精通水战的叛将蔡瑁、张允，就是个有名例子。

当时曹操率领号称八十三万大军，准备渡过长江，占据南方。虽有孙刘联合抗曹，但兵力比曹军要少得多。

曹操的队伍都由北方骑兵组成，善于马战而不善于水战，好在有两个精通水战的降将蔡瑁、张允可以为曹操训练水军。曹操把这两个人当作宝贝，优待有加。一次，东吴主帅周瑜见对岸曹军在水中排阵，井井有条，十分在行，心中大惊。他想一定要除掉这两个心腹大患。

曹操一贯爱才，他知道周瑜年轻有为，是个军事奇才，很想拉拢他。曹营谋士蒋干自称与周瑜曾是同窗好友，愿意过江劝降。曹操当即让蒋干过江说服周瑜。周瑜见蒋干过江，一个反间计就酝酿成熟了。他热情款待蒋干，酒席筵上，周瑜让众将作陪，炫耀武力，并规定只叙友情，不谈军事，堵住了蒋干的嘴巴。

周瑜佯装大醉，约蒋干同床共眠。蒋干见周瑜不让他提及劝降之事，心中不安，哪里能够入睡。他偷偷下床，见周瑜案上有一封信。他偷看了信，原来是蔡瑁、张允写来的，约定与周瑜里应外合，击败曹操。这时，周瑜说着梦话，翻了翻身子，吓得蒋干连忙上床。过了一会儿，忽然有人要见周瑜，周瑜起身和来人谈话，还故意装着看看蒋干是否睡熟。蒋干装作沉睡的样子，偷听周瑜他们谈话；无奈声音太小听不清楚，只听见提到蔡瑁、张允二人。于是蒋干对蔡瑁、张允二人和周瑜里应外合的计划确认无疑。

他连夜赶回曹营，让曹操看了周瑜伪造的信件，曹操顿时火起，杀了蔡瑁、张允。等曹操冷静下来，才知中了周瑜反间之计，但也无可奈何了。

周瑜之所以能成功，就是因为他知道曹操是一个多疑的人，只要让他产生一丝的怀疑，就会有利于自己。有时候，我们需要去发现敌人内部之间的矛盾，使其成为我们进攻的漏洞。假如对方没有矛盾或缝隙让我们有机可乘，那我们就要随时注意捕捉和利用敌人阵营中的内部矛盾，人为地给对方制造裂缝、矛盾，使之互相猜疑，内部团结瓦解，形成内乱，比如周瑜使用的反间计就是如此。

鬼谷子认为凡事都有漏洞，那我们就不妨以此攻之，这就是反间计。反间计可以分为几种，有的是利用敌方阵营中的同乡亲友关系打入敌人内部，探测消息；有的是收买敌方的官员充当间谍，比如战国时期秦国贿赂收买赵王的宠臣郭开，借刀杀人除掉名将李牧；有的是用乾坤大挪移的方法，借力打力，让敌方的间谍为我所用；还有就是故意散布一些虚假的情报，以牺牲自己的间谍为代价，诱使敌人上当，进入自己谋划之中。

鬼谷子智慧

万事万物都存在着裂缝，这是不可不研究的问题。既然万事万物都存在漏洞，那么在敌我较量过程中，我们完全可以从细微之处发现敌人的矛盾和漏洞所在，再布下疑阵，使敌人内部产生矛盾，那我们就可以万无一失。

深隐待时，静观时局

圣人者，天地之使也。世无可抵，则深隐而待时；时有可抵，则为之谋。可以上合，可以检下。能因能循，为天地守神。

——鬼谷子

鬼谷子认为，圣人是天地的使者。当世道不需要“抵”的时候，就深深地隐居起来，以等待时机；当世道有可以“抵”的弊端时，对上层可以合作，对下属可以督察，有所依据、有所遵循，这样就成了天地的守护神。他们深隐待时，当世道还没有满足力挽狂澜条件的时候，就隐居起来，静观时局变化，预测时局的发展趋向，等待有利的时机。

其核心就是人生要懂得知进知退，进步是人生所需要的坚实力量，但退步也是人生中不可或缺的大智慧。知进，就是不断地追求进步，追求更高更强的人生；而知退，就是懂得适时地从容，懂得放弃，懂得淡定，懂得和解，成就人生的另一种美丽。只有将这两者结合起来，才是完美的人生。知进知退，方能知人生！

《孙子兵法》曰：“不以进为进，不以退为退，进中可退，退中可进。”退一步，表面上看是后退了，实际上在退一步的同时，心中已经为日后进一步作好了准备。在日常工作中，我们要将“忍耐”这样的功夫修炼到家，懂得忍让，善于运用以退为进的策略，从而达到自己前进一大步的目的。

裁撤湘军后，曾国藩不得已赴任直隶提督，纵有心中许多委屈，但是他深知自己现在只能忍耐，才能真正做到以退为进。在赶赴途中，满城文武士友皆来相送，面对同僚们，曾国藩心绪难平。为了抑制自己复杂的心情，曾国藩将《湘阴县志》阅读了一遍。他说：“念本日送者之众，人情之厚，舟楫仪从之盛，如好花盛开，过于烂漫，凋谢之期恐即相随而至，不胜惴栗。”思想前后，其心情是五味沉杂，自己本是大功臣，却遭朝廷怀疑，不得不心怀委屈赶赴上任。

不过，曾国藩并没有表现出这样的心情，而是忍耐。在整个路途中，他都以看书为乐。离开了与自己血脉相承的弟弟，曾国藩怅有所失，内心十分不安，只希望自己喜爱的书籍能陪伴自己。在途中，曾国藩接到新的寄谕，所奏报销折奉旨，“著照所请”，只在户部备案，毋须核议。原来，在这之前，有一些人抓住了曾国藩军费开销巨大的把柄，要对此审计核查，现在他甘愿接受朝廷安排，一纸圣旨就将这件事一笔勾销，不再追查他了。曾国藩对此感到高兴，自己的一番苦心终于赢得了清政府的信任，虽然他担心“久宦不休，将来恐难善始善终”，但是，心中的一块石头终于落地了。

本来，被朝廷安排为直隶提督，似乎是一种贬斥，但善于忍让的曾国藩却并无二话。面对曾国藩的忍耐，朝廷似乎已经看清楚了他的诚心，对其加以信任，而这正是曾国藩所想要的。虽然自己的官衔、地位有所贬低，但是那份信任却愈加沉甸，这就是曾国藩的以退为进。其实，在曾国藩为官数十年里，进进退退多次，然而，每一次的退一步都为其赢来了前进的一大步，就这样，他从一名小小的文官做到了中兴名臣，当然，在这其中，曾国藩的忍耐功夫却是不容小觑的。

乔治•奥尼尔说："任何事物都不是十全十美的，一种变化往往要求先退一步，才能再进两步。"所谓"将欲取之必先予之"，在日常工作中，我们应该将"以退为进"之策作为明哲保身的有效方法。当前进的路已经变得举步维艰的时候，我们需要做的就是后退一步或几步，为自己赢得更多的时间和精力后再次前进，如此，我们一定能获得成功。

威廉是矿冶专业的高材生，从耶鲁大学毕业后，又进入德国的弗莱堡大学深造，拿到了硕士学位。学业结束之后，他来到了美国西部的一个大矿业找工作。

有一次，威廉去矿主的办公室面试，他认为凭自己两大高等学府的毕业证，对方一定会对自己满意的。但这位大矿主对他却一点兴趣都没有，断然拒绝了他的求职要求。后来，威廉了解到这个大矿主是工人出身，他能坐上今天这个位置，是靠自己从基层一步一个脚印爬上来的。矿主本身生性耿直，脾气倔强，加上自己没读过大学，所以他特别不喜欢有学历的人，尤其是对那些张嘴就说出一套套理论的工程师，更没什么好感。

面对尴尬和无奈，威廉灵机一动，很快想出了对策。他微笑着说："大矿主先生，我想向您透露一个秘密，可您得答应我，不告诉我父亲。"大矿主对此很感兴趣，表示自己绝不泄露出去。这时威廉神秘兮兮地说："其实，我上学的时候一直是在混日子，什么东西都没有学到。"大矿主一听这话，哈哈大笑，一拍桌子，高兴地说："很好，你被录用了，明天就可以来上班了。"

威廉求职成功，在于其懂得"以退为进"，在通过自己拼搏获得成功的大矿主面前，他“谦卑”地表示自己并没有学到多少真本事，而是在学校混日子，以退为进，表面上是退了一步，实际上却是向前进了一步，因为他成功地通过了面试。

在生活中，我们都看过在地上爬行的蚯蚓，只要稍加留意，你就会发现，蚯蚓每向前一步时，总是先将身体往后缩，其实，这也是“以退为进，以屈求伸”的方法。在日常工作中，我们所遇到的困难与挫折并不需要我们正面与之对抗，只要懂得忍耐，以退为进，我们一样能获得最后的成功。

鬼谷子智慧

出山之前，诸葛亮身居茅庐，其实就是在等待明主。这也正应了鬼谷子所说的“深隐而待”。人生本来就是有起有伏、跌宕不定的，当你懂得了退一步，自然就会更进一步。有时候，退一步是为了再进一步作准备，进一步是为了更好地权衡取舍。所以，当你敢于选取退一步，也并没有阻碍人生的前进；当你敢于舍弃退一步，选取进一步，也不会影响人生的光芒。只有知进知退，才能够铸就人生的辉煌，才能赢得属于自己的人生。

专注细节，精益求精

经起秋毫之末，挥之于太山之本。

——鬼谷子

鬼谷子认为，万事万物在开始时都像秋毫之末一样微小，一旦发展起来就像泰山的根基一样宏大。每个人都有一颗追求完美的心，都希望自己在工作和生活的各个方面能表现得尽善尽美。虽然说完美很难实现，但它是可以无限接近的。每个人都懂得努力去追求理想，望着自己远在天边的梦想，一次次地暗下决心一定要做到。但其中真正小有成就者有几人？

在工作和生活中，那些追求完美的人，也许他们不具备出众的才华、振奋的激情，但他们一定拥有一颗关注细节、精益求精的心。他们心中有一座灯塔，不管白天与黑夜，他们永远细心地追寻生活中的目标。

对于大多数人来说，顺其自然造就了他们的平庸无奇，粗心大意让他们时常功败垂成。为什么我们在可以选择更好的时候总是落于平庸？为什么我们总是有理由纵容自己碌碌无为？

石油大亨洛克菲勒的成功经历给予了许多人醍醐灌顶的启示。

年轻的洛克菲勒最初在石油公司工作时，既没有学历，也没有技术，被分配去检查石油罐盖有没有自动焊接好。这是整个公司最简单、枯燥的工序，同事戏称连3岁的孩子都能做。每天，洛克菲勒看着焊接剂自动滴下，沿着罐盖转一圈，再看着焊接好的罐盖被传送带移走。半个月后，洛克菲勒忍无可忍，他找到主管申请改换其他工种，但被回绝了。无计可施的洛克菲勒只好重新回到焊接机旁，既然换不到更好的工作，那就先踏实下心来把这份工作干好吧。

接下来，洛克菲勒开始认真观察罐盖的焊接质量，并仔细研究焊接剂的滴速与滴量。他发现，当时每焊接好一个罐盖，焊接剂要滴落39滴，而经过周密计算，实际上只要38滴焊接剂就可以将罐盖完全焊接好。经过反复测试、实验，最后洛克菲勒终于研制出“38滴型”焊接机，也就是说，用这种焊接机，每只罐盖比原先节约了一滴焊接剂。就这一滴焊接剂，一年下来为公司节约出一大笔的开支。公司也没想到还有人能在这个岗位做出这么大的成就，年轻的洛克菲勒很快得到提拔，就此迈出日后走向成功的第一步，直到成为世界石油大王。

对于一项看似不用大脑，谁都能轻易完成的工作，洛克菲勒却能够静下心来认真对待，在关注一点点细节的同时，发挥自己才能，从而把一个简单的任务做到了极致。

也许有人心宽体胖，会说做到99分就很不错了，何必再花大力气做到100分呢？西方流传的一首民谣可以对此作形象的说明。这首民谣说：丢失一个钉子，坏了一只蹄铁；坏了一只蹄铁，折了一匹战马；折了一匹战马，伤了一位骑士；伤了一位骑士，输了一场战斗；输了一场战斗，亡了一个帝国。

马蹄铁上一个钉子是否丢失，本是初始条件的十分微小的变化，但所谓“千里之堤，溃于蚁穴”，你把一切都做得很好，就留下这么一个瑕疵，可能最后要你命的就是这个瑕疵了。

鬼谷子智慧

不要总说别人对你的期望值比你对自己的期望值高。不要老是觉得自己的工作很不错，要经常让别人来评判你的工作是否让人满意，如果有哪个人在你所做的工作中找出失误，那么你就不是完美的，你也不需要去找任何理由，还是回去再把工作做得更完美一点吧！

第五章

飞箝之道——知其喜恶，对症下药

飞箝是一种谋略术，即说服人的谋略。即先用语言诱导对方说话，然后以褒奖的手段箝住对方，使其无法收回。如果想要别人被自己牵着鼻子走，就需要用令对方出乎意料的语言，然后再给对方出点子，只要对方听了，就是成功的钳制。

如欲取之，必先予之

立势而制事，必先察同异之计，别是非之语，见内外之辞，知有无之术；决安危之计，定亲疏之事；然后乃权量之。

——鬼谷子

鬼谷子认为，要造成一种声势，使事情获得成功，就得先观察人们相同和不同之处，区别议论的是与非，了解对内对外的各种进言，掌握其真假，决定事关安危的计谋，确定与谁亲近和与谁疏远，然后再看看这样做的利弊得失。如果希望对方能够听从自己，就需要与对方保持一种亲密的关系，即如欲取之，必先予之。

有的人在办事时会抱着“有事有人，无事无人”的态度，他们把他人的帮助看作是理所当然的行为，当自己的诉求得到了回应，自己的事情办好之后，就不再理睬对方了。有着这样心态的人大多数都会被抛弃，当他再次需要帮助的时候，相信没有人会给予帮助的。

其实，在日常交际中，人与人之间的关系是建立在互惠互利的基础之上的，没有互惠互利，就没有互信互助。鉴于这样的心理，当他人在面对你的诉求的时候，其实很想知道你是否有一定的“利用价值”，换句话说，即对方的效劳会不会换来一点回报。于是，在办事过程中，如果你的言语中透露出了自己的“利用价值”，大多数情况下，对方都会乐意帮助你的。所以，作为提出诉求的我们应该尽量展现自己的“利用价值”，以此获得他人的帮助。

小然换了新房子，可自己对粉刷和装修都一窍不通，这时她想到了朋友艳艳，艳艳平时工作不忙，最重要的是她对装修房子很在行。于是，小然拨通了艳艳的电话：“艳艳，我是小然，你最近忙吗？要是不忙的话，你来我这里住几天吧，可以当作散心或者旅游，我管你食宿。”“行啊。”艳艳爽快地回答，“不过，我这边有点小事需要你帮忙，就是帮我看看房子怎么装，你不介意吧？”小然提出了要求。“好，没问题。”艳艳一口就答应了。

小然言语里透露出令人欣喜的可“利用价值”：“来这里住几天”“散心或旅游”“管食宿”。虽然这样的“恩惠”是出于朋友之间的亲密关系，但是对方无形之中也会觉得有点“愧疚感”，至少白吃白住朋友的，心里多少都有点过意不去。于是，出于心中的那点“愧疚感”，以及给予帮助后的“补偿心理”，对方定会乐意效劳。因此，要想他人为你效劳，就应该大方展现自己的“利用价值”，这会让对方更加乐意为你效劳，而那些所谓的“利用价值”，不妨就作为给对方的酬谢了。

三国时期，邓芝受命出使东吴。他到了东吴，孙权对他很怀疑，因此不肯接见。过了两天，邓芝给孙权写了一封书信。孙权一看，只见书上写道：“臣今到此，非但为蜀，并且为吴。若大王不愿见臣，臣就走了。”孙权犹豫不定，一些大臣也都想刁难一下邓芝。后来，孙权采纳了张昭“先给邓芝个下马威”的意见，在殿前放一个沸腾的油鼎，命武士各执兵器，站立在两侧，召邓芝入见。

邓芝听孙权召见他，便从馆舍出来，毫无惧色，昂首走入大殿。邓芝进入殿内，就对孙权说：“我特为吴国利害而来，大王却设兵置鼎，以拒一儒生，可见大王度量太小。”孙权听后，觉得很惶愧，忙令人赐坐。邓芝问道：“大王欲与魏和呢？还是与蜀和呢？”孙权说：“孤非不欲和蜀，但恐蜀主年幼国小，不足敌魏。”邓芝侃侃道：“大王为当世英雄，诸葛亮亦一代豪杰。蜀有山险关隘，吴有三江，若互为唇齿，进可兼并天下，退可鼎足峙立。如大王甘心事魏，魏必然会征大王入朝，索王子做质子，一不从命，便起大兵讨伐，那时蜀国再顺江东下，臣恐大王两面受敌，江东之地不能复有了，请大王熟思！”为赢得孙权的信任，表示诚意，邓芝又说：“若大王以为愚言是不可取的谎言，吾愿立即死在大王面前，以杜绝说客之名。”说着，就撩起衣服，装作向油鼎跳去的样子。孙权忙令人将邓芝拦住，请入后殿，以上宾之礼相待。

在整个沟通过程中，邓芝言语中透露出蜀国因地势险要而拥有的“利用价值”：“诸葛亮亦一代豪杰，蜀有山险关隘，吴有三江，若互为唇齿，进可兼并天下，退可鼎足峙立。如大王甘心事魏，魏必然会征大王入朝，索王子做质子，一不从命，便起大兵讨伐，那时蜀国再顺江东下，臣恐大王两面受敌，江东之地不能复有了，请大王熟思！”最终邓芝凭着敏捷的思维，灵利的口齿，终于说服了孙权。

求人办事的时候，不妨先给对方一点好处，这样对方也会从中获得一些恩惠。比如，“你过来我包你车费，还管你食宿，咋样”“只要你给我把这件事办好了，我就送你最喜欢的包包”“前天我妈妈才从老家带来了一些特产，你过来拿点过去吧”。

鬼谷子智慧

在寻求帮助的时候，最好能让对方觉得当他以后有困难的时候，你也一定不会袖手旁观，这样一种互惠互利的“承诺”，会让对方觉得你还是有“利用价值”的。当然，作出的承诺就要做到，否则有可能会失去这个朋友。

钩箝之辞，飞而箝之

引钩箝之辞，飞而箝之。

——鬼谷子

鬼谷子认为，（与人交往时，可以）借用引诱使对方说出真情，然后通过恭维来钳住对手。每个人都喜欢听赞美的话，谁也不能免俗。这是因为每个人都有一种渴望被尊重的心理需要，而赞美会使对方这样的需要得到极大的心理满足。爱听好话是人的天性，俗话说：“良言一句三冬暖。”赞美他人意味着认定了对方的价值，这时候，对方通常都会喜不自胜，在这样的心理基础之上，你再提出自己的请求，对方自然就会爽快地答应下来。

心理学家认为：对方心理上的亲和，实际上就是接受你意见的开始，同时，也是转变其态度的开始。由此可见，要想在求人办事时获得成功，我们应该给予对方真诚的赞美，相信对方一定不会负我们所望，最终达到自己的目的。

日本加藤清正家的老臣饭田觉兵卫是一位勇猛又擅长军略的武将，但在加藤清正死后，宗族被追加了爵位时，觉兵卫却从此辞官，并在京都过着隐居的生活。

有一次，他对别人说："我第一次在战场上建功时，同时也目睹了许多朋友因战殉职。当时，我心想这是多么可怕的事情，我再也不想当武士了。可是，当我回到营里，加藤清正将军夸赞我当天的表现，随后又赐给我一把名刀。这时，我不想当武士的念头被打消了。后来，每次上战场，我总是有"不想再当武士"的念头。可是每次回到营里时，又总会受到夸赞和奖赏。周围的人，都以钦羡的眼光看我。所以，我的心意一次次地动摇，总是没能达成我的心愿，也就一直服侍清正公。现在想来，清正公真是巧妙地利用了我。"

即便是饭田觉兵卫这样英勇的战士在面临战争时也会害怕，心中也会生出不想当武士的念头。但是，在加藤清正的赞美之下，他把自己的一生都贡献给了加藤。加藤清正的高明之处在于，通过对武士的真诚赞美，留下了饭田觉兵卫这样一个忠勇的部下，并心甘情愿为其效力。

因此，要想对方帮你办事，为你效劳，就要发出真诚的赞美，只有真诚的赞美才有感染力，如果你只是虚情假意或者讽刺挖苦，对方不仅不会帮助你，反而会厌恶你。真诚的赞美是发自内心的，是心灵的呼唤，只有真诚的赞美才能收到好的效果，才能使对方受到感染，愿意伸出援助之手。

科劳德是毕加索的小儿子，他的母亲弗朗索瓦兹·吉洛特非常喜欢绘画，一进画室便不希望别人打扰。一次，儿子想让妈妈带他出去玩，可吉洛特已全身心投入到绘画上，听到敲门声和儿子的喊声，只是回应了一声"哎"，之后接着埋头作画。过了一会儿，儿子又说："妈妈，我爱你。"可得到的回应也只是："我也爱你呀，我的宝贝儿。"门依旧没有打开。儿子又说："我喜欢你的画，妈妈。"吉洛特高兴了，她答道："谢谢！我的心肝，你真是个小天使。"可是仍然没有开门。儿子又说："妈妈，你画得太好看了。"这时吉洛特停下笔，却没有说话也没有动。儿子又说道："妈妈，你画得比爸爸画得还好。"听了这话，妈妈把门打开了，答应儿子一起出去玩。

刚开始的时候，无论儿子怎么央求，妈妈都不为所动，当儿子说出"妈妈，你画得比爸爸画得还好"这样的赞美之词后，妈妈的心还是被打动了。虽然吉洛特的画肯定比不上绘画大师毕加索，但那句赞美却说到了她的心里，你让她怎么拒绝呢？

在办事的时候，需要适时给对方戴上高帽子，比如"最近你的皮肤变白了""最近你的工作表现很优秀"令对方心情愉悦，之后再提出自己的要求，这样一来，大部分情况下都不会被拒绝。

虽然每个人都有一些公认的优点或长处，不过，为了体现自己对其"特别关注"，我们应该尽量从细微之处赞美对方，使其产生被重视、被尊重的感觉，比如"你这衣服真好看""只错了一点点，你就重新写了一遍，真认真啊"，这会令对方有意外之喜。当我们在肯定对方的时候，实际上就是暗示对方具备某种能力，然后，对方就会按照这种标准要求自己，最终他们的行为会达到你所期望的目标。

鬼谷子智慧

鬼谷子主张，恭维对方是一种有效的情感投资，而且投入少，回报大，这是一种非常符合经济原则的行为方式。赞美同事，会令同事更乐意为你整理文件；赞美上司，会令上司更加重用你；赞美下属，会使其更加乐意为你效劳。真诚的赞美，会令对方获得心理上的愉悦，开心之余定会答应你所托之事。

巧言威慑，令其臣服

或先征之，而后重累；或先重以累，而后毁之；或以重累为毁；或以毁为重累。

——鬼谷子

鬼谷子认为，对于那些没法控制的对手，或者先对他们威胁利诱，然后再对他们反复试探；或者先对他们反复试探，然后再摧毁他们；或者在反复考验中，毁灭对方；或者把摧毁对方作为反复考验。适当的威慑对于整个反复考验过程是相当有利的。

在现实生活中，许多小朋友不愿意打针，不少家长就吓唬孩子说“不打针会变成残废的”。经过这样一番吓唬，往往大部分孩子都会乖乖听话，任由医生摆弄。这种善意的威胁方式可以增强一定的说服力，令他人臣服于自己。当然，善意的威胁并不是真的威胁，而是以此让对方懂得利害关系，使其心里产生某种恐惧感，以增加说服力。善意的威胁是通过利用威慑的语言来巧妙说服对方，威胁只是手段，而并不是目的。

这样的语言表达方式应该偏重于“可怕的后果”，使整个谈话过程产生一定的心理暗示，最后达到说服的效果。一些低程度的威慑话语难以说服对方，因为他并不会产生恐惧心理，对于听到的威慑话语只会一笑了之。但是，如果你过分地夸张后果，也会弄巧成拙。

公元208年，刘备兵败樊口，无力反击，如果要想与曹军抗衡，则必须与孙权联手。于是刘备派诸葛亮前往江东说服孙权。如果是一般的使者，为了请求对方的援军，一定会低声下气。但是，诸葛亮恰恰相反，他摆出一副强硬的态度，刺激孙权的自尊心：“将军您也要权衡自己的力量，以处置目前情势。如果贵国的军力足以和曹军抗衡，则应该早早和曹军断交才好；若是无法与曹军相抗衡，则应尽快解除武装，臣服于曹操才是上策。”

年轻气盛的孙权果然被激起了强烈的自尊心：“照你的说法，刘备为何不向曹操投降呢？”诸葛亮更是“火上浇油”：“你知道田横的故事吗？他是齐国的壮士，忠义可嘉，为了不愿侍二主而自我了断。更何况我主刘备乃堂堂汉室之后，钦慕刘君之英迈资质而投到他旗下的优秀人才不计其数，不论事成或不成，都只能说是天命，怎可向曹贼投降？”听了这话，孙权激动地表示：“我拥有江东全土以及十万精兵，又怎能受人支配呢？我已经决定了。”

诸葛亮在说服孙权时，善于抓住对方的心理，用威慑的语言让孙权感觉到自己的实力，以刚制刚，达到了说服孙权的目的。后来，刘备在“赤壁之战”中转败为胜，这其中的首功应推通过语言巧威慑而说服孙权的诸葛亮。

有一次，张伟带队到某风景区旅游，当他们疲惫不堪地赶到事先预定的宾馆时，却被告知订好的套房内没有热水。于是，张伟作为领队约见了旅馆经理：“对不起，这么晚还把您从家里请来，但是我们全身都是汗，不洗澡怎么行呢？而且，我们预定宾馆时说好是24小时供应热水啊！”经理却推托：“这事情我也没有办法，我已经让他们开了集体浴室，你们可以去洗。”“我们当然可以去集体浴室洗澡，但要先把话讲清，套房是50元一人，现在到集体浴室洗澡，我们只能按照标准，每人降到15元。”张伟提出了自己的要求。“那不行，那不行的！”经理直摇头。“那只有供应套房浴室热水。”张伟寸步不让。“我没有办法。”经理无奈地摊手。张伟冷笑道——“你当然有办法。”经理一脸愕然。张伟继续说：“您有两个办法——一是把失职的锅炉工召回来；二是您可以给每个房间拎两桶热水。当然我会配合您劝大家耐心等待。”最后，经理派人找回了锅炉工，四十分钟之后，每间套房的浴室都有了热水。

张伟巧用威慑的语言使对方产生恐惧感，从而达到了说服的目的。当然，大多数人都知道用威胁的方法可以增强说服力，但是，并不是每一个人都能够灵活地运用这一技巧。如有的人在说话时态度不够友善，有的人把所造成的后果讲得不清楚，有的人威胁程度过高，这样一些不适当的使用方式都会导致整个说服过程的失败。

当你在用语言威慑对方的时候，需要保持态度友善，这并不是真正的威胁，而是借此让对方懂得其中的利害关系，使其心里产生恐惧感，促使其采取最有效的行动，增强说服效果。有的人对此理解错误，认为威胁越真越凶就越容易见效，那就大错特错了。比如，家长威胁孩子“不好好学习，我就打死你”，使孩子们信以为真，造成事与愿违的结果。所以，在“威胁”时可以装腔作势，但一定不要追求过于逼真的效果。

有的人在“威胁”时并没有把所产生的后果讲清楚，以至于对方听了只会一笑了之。在这里，使用威慑的语言并不是真正的目的，而是一种手段，当然，这并不是简单的吓唬，很有必要讲清楚后果，比如“如果这样继续下去，就会产生那样的后果”。

鬼谷子智慧

巧用语言来达到威慑的效果，目的在于增强说服力。因此，在使用语言、语调时应该保持适当的“度”，千万不要让“威慑”变了味道，甚至强化成“恐吓”，这样所产生的效果就适得其反了。

许以利诱，或事将成

其用或积财货、琦玮、珠玉、白璧、采邑以事之。

——鬼谷子

鬼谷子认为，想要重用某些人时，可先赏赐财物、珠宝、玉石、白璧和封地，以便对他们试探。我们可以用利诱来考验一个人，同样也可以用利诱来迫使对方答应自己的目的。

在办事过程中，我们要善于通过言语来“利诱”，表明自己的回报之心，毕竟利益比空口说教更有效果。也许，在你提出诉求的时候，对方会有所犹豫，在这关键时刻，你应当指出自己的诉求和他合作有利的地方，这样他自然会乐意为你效劳。

在请求对方帮助之前，你应该清楚对方为什么会帮助你，你凭什么能让他来帮助你，毕竟有一部分人是为了利益而生存的。因此，你可以利用这样一种方法：直接告诉对方在帮助你之后能获得什么样的利益，利诱对方帮助自己渡过难关。其实，人与人之间的关系就是互惠互利，当对方意识到自己在付出之后还能有所获得的时候，他一定会毫不犹豫地答应你的诉求。所以，在求人帮忙的时候，我们要懂得“利诱”，适时表明自己的“酬谢”，满足对方心理。

公元前659年夏天，晋国兴兵攻伐虢国。伐虢就必须经过虞国，如果虞国不借道给晋国，晋国就束手无策。大臣荀息建议晋献公把自己国家的两件国宝——千里马和玉璧送给虞国国君虞公，晋献公接受了荀息的建议，于是，晋献公向虞国国君传递出这样的信息：“只要你借道予我，我就把两件国宝送给你。”同时，派人把千里马和玉璧送给虞公，虞公不听谋臣宫之奇的劝告，借路给晋国。晋军经虞国到达虢国，攻占了虢国的都城，迫使虢国迁都到上阳。公元前655年，晋国聚集精兵良将，再次向虞国借路攻伐已迁都上阳的虢国。

宫之奇劝说虞公道：“虢虞两国相互依存，虢国灭亡了，虞国也就日薄西山了。所谓‘辅车相依，唇亡齿寒’，说的正是虢虞两国今天的形势。还请大王三思而行。”可是虞公再次拒绝宫之奇的劝告，借路给了晋国。

晋献公的“利诱”之计正好击中了虞国国君爱财的特点，如此一来，他自然同意了晋国“借道”的请求。而且，无论身边大臣如何规劝，虞国国君还是答应对方的再次“借道”，以至于最后葬送了自己的国家。由此可见“利益”的诱惑性之大。

今年，大学生黄东刚刚大学毕业，被分配到山东某钢铁总公司工作，由于嫌厂里工资低，他进厂不久后就偷偷跑到南方打工去了。过了一段时间，他回厂里准备取走档案，正好碰上李经理。

黄东以为李经理要批评他几个月没上班的事，但出乎他的意料，李经理开口就说：“从国家大局讲，人才流动是大趋势，你走是对的。你们收入低，我也没有关心到你们，这是我的失职，不过，上次由于人事变动，空缺了许多职位，我就想好好栽培像你这样的年轻人，如果你愿意继续待下去，估计不出两年，你就能坐上我的位置。”接着，李经理详细介绍了公司的薪资待遇，以及今后的发展，黄东听得热血沸腾。

李经理不愧是一位优秀的领导，他的一席话，使这位原本要南飞的“孔雀”留了下来。当然，说服黄东继续留下的话语中，隐藏着一定的“利诱”，这成为令黄东留下的最关键的因素。

求人办事，应该以对方的切身利益为准，而送礼也就应运而生了。如今，大多数人都经历过送礼这样的事情，送礼品、给红包也被认为是理所当然的事情。于是，我们在向对方寻求帮助的时候，会先给予对方一定的好处，否则自己会觉得过意不去，或者担心对方不会尽全力地帮助自己。

在向对方提出诉求的时候，我们需要顺带许诺“酬谢之礼”，这样才能让对方觉得这个忙不是白帮的，比如“事成之后，你就可以晋升为科长了”，这样一来，他能从中有所获得，满足了其欲望，他答应得就会异常痛快，在帮助我们时也会尽心尽力。

如果你总是斤斤计较，或者表现得一毛不拔，一个劲地表示“希望你能帮助我”，但言语中一点也不涉及具体的利益，对方就有可能会心生反感：这种吃力不讨好的事情，谁愿意干啊！因此，求人办事，需要舍得才会有所获得，比如“这事就拜托你了，我最近工作都比较忙，这个月发了工资我请你吃饭”。

一旦接受了一定的好处，占了人家的便宜，再想拒绝对方的请求时，就不好意思开口了。所以，我们在办事的时候，需要了解对方这一心理，不妨先把好处给了，然后自然地提出自己的诉求，对方定会不好意思再拒绝。

鬼谷子智慧

俗话说："无利不起早。"没有一个人愿意去做那些没有好处的"无用功"，只要你了解了对方这样的心理，继而主动满足其欲望，他就会乐意为你效劳。"以利诱之"，对方会觉得这次不是白忙活，因此，他们在办事的时候，就会主动地为你解决问题。

拜倒辕门，势以钩之

或量能立势以钩之。

——鬼谷子

鬼谷子认为，（对于要重要用的人）可以通过衡量其才能创造气氛，来吸引他们。夫克兰说："只要你能让一个人敬仰你，你也表示十分钦佩他的某些才能，你就可以轻而易举地指挥他。"当你向对方表示你对他很钦佩时，你已经肯定了他的能力，并且发自内心地赞美了他，某种程度上，恰是你对他的钦佩增强了他的自信心和自尊心。一个人的价值得到了肯定，那是何等荣耀的事情，他的心里必然如同春风拂过，阳光洒入。而他的满腔欢喜也会化为对你无限的感激，并且愿意甘心为你效力。

向对方表示钦佩，来使对方为你效犬马之劳。这个方法在很多时候，被一些领导或者是将领采用，聪明的领导往往不会直接地命令某个人为他办事，而是先对他表示钦佩，肯定他的能力。自然而然地，这个人就会尽心尽力地献出自己的全部力量。每个人都有自己的长处，并且都希望自己的长处能够得到他人的肯定和赞扬，一旦让他的这种自尊心得到满足，就可使他的这种能力发挥出来，并且发掘出更大的潜力。

伍特将军是一位很受人欢迎的将军，有人问他手下的一个参谋：“伍特将军为何会如此受士兵们拥戴呢？”

参谋回答：“我可以告诉你，那是因为，就算你站在最后一排，他也会认为你在部队里是不可缺少的。”

有一次，当伍特将军的汽车驶来之时，他的一位士兵正与他的女友并肩漫步，他没有向长官敬礼，而是假装没有看见，蹲下去系鞋带，他对自己的长官失礼了。

伍特看见了这位士兵，停了下来，把那位士兵叫到面前说：“你看见我了吗？”

那士兵尴尬地小声说：“看见了，长官。”

将军接着说：“为了不向我敬礼，你故意装作系鞋带的样子，是不是？”

士兵只好承认。

伍特将军说：“现在，我要告诉你，如果我是你的话，我一定会对我的女友说，‘等下，看我怎么让这个老头儿给我敬个礼！’知道吗？”

那士兵敬了一个礼，尴尬地说：“是的，长官。”

伍特将军极其严肃地回礼之后，就驱车前行了。

伍特将军没有严厉地责备这个懒散而愚蠢的兵，他有自己独特带兵的方法。为了让这个尚不成气的野小子懂得当兵的荣耀，伍特将军用了一个许多人都不太注重的方法。他让士兵把自己当成笑柄，他清楚地告诉那位士兵，为了让他这“老头儿”给自己回礼，士兵可以先敬个礼。与所有大人物一样，伍特成功地让他的下属欢迎他，因为他能让他们感觉自己是很重要的。伍特将军懂得，如果你想让一个人对你有敬仰之情，那么你首先就应该对他进行赞赏，这样他才会被你所指挥，尽心地为你效力。

一个纸厂的经理，有段时间总是为一件事苦恼不已，他的产品中水分过多，而他不知道怎么办才能解决这个严重的问题。后来他用了一个简单而十分巧妙的方法，取得了很好的成效。他给厂里的每个雇员发了一张普通的表格，让他们把隔日所出纸张混合物中的成分检验结果写下来，就这样，在全厂雇员的努力下，竟迅速改进了生产方法，也解决了终日困扰着经理的难题。

这位经理的方法就是对他人表示钦佩，他把公司的问题拿出来让大家一起解决。一定程度上，他是间接地对他的雇员表示了钦佩，他的方法让每个与之有关的雇员都感受到自己对于解决这个问题是十分重要的。在经理面前，每个雇员都感觉到自己的能力被肯定了，自己对于这个公司很重要。于是当经理开始把这个严重的问题交给他们的时候，他们就竭尽所能地帮助经理，最后在他们的努力下，终于把问题解决了。这位经理可以不告诉他的雇员这件事，可是他决心试一试，竟然得到了那么好的回报。这就是他的雇员在经理对他们的钦佩下，被激发出来的无限潜力。

鬼谷子智慧

渴望受人赞美和钦佩，这是一种无爱的激情，它在那些最不了解和最不关心我们的人面前表现得最为强烈。面对来自陌生人的钦佩，我们的感激之情往往溢于言表，甚至不能自已，因此它更能激发我们的激情。在平时的人际交往中，我们应该学会向对方表示钦佩，激发他人的感激之情，让他甘心为你效力。

知其好恶，钩其所好

审其意，知其所好恶，乃就说其所重，以飞箝之辞钩其所好，以箝求之。

——鬼谷子

鬼谷子认为，（交际中）要详细考察对方的愿望和想法，了解他们的好恶，然后针对对方所重视的问题游说他，先用“飞”的方法诱出对方爱好之所在，最后再用“箝”的方法控制住对方。想要控制对方，必须知道对方的喜好，然后投其所好，这样才能有效地控制对方。

著名成功学大师卡耐基说：“即使你喜欢吃香蕉、三明治，你也不能用这些东西去钓鱼，因为鱼并不喜欢它们。你想钓到鱼，必须下鱼饵才行。”简单地说，当我们在与对方接触的时候，需要“忘记”自己的兴趣与爱好，以对方的喜好为主，这样能让对方感觉到受重视、受尊重，继而赢得对方的好感与信任。许多人总是忽视了对方的喜好，从来不考虑别人，这样的人永远不会得到他人的认同。

富兰克林年轻的时候，在费城开了一家小印刷厂，在州议会的复选中，他被推举为宾夕法尼亚议会下院的书记员。可就在这最紧要的关头，却出现了危机——一个新当选的议员在正式选举之前为难他。那位议员公开发表了一篇反对演讲，演说篇幅很长，措辞尖锐，在那位议员眼里，富兰克林简直一文不值。面对这种出人意料的状况，富兰克林有点手足无措了。

后来，富兰克林听说那位议员收藏了几部十分名贵而罕见的书，于是，他就给那位议员写了一封短信，表示自己十分钦佩他的学识，很想读一读他所收藏的珍贵书籍，希望他能答应自己的恳求，让自己得以饱览他那些珍贵的书籍。那位议员一接到富兰克林的信，就马上把书送过来了，一个星期后，富兰克林准时送还了那些书籍，还附了一封十分热情的信，表达了自己的感谢。

后来，富兰克林在议院偶然碰到那位议员，那位议员主动跟富兰克林打招呼，而且十分客气。临别的时候，他答应富兰克林会尽他所能给予帮助。于是，他们成了很好的朋友，直到那位议员过世。

知道议员喜好收集名书，富兰克林投其所好，表示自己十分钦佩他的学识，很想读一读他所收藏的珍贵书籍。慢慢地，那位议员不仅对他消除了偏见，还与他成为了不错的朋友。在平时生活中，我们需要了解对方的喜好、性格和欲望所需，揣摩其心理，投其所好，让对方感到愉悦并深信不疑。只有先利用情趣把对方吸引住了，对方才肯为你的事情付出代价。

所以，我们在提出自己诉求的时候，应避免谈论自己，而尽量投其所好，使对方产生一种优越感，继而影响其心理，使对方乐意帮助我们。

鬼谷子认为，要想控制他人，一定要知其喜好，再投其所好。山田久二是日本非常有名的推销大王。他成功的秘诀就是说话看对象，见什么人说什么话，积极求同。他不仅模仿对方的口音、语言、身体姿态，还依据对方的爱好、职业等特点来装扮自己，使对方感到特别亲近可靠。其实，每个人都希望他人与自己是同类人，而模仿对方无疑让对方有一种惺惺相惜的感觉。

鬼谷子智慧

每个人都有自己的兴趣爱好，如果你对他人的喜好表现出很感兴趣的样子，这会令对方心情相当愉悦。因此，我们在谈话过程中，需要了解对方的兴趣爱好，尽可能地先从对方的兴趣爱好说起。每个人都渴望得到他人的尊重与认同，尤其是关于自己所取得的成绩。在找人办事的时候，不妨从对方得意的事情说起，给对方送一顶高帽子，他一定会乐意帮助你的。

第六章 忤合之道——相背为忤，相向为合

忤，相背；合，相向。忤合的规律就是，首先需要自我估量聪明才智，然后度量他人的优劣长短，分析在远近范围之内还比不上谁。唯有知己知彼之后，才可以随心所欲，既能前进，又能后退，可合纵，可连横。

天时之宜，互相转化

必因事物之会，观天时之宜，因知所多所少，以此先知之，与之转化。

——鬼谷子

鬼谷子认为，必须根据事物之间的联系来考察天时，以便抓有利时机。国家哪些方面有余，哪些方面不足，都要从这里出发去掌握，并设法促进事物向有利的方面转化。如果要实施这个谋略，做到将计就计，需要具备一些条件，比如双方之间的举措必须是计策而不是非计策，对方是己方不是，或者对方不是己方是都不能算作将计就计；对方的计策必须是己方计策的基础，若不是以对方的计策为基础进行设计，而是各搞各的一套计策，这也不能称之为将计就计；以破解取胜对方计策为己方计策的直接目的，这才是将计就计。

邢道荣是零陵太守刘度的上将，因不敌蜀军而请降，被赵子龙缚于刘备帐下，刘备喝令斩首，被诸葛亮拦住。诸葛亮令其回去捉了刘度的儿子刘贤再准降。

邢道荣马上献计说他回到刘贤军寨后作内应，让诸葛亮率军去劫寨，一举抓获刘贤。诸葛亮爽口答应。邢道荣回到刘寨后不是兑现他的承诺，而是与刘贤商量如何将计就计地伏兵于寨外，待孔明来劫寨时就而擒之。

诸葛亮早就料到邢道荣回去之后会采取将计就计之法对付自己，于是来了个将计就计之上的将计就计：以佯装中计的形态派一彪军去劫寨。邢道荣、刘贤大喜，待其刚到寨口，便起伏兵围歼，不料这彪军疾速退去。他们奋起追赶十多里，却不见这彪军的踪影，惊讶之余急回本寨，不曾想寨子已被张飞所夺。他们当即决定去劫孔明寨，途中却遭遇赵云埋伏，邢道荣被赵云刺死于马下，刘贤被背后赶来的张飞生擒。

邢道荣与诸葛亮同时用将计就计之法，优劣却大有差别。邢道荣之计，在于机械地套用此法，他丝毫没有想到诸葛亮会看穿他的心思，能够预知他的将计就计，并在预知的基础上再设一计。诸葛亮计高一筹，不仅准确地判断到邢道荣会伏兵于寨外来对付自己的劫寨之军，而且预测到邢道荣在回不了本寨的情况下，会来劫自己的寨子，于是让赵云守株待兔就地伏击。由此可见，诸葛亮思虑得多么深远而周全。

明朝天顺年间，河南布政使丰庆为官清廉，经常到下面的各个州县走访，调查百姓生计，看看地方官员是不是称职。

有一回，丰庆来到一个县巡视，知县是一个大贪官，当他得知丰庆来访时，大为不安，深怕对方会查办他，于是想到要贿赂丰庆，便打算给丰庆送一箱子银子。

但这个知县又深知丰庆向来清廉，若是硬给他送，他肯定是不会收的，于是知县心生一计——他把白银全做成蜡烛的样子，外面再用一层不透明的纸包裹好。

见了丰庆，县官拍马屁道："您就像这一根根为百姓照明的蜡烛，卑职实在是敬佩不已，特奉上这份薄礼，以示敬仰之情呀！"

由于外面有纸包裹着，丰庆一时便没有察觉出这一箱子的蜡烛是用银子做的，他觉得反正又不是什么贵重东西，更何况寓意还很好，便欣然收了下来。

可没过几天，丰庆的一个侍从发现了蜡烛有异样，于是赶紧向丰庆汇报："这些蜡烛应该不是真蜡烛，更像是银棒。"

丰庆心中一惊，立即明白了过来，但他立刻镇定下来，淡淡说："那咱们点一点，不就知道这是不是真蜡烛了吗？"

侍从疑惑地问："大人，这些蜡烛全都是用银子做的，怎么可能点得燃呢？"丰庆便顺势说："既然蜡烛无法点燃，那要它还有何用？谁送来的，就通知让谁来领回去吧。"

第二天，那知县灰头土脸地来领"银蜡烛"。丰庆告诉他："你送的蜡烛我很喜欢，可惜它们点不着，照不了明。你若真敬佩我，拿回去再换一箱能燃着的蜡烛来吧！"县令听后顿时羞得恨不得钻到地缝里去。

知县使用了掉包计，用银子充当蜡烛贿赂丰庆大人，希望自己能从中受到格外的照顾。没想到，当丰庆大人识破计策之后，便将计就计，既然你认为是蜡烛，那就是蜡烛，所以还给对方时的理由是："你送的蜡烛我很喜欢，可惜它们点不着，照不了明。你若真敬佩我，拿回去再换一箱能燃着的蜡烛来吧！"此举不仅无伤大雅地拒绝了县令，更让县令羞愧万分，终于明白自己的贿赂是多么愚蠢。

要想正确使用将计就计，首先，要有极强的判断力，即通过观察分析、想象推理，能够正确判断对方准备或者正在实施于我有害的计谋，而且对于这是个什么样态的计谋也有个基本的了解。其次，要有快速、高超的设谋能力，针对对方准备特别是正在实施的计谋，必须快速作出反应，若不快速，再高超的谋略也会因时过境迁失去意义；但是，如果只有快速而没有高超，就不能将对方套进己方设下的圈套之中，搞不好会落得个弄巧成拙的结局。

鬼谷子智慧

将计就计，就是利用对方的计策，向对方施计。将计就计，在于利用对方所用的计策，反过来对付对方，更偏重于一个巧字。在使用这个计策时，需要找准对方计策的漏洞，将对方的计策为己所用，才能达到计中计的目的。

预先察知，因事为制

凡趋合倍反，计有适合。化转环属，各有形势。反覆相求，因事为制。是以圣人居天地之间，立身、御世、施教、扬声、明名也。

——鬼谷子

鬼谷子认为，凡是有关联合或对抗的行动，都要施以与其相合的计谋。变化和转移，像环一样连接而不中断，而且各有不同的形式。彼此环转反复，互相依赖，根据事情的实际作出处理。所以圣人生存在世界上，他们的立身处世，都是为了说教世人，扩大影响，宣扬声名。在鬼谷子看来，“必因事物之会，观天时之宜，因之所多所少，以此先知之，与之转化”。也就是说，凡事要根据事物的变化，观察合适的时机，根据国家教化宜多宜少的地方，预先察知、调整而使计谋随之转化。在很多时候，我们会身处危机，这时候就要想办法转化，变不利为有利。

马云曾说：“作为一个商人，我觉得危机中总会含有机会，我是以非常积极的态度看待金融危机的。”俗话说：“乱世造英雄。”乱世，本来就是一片狼藉、混乱，在这样一个糟糕的环境里，怎么会有机遇呢？又哪里会出英雄呢？的确，在乱世中没有任何机遇发展可言，但是，如果将时机把握得当，自会出人头地。许多人不相信在乱世中能有什么机遇，其实，乱世就是一个创业和发展的好时机，如果你能够把握适当的时机，就可以在一片乱世中脱颖而出，一举成为乱世中的英雄。

巴菲特说：“当别人贪婪时我恐惧，当别人恐惧时我贪婪。”如何看待乱世？他这样说：“我喜欢乱世，乱世的东西很是便宜，就像一个色鬼来到了女儿国，每次的危机都是一次买入的绝好机会。”他为什么对乱世情有独钟呢？这是因为，巴菲特作为世界首富之一，他正是在危机中投资股票而发家致富的。

2008年，经济危机席卷全球，在这样一个人心惶惶的时刻，巴菲特却发现了其中的绝好机会，他毫不犹豫地购买了许多公司的股票，比如通用、比亚迪等。当美国的华尔街陷入一片狼藉的时候，巴菲特却兴致勃勃地开始了自己的投资，他趁此机会买下了所有之前一直看好却没机会买进的股票。

等到经济危机平息后，巴菲特成为了最后的赢家，一跃跨入了世界十大富豪的行列。

巴菲特发现了隐藏在经济危机中的商机，并借此跨入了世界十大富豪的行列。其实，我们每个人都是可以期待成功的，只要你以积极的态度去看待危机，以敏锐的眼光发现其中的商机，那么，成功就是属于你的。谁说只有在顺境中才有成功的机会，事实上，危机越大，机会则越多，在很多时候，我们在危机面前一败涂地，那是因为没能发现其中的绝好机会。

胡雪岩所在的那个年代，太平天国运动风起云涌，市场不稳，社会动荡不安。然而，面对这样一个环境，胡雪岩并没有一蹶不振，他将更多的精力和时间都花费在生意上。胡雪岩敢于在乱世中寻找机遇，当其他的人在乱世中无所事事的时候，他的事业却开始了。

被信和钱庄解聘后，胡雪岩等待王有龄的归来。后来，王有龄捐官成功归来，胡雪岩在乱世中看到了商机，想亲自创办钱庄。为什么会选择创办钱庄呢？原因是多方面的，胡雪岩曾在钱庄当了几年的伙计，对这门生意自然十分熟悉；另外，胡雪岩本人对这个行业感兴趣。但是，真正决定他去行动的原因则是，这是一个绝好的商机。胡雪岩认为，在乱世中，如果能顺利开设一家钱庄，肯定会成为一桩好生意。

当时，太平天国运动似乎有愈演愈烈的形势，而农民起义则密集于长江中下游以及湘、闽一代。在这样一个兵荒马乱的年代，做其他一般的生意会遭到严重的冲击。可对于钱庄这个行业来说，无疑是一个好机会，由于市场动荡不安，随之而来的便是银价的起落比较大，这样一来，钱庄就会有了低进高出的机会。当时，胡雪岩说：“只要看得准，兑进兑出，两面好赚。”不管是银票汇兑，还是放出，都会大赚一笔。

眼光敏锐的胡雪岩瞅准了这样的商机，义无反顾地开办了自己的钱庄。果然，由于他经营有方，再加上人们的大力支持，钱庄的生意日益兴隆，不久就开了分店。就这样，因为抓住了一个好的机会，胡雪岩从一个身无分文的小伙计一跃成为大商人。处于乱世，其实并不像我们所想的那样没有发展的机遇，相反，如果能够善于应付乱世，把握机会，你一样可以走向成功。胡雪岩就是一个在乱世中脱颖而出的英雄，因瞅准了时机，而一跃成为了大名鼎鼎的红顶商人。

现代社会，当然不存在乱世，但是，我们却时常遭遇危机。许多人总是将危机看作灾难，心中认定只要危机出现，便会多出许多困难与麻烦。其实，危机，顾名思义，机遇藏在危险之中。对于那些善于把握机遇的人来说，危机并不全是灾难，其中还隐藏着许多机遇。只要变不利为有利，抓住机遇，就一定会成功，而且，隐藏在危险中的机遇带给我们成功的可能性似乎更大一些。

鬼谷子智慧

鬼谷子告诉我们，任何事情都是可以转化的，比如机遇。在生活中，好事与坏事是可以互相转换的，甚至，一个好事里面有可能隐藏着坏的征兆，而坏事里往往隐藏着良好的契机。当危险来临的时候，不要失去信心，而应善于看到机遇和光明，这样，你才能求得更多的机遇。那么，你所遭遇的坏事有可能就变成了好事。

顺势者昌，逆势者亡

世无常贵，事无常师。圣人无常与，无不与；无所听，无不听。成于事而合于计谋，以之为主。合于彼而离于此，计谋不两忠，必有反忤。

——鬼谷子

鬼谷子认为，世间没有永恒的高贵，事情没有固定的模式。圣人经常是无所不为，无所不听。办成要办的事，实现预定的计谋，都是为了自己的评价。合乎那一边的利益，就要背叛这一边的利益。大凡计谋，不可能同时忠于两位对立的君主，必然要违反一方的意愿。

古人云："天下大事，顺势者昌，逆势者亡。"人生是一个风云变幻的舞台，几乎在每一天都会发生变化，因此，我们需要看清时务，必要时顺势谋划出适宜的计策，如此才能保全自己的位置；若不顺应形势，迟早会吃亏。在任何时候，只有在顺应形势的前提下谋求发展、寻找机会，才能保全自己。在《三国志》里，司马微说："平庸的书生文士怎么会认清天下的大势呢？能认清天下大势的人才是杰出的人物。”的确，因为只有看清了局势，方能顺势而为。在现实生活中，我们常常用“顺”来表示美好，那些懂得顺水推舟、顺势而为的人，才能拥有圆满的人生。

曾国藩凭着自己几十年的仕宦生涯，对官场的险恶看得十分清楚。平定太平天国运动之后，清政府对曾国藩弟弟很不放心，欲其速离军营而不令其赴任浙江巡抚。面对这一形势所逼，曾国藩无奈，只好以病情严重为由，奏请曾国荃开浙江巡抚缺，回乡调理，避开锋芒，而这也正是朝廷的意思。

曾国荃回乡修养，本是曾国藩的韬晦之计，顺应形势，暂时退避，是为了永久保住自己的既得利益。不过，对于曾国荃来说，他却是一个不甘寂寞的人，尤其对于朝廷有意牵制曾家兄弟的举措很不满，心中流露出憎恨。曾国藩却自有计策，他多次嘱咐弟弟不要轻易出山，如今时局动荡，不必惹火烧身，最好在家静养一年。对此，曾国藩在日记中写道：“有见识的人士和相爱的朋友大多奉劝弟弟暂缓出山，我的意思是让弟弟多调养一段有病的身体，在家闭门三年，再挺身而出，担当天下的艰巨任务。”同时，他还嘱咐弟弟：“弟弟平素的性情就是好打抱不平，发泄公愤，同时又对朋友情谊深厚，非常仗义，这个时候告病在家，千万不要对地方公事干预丝毫。”在曾国藩的耐心劝导下，曾国荃耐着性子在湖南老家待了一年多。

直到清政府颁布诏令命曾国荃改任湖北巡抚，并帮办“剿捻”军务，这时，曾国藩认为形势已经好转，才力促弟弟出山而任事，他说：“惟决计出山，则不可再请续假，恐人讥为自装身份太重。余此信已为定论，下次不再商矣。”

曾国荃的退隐和出山，均是曾国藩的权宜之计，时局动荡，清廷对曾氏兄弟起了疑心，这时，曾国藩看清了局势，规劝弟弟暂时退隐，如此一来，才能永久保住自己的利益。如果执意下去，有可能使曾国荃的官运难以长久。在曾国藩的权宜之计下，弟弟回老家休养了一年多，这时，清廷已经放下了疑心，打算请曾国荃出山。于是，在顺势的条件下，曾国藩觉得弟弟出山的机会成熟了。正是在曾国藩的种种顺势而为之下，才有了后来曾氏家族在清廷的美名。

俗话说：“识时务者为俊杰。”若形势已经发生了变化，而你还在原地执迷不悟，那么，大势所趋，你将被不可抗拒的大流所淹没。在官场是如此，在职场也是如此，顺势而为，让自己时刻处于安全的位置，这才是智者当为之事。在职场中，有可能昨天还得意的某某，今天就被勒令离职了，这是一件很正常的事情，然而，如果是自己熟悉的上司调走了，来了一个全然陌生的领导，身为小职员的我们能怎么样呢？只能看清时务，顺势想出权宜之计才是上策。

松下幸之助说："经营，其实就是一种顺势。"在职场中，要想成就一番事业，就必须顺势而谋。在局势变化的过程中，有许多值得我们学习的东西，而只有不断学习才能积累"能量"，就像曾国荃在老家调养身体一样，一旦时机一到，我们就可以获得成功。

当局势发生了变化，自己之前所渴望的机遇也擦肩而过，这时候，我们该怎么办呢？是怨天尤人，还是韬光养晦、蓄势待发？

鬼谷子智慧

俗话说："不飞则已，一飞冲天；不鸣则已，一鸣惊人。"面对既成的局面，唯有不断地提高自己的能力，等待机遇的到来，再迅猛出击，奋起拼搏。如果我们想获得成功，就要学会顺势，做到蓄势待发，时刻准备着，积蓄能量，等待机遇的到来。

知己之主，择主而事

故伊尹五就汤、五就桀，然后合于汤。吕尚三就文王、三入殷，而不能有所明，然后合于文王。此知天命之箝，故归之不疑也。

——鬼谷子

鬼谷子认为，古代擅长反对和支持之术的人，可以协和四海，包容诸侯，可以驱置到忤合的境地，然后设法变化、转移形势，到最后利用这种势力开创新王朝。所以贤相伊尹五次臣服商汤，五次臣服夏桀，之后才决定一心臣服商汤王。姜太公吕尚三次臣服周文王，三次臣服殷纣王，可是他对殷纣王却无法理解，之后才决定一心臣服周文王。这是因为他们懂得天命的制约，所以伊尹和吕尚才归顺商汤和周文王而无所怀疑。

鬼谷子认为，良禽择木而栖，良臣择主而事，这是不容怀疑的。在伊索寓言里有这样一个小故事：有只螃蟹离开大海来到了岸边的草地上住了下来。有只饥饿的狐狸路过那里，就把螃蟹给吃了。螃蟹临死的时候说："我真是该死，按照我的生活习惯，我应该住在大海里，为什么我要离开大海住到陆地上来呢？"连一只螃蟹都要寻找到一个适合自己的地方，更何况是人呢？对于古代臣子而言，遇到一个赏识自己的明主，然后将自己的生与死、荣与辱都托付给对方，这就是他人生中最大的幸运。

比干是商纣王时期的丞相，也是我国古代一位著名的贤臣，被誉为"第一忠臣"。他德行淳厚诚实，敢于直言进谏，一生忠君爱国，体恤百姓。然而，却有人说比干是愚忠，选择了一个残暴的君主，最后落得个挖心的悲惨下场。

公元前1029年，由于商纣王横征暴敛，大兴土木，追求个人奢华的生活，导致民不聊生，老百姓苦不堪言，怨声载道。丞相比干实在看不下去了，为此，他多次以叔父的身份语重心长地规劝纣王，但是沉溺在酒色的纣王哪里听得进去，不仅把比干的话当成耳边风，而且抱怨比干干涉了自己的私生活。

对此，比干又气又急，叹曰："主过不谏非忠也，畏死不言非勇也，过则谏，不用则死，忠之至也。"于是，比干来到摘星楼，强谏三日不去。他的这一行为彻底激怒了纣王，一气之下，纣王杀死了比干，还挖出了他的心。

比干本是一忠臣，无奈选错了主人。如果他遇到的是一位贤明的君王，又怎会遭遇如此下场呢？宁做良臣，不做忠臣，这才是真正的忠。魏征曾说："使自己身获美名，使君主成为明君，子孙相继，福禄无疆，是为良臣；使自己身受杀戮，使君主沦为暴君，家国并丧，空有其名，是为忠臣。以此而言，二者相去甚远。”

当隋炀帝荒淫无道，天下英雄豪杰纷纷起兵反隋的时候，魏征先参加了元宝藏的起义军，不过他觉得自己看不清天下大势，心中没了主意，便出家当了道士。后来，38岁的魏征被另一支起义军——瓦岗军首领李密请出山，并让他掌管军中的文书。在李密的军中，魏征的地位很低，他看到了军中很多不足，曾主动进谏，不过不被李密所采纳。不久，李密兵败降唐，魏征随李密进入长安，不过心有不甘的李密又起兵反对李渊，最终兵败被杀。

这时魏征觉得李唐政权比较有前途，就向李渊请求去招抚李密的旧部，赢得了成功。征得李渊的同意后，魏征以国君之礼葬了李密，并撰文把李密比作项羽，实事求是地描述李密的态度和精神。虽然魏征这样做了，但从来没有人指责他背叛李密，投降李渊。

太子李建成听说魏征很有才干，任他为太子洗马，对其十分敬重。玄武门事变之后，李建成被杀，李世民当了太子。魏征被秦王府的人捕获，囚禁狱中。李世民听说魏征颇有才华，不忍杀他，便派人将他传入府中，一见到魏征，就责问道：“你为什么挑拨我们兄弟间的关系？”魏征没有辩解，而是据理回答：“人各为其主，假如太子早听信了我的话，就不会有今天的下场，我忠于李建成，又有什么错？管仲不是还射中过齐桓公的带钩吗？”见魏征说得很坦率又有道理，李世民很欣赏其才华，就赦免了他。魏征见李世民爱才、惜才，心有所动，决定归顺李世民，为其效力。

李世民即位不久，就提升魏征为谏议大夫。在职期间，魏征曾前后陈谏二百余事，指出唐太宗在施政方面的错误，不断提醒太宗牢记隋亡的教训，励精图治，对贞观之治起了很大的作用。而唐太宗善于听取魏征的意见，成就了其名声。魏征敢于犯颜直谏，促成了唐太宗善于纳谏的性格，他们最后都成为了名垂千史的人。

古语曰：“良禽择木而栖，良臣择主而事。”昏君无道，天必罚之，弃暗投明，乃是顺天意而行。看似不忠，其实不然。就好像孟子所说“闻诛一夫纣矣，未闻弑君也”，忠国不忠君，忠民不忠人。魏征不是为了个人名利或苟延残喘而朝秦暮楚，他是为上安君国，下报黎民。魏征之忠，不是不忠，不是愚忠，不是小忠，乃是大忠，忠于国家社稷，忠于黎民百姓，所以他是择主而事的良臣。

鬼谷子智慧

鬼谷子认为，好的鸟儿总是选择高大的树木栖息，有本事的人总是选择有谋略的人共事。

忤合之道，自度才能

非至圣达奥，不能御世；非劳心苦思，不能原事；不悉心见情，不能成名；材质不惠，不能用兵；忠实无实，不能知人。故忤合之道，己必自度材能知睿，量长短远近孰不如，乃可以进，乃可以退，乃可以纵，乃可以横。

——鬼谷子

鬼谷子认为，对于一个人纵横而言，不达到高深的圣人境界，就不能治理天下；不劳费心思苦苦思索，就不能弄清事物的本来面目；不能全神贯注地观察真实情况，不能成就名声；才能、气魄不足，就不能进行军事运筹；过于忠厚老实而没有其知灼见，就不能识别人。所以“忤合之道”的规律就是，首先要估量自己的聪明才智，然后度量他人的优劣长短，看一看在远近范围内还比不上谁。如此既可以前进，又可以后退；既可以使其合纵，又可以使其连横，这样才能运用自如。

一个人只有了解自己，才能准确定位自己的人生，才能清楚地知道自己该做什么，能做什么，适合做什么。

每个人都希望自己能够翱翔于蓝天，驰骋于大地，但是，在梦想开始放飞之前，我们需要清楚地认识自己，你是否具有翱翔的能力？你是否能够驰骋于大地？

如果在没有了解自己的情况下就擅自定位，一旦梦想跌落，内心的失望是无法忽视的。另外，无法给自己准确定位，只会导致好高骛远或者内心自卑。每一个人都是特殊的个体，上帝赋予了我们独特的个性，只要我们走出盲目模仿别人的樊篱，找准自己的位置，人生就会变得丰富多彩。

有一天，国王来到花园散步，当他看到花园里的景象的时候，不禁大吃一惊。前些日子还绿意盎然的花园变得十分荒凉，美色早已不在。带着满腹疑团，国王询问了园丁："究竟发生了什么事情啊，怎么花园会变成这样？"

园丁叹息着说："我尊敬的国王啊！这是因为橡树认为它比不过松树的高大，所以死了；松树因为比不过葡萄能结果子，所以也死了；而葡萄因为不能像橡树一样直立，因此也死了；至于其他的植物花卉，也都是因为各有比较而死去了。所以，花园终于因此而渐渐荒凉了。"听了园丁的话，国王陷入了沉思，过了一会儿，在不经意抬头之间，他发现花园里的草地依然生机蓬勃，不禁好奇地问园丁："为什么其他植物都枯死了，只有这一片草地依然绿意盎然呢？"园丁微笑着说道："这是因为小草们并不想成为松树、橡树、葡萄或者其他植物，它们知道自己的价值是什么，所以也只想做它们自己而已。因为有这样的想法，所以它们自然就生机蓬勃，绿意盎然！"

每个人都想成为高大的树木，渴望矗立在高处俯瞰这个世界，但是，生活的现实与残酷却让我们成为了一颗颗小草。与其他人相比，自己的生活显得那么不堪，于是，许多人觉得自己没有价值，或许将在庸庸碌碌中度过一生。其实，小草也有它的价值，当所有高大的树木都已经枯亡时，那一片绿意盎然的小草却释放着最后的美丽。它们并不想成为高大的树木，它们深知自己的价值是什么，因此只想做它们自己。怀着这样一份希望，它们自然生机勃勃、春意盎然。如同小草一样，我们每一个人都有自己的价值，没有任何人或事能够取代我们，也没有任何人或事能够贬低我们，除非我们自己看轻了自己、自己贬低了自己。

大卫·奥格威曾当过推销员，做过农夫，当过外交官。他移居到美国，同时却不断往来于欧洲大陆。年轻时的奥格威雄心勃勃，他有两个梦想：一是拥有一部劳斯莱斯汽车，二是获得爵士爵位。于是，每到黄昏的时候，他都会去英国国会下议院，坐在观众席里倾听别人讨论，他渴望自己有一天也会参加这里的讨论。但是，突然有一天，奥格威发现自己对这一切失去了兴趣，他对自己说："这里并不适合我。"

然后，他就站了起来，以一种坦然而轻松的心情走出了下议院，解脱之后，他的内心却充满了焦虑：自己38岁了，还能够使生命辉煌吗？没过多久，奥格威创办了一家广告公司，经过多年的发展，他被誉为现代广告的"教皇"。

大卫•奥格威找准了自己的位置，演绎了精彩人生。每个人有选择的自由，有行动的自由，更有心的自由。我们不该让生命腐烂，也不该让它在失败、绝望的岩石下磨碎，任人摆布。悠悠生命历程里，我们要给自己准确定位，展现出自己的人生价值。

只有全面地了解自己，才能准确定位自己的人生。一定要在正确衡量自己的实力，全面周详地了解对方之后，再作决断。只有在知己知彼之后，自己才能做到淡定自如，也才可以在瞬息万变的环境中进退自如。

鬼谷子智慧

鬼谷子告诉我们，每个人都有属于自己的独特价值，我们应该接纳自己。而且，自身价值的大小并不在于他人的评价，而是在于我们给自己的定价。一个人的价值是绝对的，坚持自己，重视自己的价值，给自己成长的空间，每个人都会成为"无价之宝"，我们将告别平庸的人生。

第七章

揣情之道——知己知彼，百战不殆

揣情之道，在于打探对方的实情。一般而言，一个人内在的情感或心理变化，会通过其外在的言语行为表现出来。所以，应该从对方外在的语言行为表现，去探寻对方内在的真情实意，此即揣情术。

审时度势，趋利避害

古之善用天下者，必量天下之权，而揣诸侯之情。

——鬼谷子

鬼谷子认为，古时候，善于治理天下的人，必然会审慎地把握国家的发展趋势，揣度各诸侯国的具体情形。我们做事一定要审时度势，趋利避害，尤其是遇到棘手之事，更要以圆融为主。一个人如果太多方正，有棱有角，一定会撞得头破血流；反之，一个人若是八面玲珑、通达圆融，做事反而事半功倍。当然，鬼谷子主张做人不应太圆滑，须方外有圆，圆中有方，外圆内方。一个灵敏通融的人，在处理各种事宜上，懂得灵活应变，适时改变战术，审时度势。

通常情况下，棘手之事所需要的是灵活战术，它并没有具体的解决方法，而要求我们审时度势，如此，才能应对错综复杂的事情。在生活中，常会有困难之事棘手之事等待我们去处理，这时候，我们就应学学鬼谷子的灵活之术，适时应变，巧妙应付，使事情得以圆满解决。

有一次，胡雪岩押运洋枪，从上海去浙江。本来，在上海购买的这批洋枪，需要松江漕帮的协助才能运到浙江。可是，胡雪岩到了松江，才知道事情突然之间变得很棘手。原来，松江魏老头子的好友俞武成已经和太平军赖汉英联系上了，只要等这批洋枪从海上起运，就动手截留，而魏老头子也答应会帮助他们。

胡雪岩到松江拜访了魏老头子，听闻了此事，心中颇为不安。心想：如果俞武成不是他的朋友，事情就好办了。如果这批洋枪不是落到太平军的手里，事情也好办。现在两种假设都不成立，事情确实很棘手啊！魏老头子了解胡雪岩的难处，他打算断了与俞武成的交情，阻止俞武成动手，帮助胡雪岩渡过这一难关。可胡雪岩却觉得这样办事不太妥当，这时，他灵光一现，心中已经有了妙计。

于是，胡雪岩去拜见了俞武成的娘——俞三婆婆，没想到，这俞三婆婆却是一个厉害角色，她故意装聋作哑，不想帮胡雪岩这个忙。胡雪岩缓缓说道："我也是不希望松江漕帮为难，让魏老爷为难；再说了，如果我请官兵护运，又怕与俞武成发生冲突，伤了和气。"俞三婆婆到底是老江湖，她听出，如果俞武成不肯让步，胡雪岩请官兵护运洋枪，那俞武成的行为则成了抢劫军械，这可是要灭门的啊！知晓了其中的利害关系，俞三婆婆立即吩咐人赶快将俞武成找回来。

不过，事情却并不像想象中的简单，有了俞三婆婆的出面，还是难以给俞武成台阶下。俞武成本来是为下面的兄弟考虑生计，急谋生路，才身不由己，萌发出了抢劫军械的念头，如今虽说有了母亲的出面，但自己该如何向兄弟们交代呢？对此，胡雪岩与俞武成达成了协议，由胡雪岩报清官府，发给这批人三月粮饷，保证不诱降，事后，胡雪岩还拿出一万两银子来犒劳俞武成下面的兄弟们。

胡雪岩押运军械去浙江，却没想到在松江是"大水冲了龙王庙"，两边都有说不开的关系，这可如何是好呢？随机应变的胡雪岩不想伤了和气，希望尽量让各方面都满意，为此，他才想出了这样一个办法：请俞武成的母亲出来规劝，自己再拿银两犒劳他们。这样一来，不至于让魏老头子为难，同时，还给了俞武成这只恶虎一个台阶下，万事皆完美。

王先生是一家公司的经理，下班后经常做一些投资活动。前不久，他以极低的价格购买了位于郊区的不毛之地，家人、朋友纷纷说他傻："这地连草都不长，你买来有什么用？还花了那么多钱。"王先生本来打算随着城市的规划而出售，没想，城市规划有变，那块地看来真的成了无用之地。当时，王先生可是拿出了大部分积蓄，如今可谓是血本无归了，事情变得十分棘手。

突然有一天，王先生灵机一动，他对当地政府部门说："我有一块地皮，我愿意无偿捐献给政府，但是，我是一个教育救国论者，因此，这块地只能建一所大学。"政府如获至宝，当即就同意了这一要求。

于是，王先生将三分之二的地捐给了政府，不久，一所大学就矗立在那里。他再将剩下的三分之一的地修建了学生公寓、餐厅、商场、酒吧、电影院等，形成了商业一条街。没过多久，王先生买地皮亏损的钱就被赚回来了。

王先生是一个懂得随机应变的人，因此，他后面的投资活动得到了很好的回报。他本来打算随着城市规划而开发那块地，没想到城市规划有了变化，而那块地几乎不值钱了。之前所设想的计划出现了变化，使得投资这件事变得异常棘手，不过，王先生并没泄气，而是适时应变，使得一件坏事变成了好事。因此，在生活中，面对棘手之事，不要着急，须适时应变，以灵活战术获胜。

鬼谷子智慧

在日常生活中，若是遇到了棘手之事，须记住：审时度势，趋利避害。越着急，就越有可能办砸事情。而且，如果你想只用一种方法就解决棘手之事，那成功的几率是不大的。毕竟，棘手的事情所考验的是一个人的随机应变能力，如果你总是坚持原有的方法，不着眼事情的变化，那极有可能会让事情朝着相反的方向发展。

形见于外，知其隐者

夫情变于内者，形见于外；故常必以其见者，而知其隐者；此所以谓测深揣情。

——鬼谷子

鬼谷子认为，人们内心感情发生变化时，必然会从外观上表现出来。因此，我们就可以透过他们的表面现象，去揣摩分析了解隐藏在他们内心的真实情况，这就是所谓的“测深揣情”。

人的表情神态是人性的一面镜子，更是心理的一种反映。一个人在说话时有可能是面带微笑、和蔼可亲，也可能是冷若冰霜、一脸严肃，不同的表情反映出其不同的心理活动。我们常说的“察言观色”，也就是透过对方的言语，观察说话者的脸色，获悉对方心里隐藏的真实想法。

有时对方笑嘻嘻地，完全是一副很满意的表情，让人很安心地觉得游说成功了，“我明白了，你说得很有道理，这次我一定考虑考虑。”但结果却是以失败告终，因此我们不能仅仅以说话者表面的神态来揣测其真实的心理。实际上，我们经常会遭遇“面无表情”的人，无论自己说了什么，做了什么，他都没有特别的表情。实际上没有表情不等于没有感情，因为一个人的心理活动若是不呈现在面部上，那就显得极不自然。换句话说，越是没有表情的人，其心理活动越是可能处于活跃期。

有一位推销图书的业务员谈过这样一个经验：当他拿着一本图书的样本向一位客户推销的时候，会趁机仔细观察着那位客户的面部表情。这时候他选择坐在客户的身边，因为坐在客户的身边容易看清客户脸上肌肉变化，当客人翻阅样本的时候，通常在他的脸上就有了买和不买的决断了。客户的表情或许不怎么明确，但是经过长时间的琢磨，却非常有趣，因此有经验的推销员往往一眼就能看清对方内心的秘密。

可见，表情也能反映一个人内心的感情。当我们倾听对方说话的时候，要善于捕捉其面部表情的细微变化，例如，或者是他的一个笑容，或者是看似的面无表情，或者是嘴形，或者是一个不经意的皱眉，并透过这些细小的变化来倾听其隐藏在心里深处的想法。

清朝时，一位新上任的县令，初次去拜见领导，想不出该说什么话。沉默了一会，忽然问道：“大人尊姓？”这位领导很吃惊，勉强说了姓某。县令低头想了很久，说：“大人的姓，百家姓中所没有。”领导更加惊异，说：“我是旗人，贵县不知道吗？”县令又站起来，说：“大人在哪一旗？”领导说：“正红旗。”县令说：“正黄旗最好，大人怎么不在正黄旗呢？”领导勃然大怒，问：“贵县是哪一省的人？”县令说：“广西。”领导说：“广东最好，你为什么不在广东？”县令吃了一惊，这才发现领导满脸怒气，赶快走了出去。不久，这位县令便被借故免职了。

我们从这里不难发现，正是这位县令不会察言观色，口无遮拦，才会引得领导发脾气，自己也被免职了。案例中，县令第一次询问“大人尊姓”的时候，领导就面露吃惊的神色，意思是“作为下属，怎么能直接问这样的问题呢”。紧接着，因县令不懂得“观色”继续发问，领导的神情由“惊讶”变得“愤怒”，自然，县令也为自己的鲁莽而付出了代价。

如果我们注意观察，会发现一个人在不同场合说话，笑容也是不同的。比如，领导对下属说话会轻笑，露出上牙，嘴唇稍微咧开，就好像在跟一个朋友打招呼的样子；领导在赢得功绩时会大笑，上下门牙全都露出来，并且发出爽朗的笑声，这表示他的心情非常激动；在谈判时说话会皮笑肉不笑，这样的笑容并不是发自内心的，而是装出来的，表示正在思考计策，而这样的领导做事也很沉稳。

言谈之间的秘密就隐藏在表情神色之间，比如一个人在说话时若是眼睛瞪得非常大，鼻孔也显得变大，或者在脸上有抽搐的现象，这表示他正强压内心的怒火。当一个人在表达震惊的情感时，他们的嘴会不自觉地张开，下颚的肌肉往往很放松，并且向下垂；如果一个人对某件事情产生了浓厚的兴趣，往往会张开嘴巴，眼角下的面部肌肉会松弛；如果一个人在说话时不经意皱眉，那表示他对正在说的计划并不满意，而且在极力思考更恰当的计划。

鬼谷子智慧

人类的心理活动可以说非常微妙，这种微妙经常会从表情神态中流露出来。若是遇到高兴的事情，脸颊的肌肉会松弛，一旦遇到悲哀的状况，也通常会泪流满面。但是，也有许多人不愿意将自己内心秘密让别人看出来，这时如果我们还是单看表面，就有可能会出现判断失误的现象。

欲知其心，揣其表情

情欲必知其变。

——鬼谷子

鬼谷子认为，对方在有欲求的时候，常会反映在他们外在的神态变化之中。因此，揣情的首要步骤就是观察对方的表情。法国生理学家科瑞尔曾说："我们会见到许多陌生的面孔，这些面孔反映出了人们的心理状态，而且随着年龄的增长，得反映将越来越清楚，脸就像一台展示我们人的感情、欲望、希冀等一切内心活动的显示器。"

每个人都有属于自己、十分特别的一张脸，这张脸中隐藏着各种各样的表情，一个人即使所表现的是最自然的神态，他人也可以窥探出其内心的几分真性情。细微表情是情绪的外部表现，这是由躯体神经系统支配的骨骼肌运动，是感情活动的外显行为，它所反映的是一个人的心理。我们可以说，表情是无声的语言，在与他人相处的时候，一个人即使想掩饰自己内心的想法，也还是会下意识地从细微表情中表达出自己的情绪。因此，在与人接触的时候，我们需要仔细观察对方的神态，从细微表情中把握对方真正的想法。

在所有的生物中，人的表情算是最丰富、也是最复杂的。据统计，人们的脸部能做出的表情多达25万种之多，恰恰是如此丰富的表情，使得人们之间的交往变得复杂而细腻。在生活中，我们常常发现人们脸上的表情与其内心的情绪恰好相反，这是为什么呢？其实，这是因为人们在潜意识里不愿意让对方看出自己心理的变化，所以他们会用看上去比较自然的表情来阻止自己内心情绪的外泄，以此来隐藏自己的真性情。那么，我们是不是就不能窥破对方的真实心理呢？当然不是。狄德罗在《绘画论》中说道："一个人，他心灵的每一个活动都表现在他的脸上，刻画得很清晰、很明显。”

梁惠王雄心勃勃，广纳天下贤才。有大臣多次向他推荐了淳于髡，因此，梁惠王频频召见那位颇具才干的淳于髡，而且，每一次都屏退左右与他倾心交谈。但召见了两次，淳于髡都沉默不语，弄得梁惠王很尴尬。

事后，梁惠王责问大臣：“你说淳于髡有管仲、晏婴的才能，我怎么没看出来？他只是沉默不语，我看你是言过其实。”大臣以此话问淳于髡，淳于髡只是笑了笑，回答说：“确实如此，前两次我都沉默不语，但我不是故意的，而是另有原因。我也很想和梁惠王倾心交谈，但第一次，梁惠王脸上有驱驰之色，想着驱驰奔跑一类的娱乐之事，所以我就没说话；第二次，我见他脸上有享乐之色，是想着声色一类的娱乐之事，所以我也就没有说话。”

大臣将将此话告诉了梁惠王，梁惠王回忆了当时的情景，果然不出淳于髡所言。这时，梁惠王不禁佩服淳于髡的识人之能，也终于相信了大臣所言，开始重用淳于髡。

在这个典故中，淳于髡正是利用了梁惠王流露出来的细微表情，洞悉了其心里的真实想法，也是因为如此而赢得了梁惠王的尊重和信赖。由此可见，观其脸必先观其表情，在与人交往的过程中，不要错过对方脸上闪烁的细微表情，抓住它，你才有可能看清其真实性情。

比如，项羽和项梁看见秦始皇游览会稽郡渡浙江的时候，项羽脱口而出：“彼可取而代也。”吓得叔叔项梁急忙捂住他的嘴，这表明项羽心直口快。而汉高祖刘邦在见到秦始皇的时候，则说的是“大丈夫当如是也”。两人截然不同的神态，表明了两人不同的心性。

那么，如何从那些看起来很自然的表情中捕捉他人心中的真实想法呢？

有的人自作聪明地认为“面无表情”就是最自然的神态，其实不然。在日常交际中，许多人会“面无表情”地谈话、交流，不肯轻易说出自己的想法。其实，他们真实的内心不外乎这三种想法：一是敢怒不敢言；二是漠不关心；三是根本没有放在心里。当然，也有可能结果恰好相反，只是对方不愿意让你看出来而已。

在生活中，有许多人经常会以虚假的笑容来迷惑他人，尤其是那些奸诈的小人，他们不愿意表露自己真实的想法，常常以皮笑肉不笑的笑容示人。其实，这时他们内心的想法恰恰是与脸部表情相反的，可能是很愤怒，可能只是想敷衍你，可能只是想亲近你，但其内心一点想亲近你的意思都没有。

人们在生活中学会了许多方法来掩饰自己的内心，当然，他们也知道在什么样的情况下该掩饰什么样的表情。比如，在商业会谈的时候，有的人总是显得急躁、不耐烦，眉毛时常跳动，这时，他们有可能没有诚心跟你合作，只是想趁早了事；还有一种可能就是他们只是想早点结束生意而去参加公司的晚会。

鬼谷子智慧

一个人神态的外显通常被认为是“自然流露”，意思是指有所见或有所感而发，出自内心的自然本真，显示出的神态举止自然而然，但其中也隐藏了不少真性情，你若仔细观察，必能窥探出不少秘密。

洞悉人心，揣其隐匿

故虽有先王之道、圣智之谋，非揣情，隐匿无可索之。

——鬼谷子

鬼谷子认为，（一个人即便有）有古代先王的德行，有圣人高超的智谋，如果不善于揣情之术，那面对所有隐蔽的和深藏的实情时，必然也无法识破。如果想要真正地去了解一个人，了解他心中的真实想法，并不是一件很容易的事情。对方或是出于防卫，或是出于欺骗，常常把自己隐藏在一张无形的面具后面，不会让他人轻易地知道自己的真实心理和想法。我们想要看透对方，就需要了解他真实的心理和想法，而这需要从他的一言一行、一举一动入手，通过细致观察，你定会从那些细枝末节中了解他的内心世界。

弗洛伊德说："任何人都无法保守内心的秘密。即使他的嘴巴保持沉默，但他的指尖却喋喋不休，甚至他的每一个毛孔都会背叛他！"虽然，每个人都想保守自己内心的秘密，但其实，每个人的内心都是有踪迹可寻、有端倪可察的，哪怕他藏得再隐秘，我们也能从语言、表情中窥探一二。一个人说话眉开眼笑，我们就知道他内心高兴；一个人面相奸诈，我们就知晓其内心城府极深。总而言之，一个人的外在表现都是内心情感的一种流露，一个无意识的举动、一句不经意的话，往往就是我们看破人心的最好突破口。

唐朝的时候，有一个人叫卢杞，他与郭子仪一起在朝做官，两个人之间还有一些交情。那时候，卢杞还只是一个小官，但郭子仪已经成为了当朝宰相，很是风光。郭子仪是个老江湖，看人往往能入木三分。他虽为丞相，但与其他大臣之间都比较随便，唯独对卢杞很有礼貌。如果卢杞来家里拜访，郭子仪会先让家人全部到后面去，而自己穿好朝服，正式地迎接卢杞。即便是两人随意交谈，郭子仪也表现得十分谦卑有礼。

对此家里人感到困惑，卢杞不过是一个芝麻大的小官，为何要如此礼遇？于是，家眷就好奇地问他："你平日接见客人，无论是多么重要的人物，您从来都不避讳我们在场，为什么今天一个后生过来，您却如此慎重？"郭子仪解释道："我一生什么场面没有见过，什么样的人我没见过，因此，我看人看事都有自己的角度。比如刚才那个年轻人，你们不要看他现在很普通，将来这人一定会爬上高位。但是，他最大的毛病就是小肚鸡肠，睚眦必报，稍有不慎，这人就会怀恨在心。他的长相极其吓人，半边脸是青的，如同庙里的恶鬼，你们女人见识不多，我猜想你们看见卢杞的半边青脸，一定会笑。这一笑定会深深地刺伤这个人的自尊心，等到他得了权势，你们和我的儿孙，就会有灭顶之灾了，怎能不防？"

果然，卢杞后来官至丞相，朝廷中那些凡是曾得罪过他的官员，都被他想方设法地报复了。因为郭子仪不曾得罪他，最终得以自保。

从历史上的记载所看，这卢杞是一位相貌丑陋且心术不正的小人，不过，他很聪明，又懂得溜须拍马，迟早有一天会得到权势。面对这样的人，如果现在得罪了他，他肯定会怀恨在心，日后必伺机报复。在日常生活中，处处有像卢杞一样心术不正之人。如果稍有不慎，得罪了这类小人，就会为生活平添无数烦恼与困扰。所以，我们只有通过一双“火眼金睛”，看破他们的内心，认清他们的真伪，才能在生活中游刃有余，进退有据。

齐王后去世的时候，后宫有十位齐王宠爱的嫔妃，其中会有一位能够继任王后，但是，究竟是哪一位，齐王却不作的暗示。宰相田婴开始动脑筋了，他想：如果自己能确定哪一位是齐王最宠爱的妃子，然后加以推荐，肯定能博得齐王的欢心，同时，还能赢得新王后的信任。不过，万一弄错了，事情反而会糟糕，自己应想个办法，试探一下齐王的心意。

于是，田婴赶紧命工匠打造了十副耳环，而其中一副要做得特别精巧美丽。田婴把这十副耳环献给了齐王，齐王则分别赏赐给了十位宠妃。第二天，田婴再拜谒齐王的时候，发现在齐王的爱妃之中，有一位戴着那副特别美丽的耳环。田婴明白了齐王的心意，赶紧向齐王推荐了那位戴着美丽耳环的妃子，果然，齐王大喜。不久之后，新继任的王后，确实是田婴推荐的那位妃子。

田婴虽处于乱世，但是由于懂得处世之道，懂得识人心，使得他没有被卷进是非之中，反而能够保全自我。为人处世，与人相处，半分钟看破人心极为重要，这样，我们才能在片刻之间，看透身边的人与事，看破一个人的真伪，洞悉对方内心深处所隐藏的秘密。看破人心，窥探出其心理的微妙变化，辨别出其真实的心理，才能以不变应万变，让自己在交际场合中左右逢源、轻松自如。

如何识破那些隐藏起来的心理呢？有人归纳出来了一个看透人的方法：“看一个男人的品味，要看他的袜子；看一个女人是否养尊处优，要看她的手；看一个人的身价，要看他的对手；看一个人的底牌，要看他身边的好友；看一个人是否快乐，不要看他的笑容，要看清晨梦醒时的一刹那表情；看一个人的胸襟，要看他如何面对失败及被人出卖；看两个人的关系，要看发生意外时，另一方的紧张程度。”虽然，这样的总结并不是那么准确，但对我们察人心多少有一些帮助。

鬼谷子智慧

在鬼谷子看来，察人心需要用眼睛、用心去辨认，这样，我们才不至于被假象所蒙蔽。人心是一本书，一本复杂的书，我们读起来而会感到吃力，但是，只有读懂了这本书，我们才能游刃有余地应付复杂的人际交往。

探明心意，随机应变

感动而不知其变者，乃且错其人勿与语，而更问所亲，知其所安。

——鬼谷子

鬼谷子认为，如果对方有所感动，却不显露在外部神态中，先不要着急，不要与他直面地讨论，可与他说一些另外他熟悉的东西，说一些使他感到亲近的事情，就可以知道他安然不为所动的原因。任何时候，都需要学会试探，这样才能真正揣摩到对方的心思。

不管是说一句话，还是做一件事，都需要小心翼翼，先试探，弄清楚了对方的心意，再去办事，这样才能符合对方的心意。当然，此举并不是为了谄媚，而是为了更好地保全自己。现代社会，人心叵测，在很多时候，我们做事不成功，不能得到他人认同的原因就在于不能知晓对方的心意。所以，我们应当学习鬼谷子的智慧，学会试探，探明了对方的心意再去办事，如此才能将事情办得顺利。

曾国藩可以从识人、识事中恰到好处地修炼自己，坦然应对不利的局面，巧妙试探，化不利为有利。

曾国藩组建湘军之后，因锋芒太露，处处遭人嫉妒，受人暗算，甚至，就连咸丰帝也不再信任他。正在这时，其父亲曾麟书病逝，朝廷给了他三个月的假期，令他假满后回江西带兵作战。休假满了以后，曾国藩想要实权，但是，又怕遭拒绝，随即上书试探咸丰帝，在奏书中，曾国藩这样说道："自问本非有为之才，所处又非得为之地。欲守制，则无以报九重之鸿恩；欲夺情，则无以谢万节之清议。"看见了这样的奏书，咸丰帝明白了曾国藩的意图，他看到江西的军务已经有所好转了，这时的曾国藩为朝廷效命是可以，至于授予实权是不行的。于是，咸丰帝批道："江西军务渐有起色，即楚南亦就肃清，汝可暂守礼庐，仍应候旨。"曾国藩已明白朝廷对自己并不信任，虽内心悲苦，却断了要权的念头。

后来，熟悉官场的曾国藩在向朝廷提出请求的时候，总是避免正面提出，而是巧妙试探，旁敲侧击，以此达到自己的目的。在九江劳师后，曾国藩试探性地递上了一份奏折，在奏折中，体现出了几层意思：在奏折中，他不说自己是李续宾所部水陆师的司令，却在奏篇中为其请饷，其实就是以指挥者自居；他在奏折中反复强调了李续宾所率领的部队原是自己的湘军，言下之意是请求政府将这些部队调拨给自己；赞赏旧部李续宾的战功，实则为自己脸上贴金；强调旧部李续宾的部队力量强大，借此抬高自己的地位。经过曾国藩的巧妙试探，最后，清政府果然将李续宾的部队归还给曾国藩。

纵观曾国藩的奏折，没有哪一句是明确地表示自己想要什么，而是绕来绕去，巧妙试探，曲意示衷。面对上级领导，保持低调，做事委婉才是明智之举。如果你需要向领导提出什么样的请求，就学习曾国藩的委婉之术，巧妙试探，探明了对方的心意，再去办事，这样才能得到他人的认同。

据说，有一种以鱼类为生的鸟类，它的嘴型直直的，上下部分又长又宽阔。在吃鱼的时候，它们常常把鱼儿往空中一抛，让那条鱼头朝尾地落下来，然后，一口接住就咽了下去。这样的吃法使鱼儿在经过咽喉时，鱼翅的骨头由前向后，不会卡在喉咙里。其实，做事也是一样的道理。在日常生活中，做任何一件事情都有可能碰到"刺儿"，这时便不能直来直去，而应想办法去试探几次，绕个弯子，避开钉子，这才是做事的基本策略。

西安事变前夕，张学良和杨虎城经常见面，彼此都有心向蒋介石发难。但是，对于这样一件关系到自己性命和国家前途的大事情，彼此都有所顾忌，在对方没有亮明态度之前，谁也不敢轻易开口。眼看着时间越来越近，可两人一见面，还是一副欲说还休的状态。

在杨虎城将军手下有位共产党员名叫王炳南，这个人张学良也认识。在一次见面中，杨虎城有意试探："王炳南是一个激进分子，他主张扣留蒋介石。"张学良接口回答道："我看这不失为一个办法。"于是，两个人开始商谈行动计划，最后促成了西安事变。

原来，在当时张学良的实力比杨虎城大很多，而且，张学良又是蒋介石的拜把子兄弟。杨虎城明白，如果自己直接说出了想法，又不到张学良的认同，那么后果将不堪设想。于是，杨虎城假借了不在场的第三者之口传出心声，巧妙试探张学良的心意，即使不能成功也能全身而退，另谋他策。如此一番试探，其实就是一张保全自我的"挡箭牌"。

鬼谷子智慧

在日常生活中，我们经常会碰到话不好直说的状况，这时，不妨绕个圈子，巧妙试探，等到探明了对方的心意，再作打算，如此一来，即使事情不能成功，也能全身而退。所以，要想将事情办得漂亮，就要懂得一点心机，学会试探，弄清楚对方的心意，才能对症下药，从而达到自己的目的。

因势而谋，顺势而为

言必时其谋虑，故观蜎飞蠕动，无不有利害，可以生事变。

——鬼谷子

鬼谷子认为，揣情之时，必须根据不同时势、情态作出判断。在现实中，连昆虫的飞行与蠕动，都是根据自身的利益去行动，应变于环境。

其实，做什么事情都要先分析时势，估计其发展的大概趋向，因势利导，顺着发展趋向，遵循规律来做事情。人活在这个世界上总会做很多事情，有些事情很顺利，有些事情却难以做成。于是，人们将这些归结为“运气”，如果细想，事情的成败原因可以归结为一个字——势。若顺势而为，如顺水推舟，则事半功倍；若逆势为之，则逆水行舟，艰难险阻。再回到做事这个问题，一个人能做大事，并非这个人本事大，也不在于这个人运气好，而是这个人顺应了大势，这就是所谓的时势造英雄。

1896年，瑞典著名火药专家诺贝尔得了心绞痛和心脏病，情况非常严重。医生建议诺贝尔服用硝化甘油。此药当时试验证明有效，但诺贝尔因人体服用硝化甘油并没有理论支持，断然拒绝。大名鼎鼎的诺贝尔，以发明立身，经历了无数次的火药试验。可是到了自己的身体上，却武断地排斥事实有益的治疗方法，坚持他——没有理论依据的药物绝不能食用的偏执观念，任他人如何解释、劝导，仍不予理睬。这种宁死不改初衷的做法，一直坚持到他去世的那一刻。

1896年12月10日，诺贝尔在意大利的圣雷莫去世，终年63岁。直到100多年后，戏剧性的一幕出现，三位获得1998年诺贝尔医学奖的科学家，发现硝化甘油中的一氧化氮——可使人体产生一种信号分子，能够舒张血管，从而有利于血液循环，对心血管系统大有益处，这才使硝化甘油在医学理论上有了完备支持。但诺贝尔怎么也不会想到，自己的固执改变不了医学事实，自己的愚见被他设立的诺贝尔奖获奖者推翻。

在这个世界上，即便你很了不起，也不能与大自然作对，因此，我们不要固执己见，要懂得遵循自然规律，顺势而为。在生活中，有许多人自叹“怀才不遇”，以致穷困潦倒，难以做成大事。其实，真正的原因在于他没有把握住这个大势，逆势而动，废了九牛二虎之力也无济于事，只能发出“生不逢时”的遗憾。很多时候，既然你改变不了世界，那就只有改变自己，主动适应世界，才能顺风顺水。

势是一种方向，更是一种趋势。大势决定一个时代，造就一批英雄。势就是江河，滚滚东流，任何的阻力在它面前都无能为力，个人就像江河中的一叶扁舟，不管你如何努力，也奈何不了顺流而下的势头。做人就应该如小溪，涓涓细流，遇坡而下，遇沟而聚，百转千回，依然不改变前进的方向。

从前，一座山上有座庙。庙里有一个老和尚和一个小和尚，师徒俩在山上住了很多年。

老和尚老了，为了让小和尚早日成熟，这一天，老和尚给小和尚一个碗，让他到山下端一碗水上来。小和尚下山去端水，因为担心水洒出来，因此小心翼翼地紧盯着碗里的水上山，生怕洒出来一点，可水还没有端到半山腰就已经洒完了，连着几回都是这样，于是他只好上山如实禀报老和尚。

老和尚听小和尚将经过细说之后，告诉小和尚，你上山的时候不要光眼盯着碗里的水，不要指望一点不洒出来，而最终忽视了你最应关注的路。你只要用心看路，将很小一部分精力放在水上就可以了。小和尚依此去做果然成功地将大半碗水端了回来。老和尚对小和尚说："将眼睛放在碗中，就会忽视路的变化，水洒了自然是难免的，结果是什么也做不成。要做成大事就一定要眼盯大的方向，而不理会小的波动。"

只要上山的路走对了，洒出一点水没什么，任务总是可以完成的，这就是顺势而为的智慧。老子的《道德经》曰："上善若水。水善利万物而不争，处众人之所恶，故几于道。居善地，心善渊，与善仁，言善信，正善治，事善能，动善时。夫唯不争，故无尤。"意思是，最高的善像水那样。水善于帮助万物而不与万物相争。它停留在众人所不喜欢的地方，所以接近于道。上善的人居住要像水那样善于选择地方，心胸要像水那样深沉，交友要像水那样相亲，言语要像水那样真诚，为政要像水那样有条有理，办事要像水那样善于发挥所长，行为要想水那样待机而动。正因为他像水那样与万物无争，所以才没有烦恼。行为如水，岂非顺势而为吗？

"天下，势而已矣"，整个社会，整个世界，都抗拒不了前进的历史潮流，更何况芸芸众生呢？顺势而为可以说是人人皆知的道理，但关键还是这个“势”，知道了“势”，人们就会顺势而为，绝不会逆流而动，所以知“势”是顺势而为的先决条件。

鬼谷子智慧

顺势而为，关键在于一个“势”字，要有一双慧眼判断势头的趋势，更要领悟通透。只有看得清，心如明镜，才会顺着大方向、大趋势，知进知退。顺应、顺利，这样朋友才容你，环境才容你。当然，顺势后，就在于“为”了，顺着大趋势，只有有所作为才能成就事业，才能通往未来。

第八章 摩意之道——道高一尺，『摩』高一丈

摩意其实与揣情差不多，他人的内心就是揣测的对象。在进行揣摩的时候，需要按照一定的规律，然而这些规律却不是那么显而易见的。摩意，就是揣摩对方的意思，用各种方法去尝试、揣测对方心中所想所思。

微摩其欲，测而探之

微摩之以其索欲，测而探之，内符必应。

——鬼谷子

鬼谷子认为，适当地去“摩”时，要根据对方欲望投其所好地进行测探，其内情就会通过外部形象反映出来。聪明人在说服对方的时候，懂得去暗合对方的心理，这样能让他人感到受尊重。当然，在说话时利用语言来暗合对方的心理，需要“合”得巧妙，千万不能让对方看出破绽。

在日常生活中，面对不同的场合、不同的对象，每个人都有自己的心理，他们有着不同的心理需求。当我们在与他们进行语言交流的时候，需要从对方的言语中明白其心理需求，或者通过察言观色来洞悉对方的心理，再通过语言表达来暗合对方的心理，令对方无法反驳。

小娜是一位节油制汽车推销员，这天，她约见了一位客户，一开口她就礼貌地询问：“先生，请教你一个熟悉的问题，增加贵店利润的三大原则是什么？”客户好像很乐意回答这样的问题，他回答：“第一，降低进价；第二，提高售价；第三，减少开销。”小娜立即抓住话题说下去：“你说的句句是真言。特别是开销，那是无形中的损失。比如汽油费，一天节约20元，你想过一共是多少吗？如果贵店有3辆车，一天节省60元，一个月就有1800元。发展下去，10年可省21万元。如果能够节约而不节约，岂不等于把百元钞票一张张撕掉？如果把这一笔钱放在银行，以5分利计算，一年的利息就有1万多元，不知您高见如何，觉得有没有节油的必要呢？”听了小娜这样的分析，客户觉得自己应该解决目前这种恶劣情况，最终购买了节油制汽车。

小娜的话语暗合了客户的心理特点，既然汽车可以节油，为什么还要继续

“浪费”下去呢？于是，他就会想法设法用节油车来解决之前“浪费”的问题，由此便不得不购买节油制汽车。

某催款小姐到一公司催款已经很多次了，每次都无功而返。有一次，她在总经理办公室等候，观察进进出出的人总是夸总经理点子好，主意不错，而总经理本来板着的脸孔会露出得意的微笑，陷入自我陶醉之中，办什么事他都一一批准，顺顺当当。催款小姐发现了这位总经理好大喜功、经不起吹捧、爱面子的弱点，于是开始对症下药。在以后与总经理的交谈中，催款小姐对欠款公司的发展、规模、能量、信誉等展开了评论，讲得有根有据，头头是道，还不时透露出敬佩之意，总经理越听越高兴，索性自己也开始滔滔不绝地讲起“治厂经”，这位小姐马上变成了一个耐心的听众，偶尔说几句助兴的话，总经理觉得两人谈得很投机。催款小姐见机成熟，便恭维说：“总经理，像您这么稳重成熟，思考周密，一般人很难做到啊！”一句话又引得对方把自己的经历和盘拖出。最后转入正题，催款小姐叹道：“难啊，就像我催款一样，总也不见效，对上面不好交账。你这么洒脱的人，给我办了，有为难之处吗？”总经理先是重复了领导们有统一的意见，不能随便支付欠款，但他还是沉思了一会，爽快地拍板说：“你也跑了好几趟了，很不易。下个周一，你找王副总经理拿款吧！我给你打个招呼就行了！”终于，难题迎刃而解。

催款小姐适时地赞美了总经理，取得了总经理的信任，再把自己的难处一说，总经理轻易就把事情解决了。与人交流中，对他人一句简单的赞美，或者是一句漂亮的话，都会让他高兴不已，会让他信任你。如此，你就能轻易获取他的支持和帮助。

在日常交际中，赞美的话不可或缺，它就如沁人心脾的淡淡花香，会在不知不觉中悄悄渗入对方的心灵之中，让他们沉醉不已。比如“经理，您把那事谈成了？怎么谈的？以后您可得教教我，我要拜您为师。”“王总，这么大的工程，您一个人就给搞定了，可真了不起，不过您可要注意身体啊！”

每个人都有脆弱而敏感的自尊心，因此，我们在说话时要考虑到对方的自尊心，适时把话说到对方的心窝里。比如“小伙子，你提出的建议真不错，我好好考虑，可得好好谢谢你”，对方听了这样的话，他会觉得自己所做的很值得，心理得到了极大的满足后，也不会再有什么反对意见了。

鬼谷子智慧

每个人都比较自我，当对方的言语触碰了自己心里的禁忌的时候，他们像被攻击的刺猬一样，用尖锐的语言反击对方，为难他人。鉴于这样的心理特点，为了获得对方的好感与信任，我们需要了解对方的心理需求，同时，还需要通过语言来暗合对方的心理，这样才能说服对方，令对方无法反驳。

摩之在此，符之在彼

摩之在此，符之在彼，从而用之，事无不可。

——鬼谷子

鬼谷子认为，在此处“揣摩”对方，而要在另一处观察对方表现，只要顺应事物规律，使我方“揣摩”能在对方身上应验，则办事无所不成。在生活中，大多数人在沟通过程中都喜欢谈论自己，从嘴里不断地蹦出“我今天……”“我觉得……”“我买了……”，这样的沟通方式只会让对方变得沉默，甚至哑口无言，难道对方真的只是个“闷葫芦”吗？其实，最有效的沟通就是让对方尽可能地聊他自己，这样大家都欢喜，他满足了表达的欲望，你则以自己的“善解人意”打动了对方。在沟通过程中，我们通常都会犯一个严重的错误，那就是不给对方聊自己的机会。事实上，让话题围绕对方展开，这样，双方才会“有得聊”，而你也才能打动对方。

对此，我们要明白，聊天并不是个人演讲，不要总是谈论自己，而忽略身边的谈话对象，总是谈论自己的话题只会让别人更加厌烦你。在与对方进行语言交流的时候，不妨忘记自己，让话题围绕对方展开，这样，不仅能使彼此之间的沟通更顺畅，而且更能打动对。

阿美是一家房地产公司总裁的公关助理，奉命聘请一位特别著名的园林设计师为本公司的一个大型园林项目担任设计顾问。但这位设计师已退休在家多年，且此人性情清高孤傲，一般人很难请得动他。为了博得老设计师的欢心，阿美在正式拜访之前作了一番调查，她了解到老设计师平时喜欢作画，便花了几天时间读了几本中国美术方面的书籍，做好了准备工作，到时候才能好好地与他聊天。

这天，她来到老设计师家中，刚开始，老设计师对她态度很冷淡，阿美就装作不经意地发现老设计师的画案上放着一幅刚画完的国画，便边欣赏边赞叹道：“老先生的这幅丹青，景象新奇，意境宏深，真是好画啊！”一番话立即使老先生感到一种愉悦感和自豪感。接着，阿美又说：“老先生，您是学清代山水名家石涛的风格吧？”这样，就进一步激发了老设计师的谈话兴趣。果然，他的态度转变了，话也多了起来。老先生谈起了自己的绘画经历。在交谈过程中，老先生侃侃而谈，阿美则时而微笑，时而点头，两人的感情越来越近。最后，阿美说服了老设计师出任其公司的设计顾问。

刚开始，阿美并没有说出自己此次前来的目的，而是将话题引到了老先生的身上，这样一来，激发了老先生的谈话兴趣。随着谈话的进行，两人的心灵距离越来越近，最后，阿美如愿打动了老设计师，达到了自的目的。

一位漂亮的女郎在首饰店的柜台前看了很久。售货员问了一句：“这位女士，您需要买什么？”“随便看看。”女郎的回答明显缺乏足够的热情。不过，售货员发现这位女士总是有意无意地触摸自己的上衣，好像对自己的上衣很是满意，售货员忍不住说：“您这件上衣好漂亮呀！你的眼光真不错。”一下子就将话题拉到了对方身上，果然，“啊？”女郎的视线从陈列品上移开了，移到了自己感兴趣的上衣上面，“这种上衣的款式很少见，是在隔壁的百货大楼买的吗？”售货员满脸热情，笑呵呵地继续问道。

“当然不是，这是从国外买来的。”女郎终于开口了，并对自己的回答颇为得意。“原来是这样，我说在国内从来没有看到这样的上衣呢！说真的，您穿这件上衣，确实很吸引人。”“您过奖了。”女郎有些不好意思了。“只是……对了，可能您已经想到了这一点，要是再配一条合适的项链，效果可能就更好了。”聪明的售货员顺势转向了主题。“是呀，我也这么想，只是项链这种昂贵商品，怕自己选得不合适……”

在日常交际中，经常会出现这样的情况：人们对于谈论他人的话题，总显得心不在焉，不是摆弄手机，就是四处张望。但是，一旦话题转到了自己的身上，其内心就激起了一种谈话的欲望。毕竟，每个人都希望自己被重视。那么，在交谈中如何打动对方？最好的方法当然是让话题围绕对方展开，打开了对方的话匣子，还愁打不开对方的心扉吗？

鬼谷子智慧

人类本质里最深层的驱动力就是希望自己具有重要性，一个人最想谈论的就是关于自己的话题，因为他在谈论自己的时候，会觉得被重视、被尊重，这样的心理得到满足之后，不知不觉间，他就会对你产生莫名的好感，进而被你打动。

谋之于阴，成之于阳

圣人谋之于阴，故曰神；成之于阳，故曰明，所谓主事日成者，积德也，而民安之，不知其所以利。

——鬼谷子

鬼谷子认为，圣人谋划什么行动总是在暗中进行的，所以被称为“神”；而办事成功都显现在光天化日之下，所以被称为“明”。所谓“主事日成”的人是暗中积累德行，老百姓安居乐业，却不知道为什么会享受到这些好处。

摩意就是从正面迷惑敌人，用来掩盖自己的真实意图，而从侧面进行突然袭击，这就是声东击西、出奇制胜的谋略。很多时候，我们可以用明显的行动来迷惑对方，使敌人不备，将真实的意图隐藏在表面的行动背后，给对方一个错觉，使其忽略自己的真实意图，从而达到自己的目的。袒露之心就好像一封在众人面前摊开的信；而潜藏隐秘的城府，不管巨大的还是微小的沟壑都可以在其中沉淀深藏。很多时候，含蓄来自于自我控制，能够保持缄默才能赢得最后的胜利。

在生活中，许多人只要一有机会就把自己暴露在别人面前，把自己的计划与真实想法全盘托出。在他们看来，谈论个人感受与未来计划是自然而轻松的事情，因此控制不了自己。同时，他们渴望得到别人的认同，展现自己的内心。尽管这并没有错，不过我们需要考虑不同的环境和不同的对象。在某些特殊情况下，你的诚实是一把钝器，只会让自己受尽折磨，你的诚实对于别人而言是一种冒犯。

汉元年正月，项羽恃强凌弱，自立为西楚霸王，定都彭城，统辖梁、楚九郡。他“计功割地”，分封了18位诸侯王；并违背楚怀王“谁先攻入关中，谁就做关中王”的约定，把刘邦分封到偏僻荒凉的巴蜀，称为汉王。他还把实际的关中之地一分为三，封给了秦的三个降将，用以遏制刘邦北上。刘邦心中十分怨恨，想率兵攻击项羽，后经萧何、张良一再劝阻，这才决定暂且隐忍不发。

同年七月，张良送刘邦到褒中。此处群山环抱，沿途都是悬崖峭壁，只有栈道凌空高架，以度行人，别无他途。张良观察地势，建议刘邦待汉军过后，烧毁入蜀的全部栈道，表示无东顾之意，以消除项羽的猜忌，同时也可防备他人的袭击。这样，就可以乘机养精蓄锐，等待时机，再展宏图了。刘邦依计而行，烧掉了沿途的栈道。张良此计，可谓用心良苦，它为刘邦的巩固发展和日后东进，取得了重要的保证。刘邦入汉中后，励精图治，积极休整。同年八月，刘邦用大将韩信之谋，避开雍王章邯的正面防御，乘机从故道“暗渡陈仓”，从侧面出其不意地打败了雍王章邯、塞王司马欣和翟王董翳，一举平定三秦，夺取了关中宝地。略定三秦，刘邦倚据富饶、形胜的关中地区，便可以与项羽逐鹿天下了。一个“明修”，一个“暗渡”，张、韩携手，珠联璧合，成为历史上的一段脍炙人口的佳话。

项羽闻知刘邦平定三秦，怒不可遏，决定率兵反击。张良早已料到这一点，于是寄书蒙蔽项羽，声称：“汉王名不符实，欲得关中；如约既止，不敢再东进。”同时，张良还把齐王田荣谋叛之事转告项羽，说是“齐国欲与赵联兵灭楚，大敌当前，灭顶之灾，不可不防”，意在将楚军注意力引向东部。项羽果然中计，竟然无意西顾，转而北击三齐诸地的毫无生气的腐朽力量。张良的信从侧面加强了“明修栈道”的效果，把项羽的注意力引向东方，从而放松了对关中的防范，为刘邦赢得了宝贵的休养生息的时间。

“明修栈道，暗渡陈仓”的故事告诉我们：害人之心不可有，防人之心不可无。在现实生活中，为了防止别人了解到我们的内心，就必须用点“心计”，处处小心一些，不要暴露自己的目标和理想。在一些特殊的情境下，伪装自己，将自己的真实意图隐藏起来，假惑对方，迷惑对方，让对手对自己放心，对自己不设防，这样才能保全和发展自身的势力，以免以后受制于人或被人算计。

三国后期，魏国的魏明帝去世了，当时，继位的曹芳年仅8岁，朝政由太尉司马懿和大将军曹爽共同执掌。曹爽飞扬跋扈，根本不把司马懿放在眼中，他想把司马懿除掉，于是，他用计策剥夺了司马懿的兵权。司马懿曾经随着曹操打天下，立下了无数功劳，如今却失去了大权，心中十分嫉恨，但是，司马懿是一个做事低调的人，他觉得自己还不是曹爽的对手，一时只能忍中求全。

于是，司马懿称病不能上朝，曹爽听到了这个消息后，心中十分高兴。但是，为了查探事实，他派亲信李胜去司马家探听虚实。聪明的司马懿当然明白曹爽所想，早早作好了准备。李胜来到了司马懿的卧室，只见他病容满面，头发散乱，躺在床上。李胜大惊：“好久没来拜望，不知您病得这么严重，现在大将军命你为荆州刺史，特地向您辞行。”可是，司马懿却假装听错了，说道：“并州是近境要地，一定要抓好防务。”李胜忙说：“是荆州，不是并州。”

司马懿还是装作没听明白，他有气无力地说：“我已经命在旦夕，我死之后，请你转告大将军，一定要多多照顾我的孩子们。”看了这样的情景，李胜回去向曹爽作了如实的汇报，曹爽大喜：“只要这糟老头一死，我就没有什么好担心的了。”

司马懿装病躲过了大将军的迫害，过了没多久，曹爽带着三个兄弟和亲信护驾出行，司马懿得知这个消息后，欣喜若狂，当即调集家将，迅速占据了曹氏兵营，进宫威逼太后，要求废黜这个奸贼。至此，曹氏打下的天下尽数被司马一家成功夺得。

三国争霸，大势过去，却是司马氏成为了最大的赢家，正所谓“明修栈道，暗渡陈仓”，司马懿无疑算得上是一个办大事的人。他先以虚弱的病体迷惑曹爽，即便被曹爽夺得了大权，也忍中求全，巧施暗渡陈仓之计，最终成功地抢夺了曹氏的霸业。司马懿低调办事，巧妙地掌控了事情的走势，达到了自己的预期目的。

鬼谷子智慧

鬼谷子将“明修栈道，暗渡陈仓”的计谋称之为“神明”，意思就是很高明的计谋。有时候隐藏自己的真实意图，其实就是迷惑别人的一种烟雾弹。在生活中，我们要善于使用这种计策来掩饰自己，当自己没有十足的把握或者明确的判断的时候，不妨先把自己的真实意图隐藏起来，制造假象，再暗渡陈仓，达到自己的目的。

谋划策略，不易周密

故谋莫难于周密。

——鬼谷子

鬼谷子认为，谋划策略，最困难的就是周到慎密。办事情想要固若金汤，无懈可击，这就需要我们稳住心气，不要急躁，如此做事才会滴水不漏。大多数人在办事时都有一种急躁心理，在他们内心里，希望事情能够赶快办成，于是，不自觉地就在其言行中流露出焦躁的痕迹。

其实，在很多时候，我们都忽视了一条办事的真理：切忌急躁，只有稳住了心气，办事才能滴水不漏。在办事的过程中，一旦你的心境失去了原本的平和，那么你一定会失去掌控局面的机会。有的人在办事时总是慌慌张张，希望对方马上就着手办理，假如对方一两天没有什么动静，他就沉不住气了，不断地催促，他似乎已经忘记了自己才是求人的那一位。结果，你越是急躁，对方越是显得不耐烦，到最后，对方有可能由于内心的烦躁而直接拒绝你。骄躁，绝不是办事的正确态度，如果你坚持这样的心态，将会一事无成。所以，在办事时，要戒骄戒躁，稳住自己的心气，以平和的心境来掌控局面。

春秋战国时期，魏国的国君打算发兵征伐中山国，有人向他推荐一位叫乐羊的人，据说这个人文武双全，一定能攻打下中山国。后来，魏文帝还了解到乐羊曾经拒绝了其子奉中山国国君之命发出的邀请，同时，乐羊还劝儿子不要继续侍奉荒淫的中山国国君。于是，魏国国君打算重用乐羊，派他带兵去攻打中山国。

乐羊带兵一直攻到中山国的都城，然后就一直按兵不动，只围不攻。几个月过去了，乐羊还是没有攻打中山国，魏国的大臣们顿时议论纷纷，不过，魏国国君并不吱声，依然不断派人去慰劳乐羊。乐羊仍旧按兵不动，其手下疑惑地问他：“你为什么还不动手攻打中山国呢？”乐羊说：“保持平和的心境，我之所以只围不打，是为了让中山国的百姓们看出谁是谁非，这样，我们才能真正地收服中山国。”

又过了一个月，乐羊发动了攻势，攻下了中山国的都城。魏国国君亲自为乐羊接风洗尘，宴会完了之后，国君送给乐羊一个箱子，让他自己带回家再打开。乐羊回到家打开箱子一看，里面全部是自己在攻打中山国时，大臣诽谤自己的奏章。原来，国君与乐羊一样，都是“按兵不动”，所以，魏军才得以成功地攻打下中山国。

如果一开始乐羊就心急火燎地攻打中山国，那么，他极有可能会遭遇失败；同样的，面对大臣写下的诽谤奏章，魏国国君如果急躁地惩罚了乐羊，那么，中山国不一定能够攻打下来。其实，办事就如同打一场战争，在这场战争中，你会遇到各种各样的情况，只有那些戒骄戒躁、心境平和的人才有能力赢得这场战役。在办事过程中，谁保持了平和的心境，谁就掌控了局面。

在六十大寿这一天，慈禧按预先安排好的计划，在颐和园的佛香阁下放鸟。在那里摆着一笼笼的鸟，慈禧亲自打开鸟笼，鸟儿就自由飞出，腾空而去。慈禧身边的红人李莲英让小太监搬出最后一批鸟笼，慈禧打开笼门后，鸟儿就纷纷飞出，但是，这些鸟儿在空中飞旋了一圈，又叽叽喳喳地飞进了鸟笼里。慈禧既惊喜又疑惑，向李莲英问道：“小李子，这些鸟儿怎么不飞走啊？”李莲英很得意，原来这一切都是他做的，他回答道：“奴才回老佛爷的话，这是老佛爷德威天地，泽及禽兽，鸟儿才不愿飞走，这是祥瑞之兆，老佛爷一定万寿无疆！”

可令李莲英万万没想到，自己的马屁拍到了马腿上了，慈禧太后脸上露出了阴森的杀气，怒斥李莲英：“好大胆的奴才，竟敢拿驯熟了的鸟儿来骗我！”李莲英却不慌不忙地回答：“奴才怎敢欺骗老佛爷，这实在是老佛爷德威天地所致，如果我欺骗了老佛爷，就请老佛爷按欺君之罪办我，不过在老佛爷降罪之前，请先答应我一个请求。”他还敢讨价还价，身边的人脸都吓白了，慈禧也铁青着脸，说：“你这奴才还有什么请求？”李莲英跪在慈禧面前说：“天下只有驯熟的鸟儿，没听说有驯熟的鱼儿。如果老佛爷不信自己德威天地，泽及鱼鸟禽兽，就请把湖畔的百桶鲤鱼放入湖中，以测天心佛意，我想，鱼儿也必定不肯游走。如果我错了，请老佛爷一并治罪。”

慈禧疑惑了，她来到了湖边，发现湖里的鲤鱼游了一圈竟纷纷游回岸上，排成一队，仿佛朝拜一样，慈禧迷惑了。李莲英见时机到了，便跪在慈禧面前说：“老佛爷真是德威天地，如此看来，天心佛意都是一样的，由不得老佛爷谦辞了。这鸟儿不飞去，鱼儿不游走，那是有目共睹的，哪是奴才敢蒙骗老佛爷，今天这赏，奴才是讨定了。”慈禧满心欢喜，将脖子上的念珠赏赐给了李莲英。

在危急时刻，李莲英本来难逃杀头，可是，他却不慌不忙地献出下一个精心设计的“节目”，不仅保住了自己的性命，还如愿得到了丰厚的赏赐，不得不说李莲英确是个办事的高手。在办事过程中，越是危急时刻，其实，越有利于我们转败为胜只要我们保持平和的心境，在危急时刻力挽狂澜，顺势掌控局面，办事自然就容易多了。

鬼谷子智慧

在鬼谷子看来，在使用摩意术的时候，不管我们采用什么办法，都须保证办事固若金汤。在办事过程中，一个人若是有了浮躁的心绪，他就很难冷静地思考，只是急切地希望事情能够成功，这样焦躁的心理伴随在办事过程中，最后，事情难以成功，往往以失败告终。一个人保持怎样的心境将直接影响到办事的效果，所以，在办事时，须戒骄戒躁，稳住自己的心气，以平和的心境来掌控局面，达到办事成功的目的。

说者合情，情合者听

说者听，必合于情；故曰：情合者听。

——鬼谷子

鬼谷子认为，进行游说的人必须使自己的说辞合于情理，合情合理才有人听。客观规律、行动方法以及天时都是互相依附的，我们在游说时要想让对方相信自己所说，那就一定要说得合乎情理，因为合情理才会有人听。合乎情理，就是听起来很有道理，又融入了感情因素，一切尽在在情理之中，这就是无可厚非的事情。在生活中，很多事情都在情理之中，人们之所以会相信，是因为于情于理都是没办法否定的，所以人们就会愿意听，愿意相信。

在《左传》中，记载了这样一个故事：当时，秦国与晋国正在交战，结果秦国大获全胜，而且俘虏了晋惠公。秦国答应议和，晋国当即派了阴饴甥前去谈判。

秦国国君说：“晋国意见一致吗？”阴饴甥回答说：“哪里会一致呢？小人们以失去自己的君主为耻，为自己的亲属伤亡而痛苦，这些人不怕征税修治甲兵的困难而拥立太子为国君，声称宁肯屈事戎、狄之国，也一定报这秦国之仇。而君子又明白自己的罪过，他们不怕征税修治甲兵的困难而等待秦国的命令，说宁死也不生二心，一定会报答秦国的恩德，所以，双方的意见不一致。”

秦国国君继续问道：“晋国认为他们的国君的前途会怎么样？”阴饴甥回答说：“小人们感到悲观失望，认为他不会被赦免；君子们相信秦国会宽恕，认为国君一定会回国。对此，小人们说，我们加害过秦国，秦国岂能放国君回来？君子说，我们已经知道自己的罪过了，秦国一定会放国君回来的。认罪了就放过他，没有比这更宽厚的恩德了，没有比这更威严的刑罚了，他们会怀念秦国的恩德。经过了这一次战争，大家都认为秦国可以做诸侯的盟主了，假如秦国不放我们的国君回来，不让他君位安定，就会把感恩的人变成怨恨的人，秦国不会这样的。”秦国国君听了，说道：“这就是我的想法啊！”于是，对晋侯改用诸侯之礼。

秦国虽答应议和，但对作为战败方的晋国来说，势头远远低于对方。然而，在议和的整个过程中，阴饴甥这位使臣却表现得临危不乱，说话合情合理，不卑不亢，并以小人和君子作比喻，既表示“一定报仇”，又表示“一定报德”；一边为君王的前途担心，一边又对秦国寄予了厚望。如此，既合情合理地表现了晋国敢于抗秦的决心，又恰到好处地表现了愿与秦国议和的意愿。如此合乎情理的话，打动了秦国国君，使阴饴甥掌控了事情的走势，最终议和成功。

赵国的平原君很喜欢结交有能力的人，门下的食客常有几千人。其中有一个人叫公孙龙，他擅长辩论，因此被平原君尊为座上宾。孔穿从鲁国来到赵国，与公孙龙辩论“藏有三只耳”的命题。公孙龙论证藏有三只耳，而且论证得很雄辩有力，孔穿没说话，不一会儿，他就告辞了。

第二天上朝的时候，平原君对孔穿说：“昨天公孙龙的辩论很雄辩。”孔穿说：“是这样，几乎能让藏有三只耳朵了。虽然如此，但还是难以成立的。论证藏有三只耳朵难度很大而事实并非如此，论证藏有两只耳朵很容易而事实就是这样。不知道您将听信容易论证且事实正是这样的观点呢，还是听信论证难度大而事实并非这样的观点呢？”平原君听了没有回答，次日他对公孙龙说：“您不要再和孔穿辩论了，他的道理胜过言辞，而您的言辞胜过道理，最后肯定占不了上风。”

很多时候，事实所表现出来的比言辞本身的力量更大。如果没有事实依据的支撑，即便你把话说得天花乱坠，也发挥不出半点作用。反之，哪怕你只是用最平实的话来论述事实，也可以让简单的语言爆发出不一样的威力。

鬼谷子智慧

鬼谷子认为，只要我们所说的话合乎情理，那就有人会听，有人会信，自然就达到了游说的目的。在生活中，人们都是认事实、明道理的，不管走到哪里，只要有理就不怕他人“声高”。假如游说的内容既是有道理的，又是融入感情的，且并不是枯燥无味的道理，那么，这样的游说方法就是令人折服的。

抱薪趋火，燥者先燃

故物归类；抱薪趋火，燥者先燃；平地注水，湿者先濡。

——鬼谷子

鬼谷子认为，世界上万事万物都有各自的规律，好比抱着柴草向烈火走去，干燥的柴草就首先着火燃烧；往平地倒水，湿的地方就能先存水。当自己满心热情的时候，又何愁无法打动对方呢？

爱默生曾说：“有史以来，没有任何一件伟大的事业不是因为热忱而成功的。”热忱到底是什么呢？卡耐基曾在自己办公桌上挂了一块牌子，在镜子上也挂了同样的一块牌子，而麦克阿瑟将军在南太平洋指挥盟军时，其办公室墙上也挂了这样一块牌子，这三块牌子上写着相同的座右铭：“你有信仰就年轻，疑惑就年老；有自信就年轻，畏惧就年老；有希望就年轻，绝望就年老；岁月使你皮肤起皱，但是失去了热忱，就损伤了灵魂。”这几乎是对“热忱”最好的赞美，当然，这不只是一段单纯而美丽的话语，更是迈向成功的必要途径。热忱，为我们所做的每一件事情都增添了趣味，能够软化他人的冷面孔。哪怕遇到一个特别冷漠的人，只要我们怀着热忱的态度，就一定能融化对方，打动对方。

有一次，一位推销员来拜访拿破仑·希尔，希望他订阅一份《周六晚邮》，推销员满脸沮丧，拿着那份杂志向拿破仑提问：“你不会为了帮助我而订阅《周六晚邮》吧，是不是？”拿破仑一口就拒绝了推销员的要求，那位推销员阴沉着脸走了出去。

几个星期之后，另一位推销员来拜访拿破仑，她推销六种杂志，其中有一种就是《周六晚邮》。推销员看了看拿破仑的书桌，发现书桌上已经摆了几本杂志，突然，她忍不住热心地惊呼了起来：“哦！我看得出来，你十分喜爱阅读书籍和各种杂志。”拿破仑放下了手中的稿子，点点头。推销员走到书架前，从书架上取出了一本爱默生的论文集，她开口谈论起了爱默生那篇“论稿酬”的文章，不一会儿，拿破仑也加入到其中讨论。然后，推销员开始将话题回到了订阅杂志的问题上，她问拿破仑·希尔：“你定期收到的杂志有哪几种？”拿破仑·希尔回答了自己订阅的杂志名称，推销员脸上露出了笑容，随即摊开了自己的杂志，她开始分析：“我觉得这里的每一种杂志你都需要订阅一份，《周六晚邮》可以让你欣赏到最干净的小说，《美国杂志》可以给你介绍工商界领袖的最新生活动态……像你这种地位的人物，一定要消息灵通，知识渊博，如果不是这样子的话，一定会在自己的工作上表现出来。”拿破仑笑了，问道：“订阅这六种杂志一共需要多少钱？”推销员笑着回答：“多少钱？呀，整个数目还比不上你手中所拿的那一张稿纸的稿费呢。”最后，她离开的时候，带走了拿破仑·希尔订阅六种杂志的订单。

两个推销员同样是向拿破仑推销杂志，但为什么那位女推销员最后获得了成功？事实上，拿破仑自己在回忆这件事情的时候，曾这样说：“第一位推销员话中没有以热忱作为后盾，在他脸上充满阴沉而沮丧的神情，他并没有说出任何足以打动我的理由；那位女推销员一开始说话，我就从她身上感受到了那股热忱，她通过热忱感染了我，打动了我，促使我不得不订阅那六种杂志。”女推销员通过语言以及行为所传递出来的“热忱”软化了拿破仑的冷面孔，虽然拿破仑在之前早已经打定主意不理睬她，但是，最终在热忱的感染与鼓舞下，他还是心甘情愿地掏钱订阅了杂志。

拿破仑·希尔说：“热忱是一种意识状态，能够鼓舞及激励一个人对手中的工作采取行动。”其实，不仅如此，热忱还具有极强的感染力，不仅仅对怀着热忱的本人产生重大影响，而且能有效地感染他人，打动他人。拿破仑是一位崇尚热忱的人，他希望自己能被他人的热忱打动，在评估一个人的时候，他不仅仅考虑其能力，还将考虑他是否热忱。

试想，一个人若是缺少了热忱，他能打动谁呢？在与人的沟通过程中，不论对方对自己的话题是否感兴趣，我们都应该满腔热情地和对方“套近乎”，保持友好的微笑，用自己的热情去打动对方，如此以诚相待，才能使交流得以顺利地进行下去。

鬼谷子智慧

大量事实证明，热忱是交际中必不可少的要素，它能融化冰雪，能软化对方的冷面孔，在交往中，热忱是少不了的。也许，对方一开始对你的热情并不“感冒”，但是请不要着急，只要你能坚持热情似火，总会打动对方的。

第九章 权衡之道——善借形势，随机应变

做事的过程中善于借助他人的力量的人也是一个聪明的人。当自己的力量还没有足够强大的时候，借助他人的力量，是走向成功的捷径。善借形势，随机应变，这就是鬼谷子的权衡之道。

饰言假之，假之易损

说者，说之也；说之者，资之也。饰言者，假之也；假之者，益损也。

——鬼谷子

鬼谷子认为，所谓“游说”就是对人进行劝说。对人进行游说的目的，就是说服人。游说者要会粉言饰词，用花言巧语来说服他人。借用花言巧语说服别人时，要会随机应变，有所斟酌。在日常生活中，我们经常会遭遇一些误会或者尴尬，这时就急需这样的随机应变的智慧，利用花言巧语说服别人。有时候，人们常常因固执己见而争论不休，因为一句不适当的话而冷场，或者因为突发状况而形成难堪情境等，各种原因都会造成僵持的局面，难以缓和的气氛横亘在交流双方之间，整个场面就如同冰山一般冷掉了。

这时候，作为当事人或者局外人，需要适时地说几句话来打破僵局，化解尴尬的气氛，使交流得以正常地进行下去。其实，生活中难免发生一些猝不及防的意外事情，这会让当事人遭遇尴尬或不快，甚至引发不必要的麻烦，轻则令人烦心，重则在心里结下疙瘩。在这时候，如果利用突发事件与语言之间的玄妙之处进行机智的解答，就能使当事人转忧为喜，也会使整个紧张气氛得以缓解。

有一次，纪晓岚光着膀子与几人在军机处聊天，正巧乾隆带着几个随从突然到访，其他人一见皇帝来了，连忙上前接驾，躲在后面的纪晓岚心想：如果自己就这样光着膀子接驾，岂不犯了亵渎万岁之罪？皇帝可能并没有发现自己，还是先躲一下为好。于是，情急之下，纪晓岚钻到了桌子底下藏了起来。其实纪晓岚这一举动全被乾隆看在眼里，他故意装作没看见，在椅子上坐了下来。

纪晓岚在桌子底下缩成一团，大汗淋漓，却不敢出声，过去了很长时间，他没听见乾隆说话的声音，以为他走了，就问身边的同僚：“老头子走了没有？”这话被乾隆听见了，他厉声问道："纪晓岚，你见驾不接，我且不怪罪于你，你叫我'老头子'是什么意思？你要一个字、一个字地给我说清楚，否则，别怪我无情！"纪晓岚吓得半死，连称："死罪！死罪！"接着，慢慢解释道："万岁不要动怒，奴才所以称您为'老头子'，的确是出于对您的尊敬。先说'老'字，'万寿无疆'称'老'，我主是当今有道明君，天下臣民皆呼'万岁'，故此称您为'老'。"

乾隆听了点点头，纪晓岚继续说道："'顶天立地'称为'头'，我主是当今伟大人物，是天下万民之首，'首'者，'头'也，故此称您为'头'。至于'子'字嘛，意义更明显。我主乃紫微星下界，紫微星，天之子也，因此天下臣民都称您为天'子'。"乾隆听了，笑了，这事就这样过去了。

由于无心之中随口所说的几句话，使得纪晓岚与皇帝之间发生了一点点小误会。对象是皇帝，那可是严重的事情，若不及时化解，弄不好自己的脑袋就要搬家了。幸亏纪晓岚思维敏捷，对待这样的小误会慢慢解释，仅仅用了几句话就化解了，补救了自己无心造成的过失。在回应皇帝的过程中，纪晓岚言语诚恳，态度谦逊，语言幽默风趣，以灵敏的应变能力巧妙地化解了话语失误带来的难堪，也受到了乾隆皇帝的肯定。

中秋佳节，乾隆皇帝在御花园召集群臣赏月。他一时兴起提出要与纪晓岚对句集联，以增雅兴。一向自恃才高八斗、文思敏捷的乾隆先出了上联：玉帝行兵，风刀雨剑云旗雷鼓天为阵。出完了上联，乾隆踌躇满志地望着纪晓岚，看他如何对下联。

纪晓岚沉思片刻，对出了下联：龙王设宴，日灯月烛山肴海酒地作盘。明眼人都看出，纪晓岚的下联不但工整，而且气势宏大，比起乾隆所出的上联可谓更胜一筹。可是，乾隆听了下联，脸色开始变了，一时间阴沉着脸。纪晓岚当然明白乾隆的心思，俗话说："伴君如伴虎。"一向好胜的乾隆，怎么容得下自己所出的下联呢？看来自己不该一比高低，弄不好会引来杀身之祸。

面对这样的情况，纪晓岚心里也很着急，但他并非等闲之辈，只见他灵机一动，巧舌如簧："我主贵为天子，故风雨雷电任凭驱策、傲视天下；微臣乃酒囊饭袋，故视日月山海都在筵席之中，不过肚大贪吃而已。”听到纪晓岚这一番话，乾隆刚刚消失的得意之色再露，笑着对纪晓岚说道：“爱卿饭量虽好，如非学富五车之人，实不能有此大肚。”

在案例中，纪晓岚适度的自嘲，不仅体现了良好的修养，同时也为自己化解了一场危机。在平时工作中的自嘲，可以制造宽松和谐的交谈气氛，可以让你活得更轻松洒脱，让领导感受你的幽默和风趣，同时，还可以有效地维护领导面子，建立沟通双方的心理平衡。

在交际场合，过于严肃和枯燥的气氛往往不被人们所接受，这时候就需要用幽默的语言把它变得灵活些、有趣些。有时候，一个敏感的问题就会使整个场面僵掉，甚至妨碍正常交际的进行，这时候就可以通过幽默的解说将问题诙谐化，打破僵局，使交际得以顺利进行。

鬼谷子智慧

在鬼谷子看来，在某些特定的场景里，花言巧语就是一种随机应变的智慧。当你置身于难堪境地时，如果过分掩饰自己的失态，反而会弄巧成拙，使自己愈发尴尬。反之，如果漫不经心、随机应变地说几句取悦于人的话，则可以活跃气氛、消除尴尬。例如，小王是一个大胖子，但他不以胖为耻。在工作中，他经常自嘲说：“我是个比别人亲切三倍的男人，每当我在车上让座给别人时，我的一个座位中可以坐下三个人。”轻松愉快的自嘲，正是小王信心十足的有力表现。

顺机而变，诱其心理

应对者，利辞也；利辞者，轻论也。成义者，明之也；明之者，符验也。

（言或反覆，欲相却也。）难言者，却论也；却论者，钓几也 。

——鬼谷子

鬼谷子认为，当我们在回答他人的问话时，需要运用外交辞令。所谓机变的外交辞令是一种轻俏的言辞，具有正义与真理价值的言论，必须要阐明真伪；而阐明真伪，就是要验证是否正确。责难对方的言辞，是反对对方的论调，持这种论调时，是要诱出对方心中的机密。鬼谷子的权术告诉我们，在运用外交辞令反驳别人时，需要做到机变，诱出对方心中的机密。

人与人交往时，常常会出现意见不合之时，有的人伶牙俐齿、出言不逊、暗藏机锋，不善言辞的人在面对对方的诡辩和圈套时，常常哑口无言，不知如何辩驳，而令自己陷于尴尬的境地。然而不要忘记，诡辩虽然厉害，但是只要用心，通常都不难发现对方的破绽。聪明人要善于抓住对方破绽，利用自己的机敏灵活，巧妙地进行反驳，化被动为主动，抢占先机。

晏子出使楚国，为了羞辱他，楚国人特地在城门旁开了一个小门，让身材矮小的晏子从小门进入。晏子正色说：“只有出使狗国的人才从狗洞钻进。今天我出使的是楚国，难道不是要从中门进入吗？”楚国自然不愿承认自己是狗国，所以只好打开大门迎接他。

晏子拜见楚王时，楚王笑他说：“你们齐国难道没有人了吗？派你这么个小矮子来做使臣！”晏子说：“齐国的人多得数不清，但是齐国有个规定，往不同的国家派遣不同的使臣，贤明的人就派遣他出使贤明的国家，无能的人就派他出使无能的国家，我是最无能的人，所以就只好出使楚国了。”楚王哑口无言。

在宴请晏子的酒席上，两个公差绑着一个人来到楚王前。楚王问：“绑着的是什么人？犯了什么罪？”公差回答说：“是齐国人，犯了偷窃罪。”楚王看着晏子问：“难道齐国人这么喜欢偷窃吗？”晏子立刻回答道：“听人说橘树生长在淮河以南的地方称为橘，生长在淮河以北的地方称为枳，它们不过是叶子相像而已，果实的味道却大为不同，其原因就在于水土条件不一样呀！如今此人在齐国时并不偷盗，一到了楚国反而就成了小偷，难道是楚国的水土令人们喜欢偷窃吗？”楚王无奈叹息着笑道："圣人是不可以捉弄的，最后我反而自取其辱了。"

晏子矮小的身躯中，不仅蕴藏着惊人的勇气，更蕴藏着惊人的智慧。面对楚国的刁难和羞辱，晏子没有惊慌失措，更没有火冒三丈，而是用自己的沉着冷静、机智灵活，巧妙地应对、反驳了对方的谬论，不仅令对方搬起石头砸自己的脚，而且维护了本国的尊严，最后令楚王不得不叹服，称其为"圣人"。这才是晏子最伟大、最令人敬服的一点。

反驳要注意一个"度"，不能过于生硬，大吵大嚷，或者用过激的语言赤裸裸地进行漫骂，不然就会变成市井中的泼妇骂街，不仅有损自己的形象，更加难以令人信服。要使对方心服口服，就要以理服人，用巧妙的语言机智应对，或层层诱导，以谬制谬，令对方不攻自破；或步步紧逼，揭穿老底，令对方手足无措；或"以子之矛，攻子之盾"，令对方自乱阵脚；或旁征博引、列举事实，令对方哑口无言……总之，反驳要胜在"巧妙"二字，否则即便胜了争论，也输了风度。

成功学家卡耐基曾经说过："很多时候你在与别人争论时是赢不了的。要是输了，当然你就输了；如果赢了，你还是输了。"所以，在与对方辩论时，单凭声音大、气势强，是没有用的，所有的争论十之八九最后都会令对方更加相信自己的观点，或者即便意识到自己的错误，也绝对不会承认。所以，这时保全对方的面子是最为重要的，既表达了自己的立场、反驳了对方的观点，又不至于令对方太难堪，保全了双方的和气，才是真正聪明的人的高明之处。

鬼谷子智慧

有时候，面对别人暗藏机锋的问话，我们需要运用鬼谷子的权术，也就是巧妙地反驳。在现实生活中，很多时候并没有截然的对错之分，很多人都坚信自己的观点是正确的，很难被别人改变或者说服。若是对方并非刻意冒犯或者伤害你，那么在反驳时一定要注意语言的用词得当，避免发生冲突。

听闻其声，言如其人

佞言者，谄而干忠；谀言者，博而干智；平言者，决而干勇；戚言者，权而干信；静言者，反而干胜。

——鬼谷子

鬼谷子认为，说着一些奸佞之话的人，会因谄媚而显得忠诚。说着奉承话的人，会因吹捧对方而显得有智慧。说着一些平实之话的人，由于果决而显得勇敢。说忧愁话的人，由于懂得权衡利弊而显得有信用。而说稳重话的人，辩论反而能取胜。为什么会这样呢？那是因为一个人的个性融入了言语之中，使其语言形成了一种风格。每个人都有自己独特的语言风格，这样的语言表达风格是源自于其独特的个性，因此，每个人的语言风格都是独一无二的。所谓个性，是指本身的语言风格和特有的魅力，而不是自我表现。当我们拥有了一定的语言风格之后，还需要在此风格之上烙下个性的印记，这样才能有效地影响他人心理。因为由个性修炼出的独特语言风格，会迸发出强大的影响力，而这恰好可以在游说过程中发挥作用。

真正的个性语言风格体现的除了本人的音色特点之外，还包括了发声方法、独到的体验、感受，独特的语言表达方式以及个人的素质、修养、性格、审美情趣等，所以，这样的语言是鲜活的、生动的、富有生命力和感染力的，是富有魅力的语言。独具个性的语言风格不可能是一种固定的腔调或模式，它是在语言功力的基础上逐步探索和创造的灵活运用语言表达技巧、巧妙驾驭语言的独特风格。其魅力在于让对方在审美中领会丰富的感情并受到深刻的启迪。所以，为了实现游说的目的，我们应该在自己的语言风格上烙下个性的印记。

林肯出身于一个平民家庭，在参加总统竞选时，有一个非常富裕的竞争对手想对他进行人身攻击，对方认为林肯出生于贫寒的家庭，所以不会有太多的财产，当即提出了“你有多少财产”的问题。然而，林肯却以巧妙的回击争取了主动，赢得了人心。他在一次演讲中说：“有人问我有多少财产。我告诉大家，我有一位妻子和一个儿子，都是无价之宝。此外，也租了一个办公室，室内有一张桌子，三把椅子，墙角还有一个大书架，架上的书值得每个人一读。我本人既高又瘦，脸蛋很长，不会发福。我实在没有什么可依靠的，唯一可依靠的就是你们。”

亚伯拉罕·林肯是美国第十六任总统，是世界历史中最伟大的人物之一，领导了拯救联邦和结束奴隶制度的伟大斗争。他于1809年 2月12日黎明出生在肯塔基州哈定县霍尔以南3英里的小木屋里，用他自己的话说，他的童年是“一部贫穷的简明编年史”。小时候，他帮助家里搬柴、提水、做农活等。尽管他仅在边疆受过一点儿初级教育，担任公职的经验也很少，然而，他那敏锐的洞察力和深厚的人道主义意识，使他成了美国历史上最伟大的总统。他正直、仁慈、坚强的个性使得他的语言体现出朴实、真挚的风格，而且，出生于贫民家庭的他在说话时始终带着温和的语调，因为他与所有贫穷的人站在了一起。

由个性修炼出来的语言风格，可以有效地影响他人的心理。比如电视连续剧《慈喜西行》片尾的二十四节气歌，原本不过是对一年四季节令变化的叙说，就是这首孩子们都会念的顺口溜，经过播诵者的出色演绎，凭添了几多内涵，让人感到历史的沉重、岁月的蹉跎和人生的艰难，这就是个性语言风格的魅力。

1952年，在尼克松与丘吉尔的儿子伦道夫的交谈中，当尼克松对丘吉尔的演讲口才风格表示钦佩时，伦道夫笑着说：“那些演讲精彩是应该的，他用了大半生时间写讲稿并记熟它们。”正所谓“风格如其人”，自己的个性语言风格的形成，是一个反复实践、探索、体验的渐进过程，因此，要想形成独具个性的语言风格，唯一的途径就是长期实践，刻苦训练。

一个人要想通过语言来达到影响他人心理的目的，就必须提高自己的说话水平，掌握一些必要的语言表达技巧，形成自己独特的语言风格。比如，马克思的严肃深刻，列宁的尖锐炽热，毛泽东的机智风趣，周恩来的亲切细腻，邓小平的坚毅果敢等，他们的语言风格无疑都烙上了个性的印记。

鬼谷子智慧

鬼谷子认为，一个人说什么话，就可以透露其什么样的个性。独具个性的语言风格的魅力在于它的鲜活，富有感染力，任何一种“腔调”，任何一种“模式”都不能称之为“个性风格”。然而，在个性语言风格的创造中，语言表达的基本技巧是很重要的，许多人之所以陷入一种“腔调”或“模式”中不能自拔，除了因为没有具备独特的个性风格，根本的问题就在于基本功不到家，不能灵活地驾驭语言。

口可以食，不可以言

故繁言而不乱，翱翔而不迷，变易而不危者，覩要得理。故无目者不可示以五色，无耳者不可告也五音。故不可以往者，无所开之也。不可以来者，无所受之也。物有不通者，圣人故不事也。古人有言曰：“口可以食，不可以言”者，有讳忌也。众口烁金，言有曲故也。

——鬼谷子

鬼谷子认为，想要烦琐的语言不紊乱，言辞纵横而不迷乱，言辞形式和内容发生改变而不危险，就要把握事情的要害。由此可知，没有眼睛的人，没有必要拿五色给他们看；同理，没有耳朵的人，没必要让他们听五音；所以不可以去的地方，不必让他们去，不可以来的人，也没有必要接受他们。有些行不通的事，就不要办。古人有言，说：“嘴可以吃饭，不可以说话。”说的是讲话是有忌讳的。警惕人言可畏，那是可以把事实歪曲的。

两千多年前，圣人孔夫子就说过：“乱之所生也，则言语以为阶。”意思是世间所有的纷乱都是因为说话不慎而产生的。日常生活中，人们也经常听到这样的告诫：“病从口入，祸从口出。”一不小心，可能只因为一句话的，说不定就会惹上麻烦，既伤了别人，又害了自己。所以，我们务必要记住，为人处世要谨言慎行，该说的要说，不该说的绝对不能乱说。只有这样，才能减少是非，独善其身。

这世上有三样东西一经出去就不能再返：一是离弦之箭，二是逝去的良机，三是出口之言。《圣经》也告诉人们：“多言多语难免有过，禁止嘴唇是有智慧。”这样的话说起来容易，做起来却并不简单。说话本身并无过错，关键在于要看清对象、分清场合，了解说话对象的心理，不能口无遮拦、不分轻重，否则就有可能触犯他人的忌讳，造成误解，甚至酿成纠纷。不当的言语对人心灵的伤害就如同尖锐的匕首，有的话语甚至比锋利的刀剑更加伤人，甚至会令别人一辈子都难以痊愈，此为伤人；不分场合地信口开河，随意夸大或者以讹传讹，就有可能令自己卷入是非，百口难辩，此为害己。所以，真正会说话的人是用大脑在说话，而不仅仅是嘴巴。

元代第4位皇帝元仁宗，这位蒙古族天子属鸡，认为“雄鸡一唱天下白”，司晨有功，特别是雄鸡啼叫时那副咄咄逼人、藐视一切的神气模样，他尤为欣赏。

登基伊始，他就在大都告示民众：有虐待鸡者，必遭严处。有一百姓宰鸡烹之，沿街叫卖，名曰“烧鸡”，肉鲜味美，生意兴隆。这一天，卖烧鸡者从乡下收活鸡回城，被巡兵发现，令他将网袋中所缚之鸡全部解开，放生于野外，仅留一鸡抱于怀中，游街示众。三日后押回原籍。

每个人都有自己的忌讳，我们需要做的就是在说话时避免触犯他人的忌讳。古往今来，因为管不好自己的嘴巴而招致灾祸的事例比比皆是，有些时候稍不注意就会导致杀身之祸，“韩信带兵，多多益善”便是一个极好的例证。现代社会或许不会动辄杀戮，但是因为说了不该说的话或者说话不注意对象、方式而给自己带来不好的影响和结果的例子也屡见不鲜。若是仔细想想，或许每个人都能列举一两件这样的事来，可见这类现象在现实生活中并不少见。

尽管清末的慈禧太后不是女皇，但实际上她比当政的皇帝同治和光绪的权力大得多。慈禧太后生于1835年，属羊，基于这个原因，她一生忌听“羊”字，竟把“羊”列为宫廷忌字，谁也不许提，连御膳房做菜用的羊肉也得改称“福肉”或者“寿肉”。

慈禧酷爱听戏，几乎每天必听。但她看戏时也忌讳听到“羊”字，连带有“羊”字的剧，如《牧羊图》《苏武牧羊》等戏，都不许在宫里演出。

同治年间，梆子名伶侯俊山被召进宫里侍演《玉堂春》。慈禧听得眉飞色舞，不时点头称赞，吩咐李莲英事后要重赏他们。不料，当听到“我好比羊入虎口有去无还”一句唱词时，慈禧怒容满面，立即命令停演，“犒赏”他们的不是金银珠宝而是棒打，并不准他们再入宫演戏。从那以后，宫里再演《玉堂春》时，苏三的那句唱词便改为“我好比入网的鱼儿有去无还”了。

光绪年间，名武生王福寿应召入宫，给慈禧侍演《挑滑车》。请赏时，慈禧却阴阳怪气地对王福寿说：“戏唱得不错，可我听说，你在外面与人合作开了个羊肉铺子，每天一刀一刀地割羊，就凭这一点也不能赏你，不罚你就算便宜你了！”

慈禧认为，羊虎相克，她命人对身边的太监及宫女逐个查问，凡虎年生者，一律严惩，当众杖责，然后逐出宫门流放北漠，以图吉利。

说话，是我们天天都在做的事情，但善于说话，能准确、清楚地表达自己的意图，使对方乐意接受，却是一件不太容易的事情。心理学家理查得·班得勒说过，当你对他人说话时，你不是想给他传递信息，就是想改变他。但在这过程中，对方是否会接受你的意思，你的沟通目的是否能够实现，却又是另外一回事了。

其中的症结点在于你是否说了避讳的语言，或者把话题置于危险的境地，这将会导致你沟通的成与败。许多人说话不经过大脑思考，只图嘴巴痛快，常常“语出惊人”，踏入“雷区”，最后导致了整个沟通的失败。其实，善于说话并不是一件很简单的事情，那将意味着你所说的话能够令对方乐意接受，而且，你的话语能够巧妙绕过险境，直入对方心里，继而影响对方心理。

鬼谷子智慧

鬼谷子曰：口可以食，不可以言。这是告诫我们不要乱说话，因为往往会祸从口出。在谈话过程中，我们需要避开一些忌讳，关于“死”的避讳语，“棺材”“寿材”等；对方的生理缺陷，比如“残疾人”；对一些不可公开的事物行为，比如“大小便”等，这些忌讳词语都是需要避开的。

避其所短，举事则成

人之情，出言则欲听，举事则欲成。是故智者不用其所短，而用愚人之所长；不用其所拙，而用愚人之所工；故不困也。言其有利者，从其所长也；言其有害者，避其所短也。故介虫之捍也，必以坚厚；螫虫之动也，必以毒螫。

——鬼谷子

人之常情，只要自己说出话，就希望有人听，只要办事情就希望能成功。所以不要用聪明人的短处，宁愿用愚者的长处；不要用聪明人的笨处，宁愿用愚人的精巧之处，这样就使自己永远不会陷于窘迫。说到有利的一面，就要发挥其长处；说到有害的一面，就要避其短处。因而，甲虫防卫，是用其坚硬的甲壳。而毒虫行动，一定用那有毒的螫子。连禽兽都知道用自己的长处，何况进谏的人，更应该会用游说术了。

在鬼谷子看来，游说时要懂得扬长避短，其实，对于我们每个人而言又何尝不是呢？智者懂得，做任何事情都需要扬长避短，充分发挥自己的优势。生活中，我们都听过“让兔子去跑步，让鸭子去游泳”的故事。显而易见，每个人都是有自己优势的，而更重要的一点是每个人都只有从自己的优势出发才能获得成功。

成功心理学家马丁·塞利格曼在成功心理学的研究中得出这样一个结论：“成就和幸福的核心在于发挥你的优势，而不是纠正你的弱点，第一步就是识别你的优势。”一个人若是想主宰心的航向，就应该全面认识自己，既需要正视自身的缺点，又需要把握好自己的优势。一旦你无法清楚地认识自己，将会导致内心自负或自卑等心理，而这些负面心理将会影响你一生的发展。

奥托·瓦拉赫是诺贝尔化学奖获得者，他的成才过程极富传奇色彩。

瓦拉赫在开始读中学时，父母为他选择的是一条文学之路，不料一个学期下来，教师为他写下了这样的评语：“瓦拉赫很用功，但过于拘泥。这样的人即使有着完美的品德，也决不可能在文字上发挥出来。”此后，他改学油画。可瓦拉赫既不善于构图，又不会调色，对艺术的理解力也不强，成绩在班上是倒数第一，学校的评语更是难以令人接受：“你是绘画艺术方面的不可造就之才。”

面对如此“笨拙”的学生，绝大多数老师认为他成才无望，只有化学老师认为他做事一丝不苟，具备做好化学实验应有的品格，建议他试学化学，父母接受了化学老师的建议。这下，瓦拉赫智慧的火花一下被点着了，文学艺术的“不可造就之才”一下子变成公认的化学方面的“前程远大的高才生”。

所谓的成功并不是轰轰烈烈的事业或出人头地的名位，而是我们能够把握好自己的优势，能“才尽所用”，这才是作为一个人的最大成功。我们不仅需要坦然接纳自己的缺点，更需要把握自己的优势，努力做到“不因缺点而自卑，不因碌碌无为而遗憾”，从而主宰好心的航向。

人生成功的战术万变不离其宗，只有两个基本点：其一，面对对手，以长击短；其二，面对自身，扬长避短。一个成功的人，他一定懂得发扬自己的长处，来弥补自身的不足。他能够发掘自身才能的最佳生长点，扬长避短，脚踏实地朝着人生的最高目标迈进。

一位穷困潦倒的年轻人流浪到繁华的巴黎去找父亲的一位挚友，期望父亲的朋友能帮助自己找一份聊以糊口的工作。

那人问：“你精通数学吗？”年轻人面露羞涩，摇摇头。那人再问：“历史地理怎么样？”年轻人面露尴尬之色，机械地摇摇头，那人再问：“那法律呢？”父亲的朋友连连发问，年轻人一直木讷地摇头，面露绝望之色。看见这样，那人只好说：“那你先把你的住址写下来吧，我总得帮你找份工作啊！”年轻人很惭愧地写下了自己的住址，急忙转身要走却被父亲的朋友拉住：“年轻人，你的名字写得蛮漂亮的嘛，这就是你的优点啊！”

“把名字写好也是一个优点？”年轻人在对方眼中看到了肯定的答案，父亲的朋友继续说：“把名字写好，就能把字写得叫人称赞，就能把文章写好！”受到鼓励的年轻人，因为父亲朋友的一句话，兴奋得脚步都变得轻快起来。

从这以后，他一点点地放大自己的优点，多年后写出了享誉世界文坛的经典作品，这就是家喻户晓的19世纪上半期法国浪漫主义文学代表大师大仲马。

每个人都有自己的特质和特长，就算你的长项不够顶尖，不够权威，你总会有胜过竞争对手的地方，只要你善于利用，就能形成制胜的优势。譬如武器不够先进，指挥官不够专业，军队不够庞大，训练不够有素，但依赖正确的战略战术，“小米加步枪”一样可以打败“飞机加大炮”。

我们需要的只是一些改变：第一，正视自己的不足，忘记那些缺陷，不让那些弱点影响你的成功；第二，也是最重要的一点，认识和定位好自己，把握和信任自己的特长，扬长避短，形成优势。

鬼谷子智慧

鬼谷子告诉我们，每一个人天生都有他的优点和长处，人生的诀窍就是经营自己的长处，这是因为经营自己的长处能给自己的人生增值，经营自己的短处会使你的人生贬值。比尔盖茨道出了成功的秘诀：“做你所爱，爱你所做。”他说的所爱、所做与一个人具有某一方面的优点和特点是分不开的，大部分成功者无不是利用自身的专业优势和特长赢得了巨大的成就。

第十章

谋略之道——以变应变，出奇制胜

俗话说：『谋事在人，成事在天。』如果掌握了成事的智慧谋略，那成事的几率将会大大提升。把彼此的利益结合在一起，才能够合情、合理、合拍、合时、合数，才能够把彼此的潜能激发出来，从而将事情做成。

凡谋有道，必因其情

为人凡谋有道，必得其所因，以求其情。

——鬼谷子

鬼谷子认为，对于一个人来说，凡是筹划计谋都要遵循一定的法则，一定要弄情原因，以便研究实情。自古以来，大凡做出巨大成就的人，他们都必须知道自己想成就的是什么，绝不会像太平洋中没有指南针的船只一样随风飘荡。成就梦想，定下目标是第一步，然后思考如何达成自己的目标。这道理听起来好像老生常谈，但是，令人惊讶的是，许多人都没有认清：为自己制定目标以及执行计划，是唯一能超越别人的可行途径。

德里克·博克曾说：“我早已致力于我决心要保持的东西，我将沿着自己的路走下去，什么也无法阻止我对它的追求。”在人生的道路上，我们做任何事情都需要有立场、有目标，这样世界才会为你让路。

三国时期，敦厚的刘备属于弱势的一方，他四处寻找谋士，希望能为自己指点迷津。当他驻扎在新野的时候，徐庶拜见刘备，推荐说：“先生知道诸葛孔明吗？他可是人间卧龙啊，你可愿意见他？”刘备说：“你让他来吧。”徐庶说：“恐怕你只能登门拜访他了，毕竟不可以委屈他。”

于是，刘备决定前去拜访这位卧龙先生。谁料去了两次都没见着，第三次总算见到了。当时刘备让身边的人退下，向诸葛先生说：“汉室的统治崩溃，奸邪的臣子盗用政令，皇上蒙受风尘遭难出奔。我不知道自己的德行是否能服众人，自己的力量是否可以胜任，我想为天下人伸张大义，却唯恐自己才疏学浅，会最终失败，现在我这样的局面，该怎么办？不过我内心依然怀着忠君爱国的志向，先生是否愿意给予一些建议呢？”

诸葛亮回答道：“自董卓独掌大权以来，各地豪杰同时起兵，占据州、郡的人数不胜数。曹操与袁绍相比，声望少之又少，然而曹操最终之所以能打败袁绍，凭借弱小的力量战胜强大，不仅依靠的是天时好，也是人的谋划得当。现在曹操已拥有百万大军，挟持皇帝来号令诸侯，这确实不能与他争强。孙权占据江东，已经历三世了，地势险要，民众归附，又任用了有才能的人，孙权这方面，将军只可以把他当作外援，但是不可谋取他。荆州北靠汉水、沔水，一直到南海的物资都能得到，东面和吴郡、会稽郡相连，西边和巴郡、蜀郡相通，这是大家都要争夺的地方，但是它的主人却没有能力守住它，这大概是天拿它用来资助将军的，将军你可有占领它的意思呢？益州地势险要，有广阔肥沃的土地，自然条件优越，高祖凭借它建立了帝业。刘璋昏庸懦弱，张鲁在北面占据汉中，那里人民殷实富裕，物产丰富，刘璋却不知道爱惜，有才能的人都渴望得到贤明的君主。将军既是皇室的后代，而且声望很高，闻名天下，广泛地罗致英雄，思慕贤才。如果能占据荆、益两州，守住险要的地方，和西边的各个民族和好，再安抚南边的少数民族，对外联合孙权，对内革新政治。一旦天下形势发生了变化，就派一员上将率领荆州的军队直指中原一带，将军您亲自率领益州的军队从秦川出击，老百姓谁敢不用竹篮盛着饭食，用壶装着酒来欢迎将军您呢？如果真能这样做，那么称霸的事业就可以成功，汉室天下就可以复兴了。”

刘备说：“好！”从此与诸葛亮的关系一天天亲密起来。关羽、张飞等人不高兴了，刘备劝解他们说：“我有了孔明，就像鱼得到水一样。希望你们不要再说什么了。”关羽、张飞于是不再说什么了。

通过隆中对，展现在人们面前的是诸葛亮具有远见卓识的政治家和军事家的形象。他善于审时度势，观察分析形势，善于透过现状，掌握全局，高瞻远瞩，推知未来。每个人的行为特点都是有目的性的行为，一般来说，没有目的性的行为是很难成功的。生活中没有目标的人就是可怜的糊涂虫，他们永远没有办法找到成功的途径。

车尔尼雪夫斯基曾说：“一个没有受到献身热情所鼓舞的人，永远不会做出什么伟大的事情。”一旦我们失去了目标，就意味着失去了人生的推动力，失败必将来临。

美国有一个非常著名的关于目标对人生影响的跟踪调查，调查对象是一群智力、学历、环境等条件差不多的年轻人。通过调查发现：27%的人没有目标；60%的人目标模糊；10%的人有清晰但比较短期的目标；3%的人有清晰且长期的目标。

此项调查进行了长达25年的跟踪，发现那些调查对象的生活状况以及分布现象都十分有意思：那些占3%有清晰且长期目标的人，25年来几乎不曾更改过自己的人生目标，25年一来他们一直朝着同一个方向努力。25年后，他们几乎成为了社会各界的顶尖成功人士，在他们当中有白手起家的创业者、行业领袖、社会精英；那些占10%有清晰但比较短期目标的人，在25年后，他们大多生活在生活的中上层，在他们身上有着共同的特点——那些短期目标不断被达成，生活状态稳步上升，成为了各行业的不可缺少的专业人士，他们的职业大多是医生、律师、工程师等；其中占60%目标模糊的人，25年后他们大多生活在社会的中下层，他们能够安稳地生活与学习，但没有什么特别的成绩；剩下27%没有目标的人，25年以来，他们几乎都生活在社会的最底层，而且生活过得很不如意，常常失业，需要靠社会救济，喜欢怨天尤人。

也许你现在与别人差距不大，那是因为你们距离起跑线不远，而不是你比别人聪明，或者说上天眷顾你。你是属于那10%、60%，还是剩下的部分，只有你自己最清楚。希望你能努力成为那10%的目标清晰的人，有目标有远见的人往往可以走得更远，因为世界会为他们让路。

鬼谷子智慧

有人曾这样说，一个人无论此刻是多大的年龄，其真正的人生之旅，是从设定目标那一天开始的，之前的日子，只不过是在绕圈子而已。要想获得成功，我们就必须拥有一个清晰而明确的目标，目标是催人奋进的动力。如果你缺失了目标，即使每天不停地奔波劳碌，也还是无法获得成功。成功者之所以能轻松地走到成功，那是因为他们的目标明确，眼光长远。

墙坏其隙，木毁其节

故墙坏于其隙，木毁于其节，斯盖其分也。

——鬼谷子

鬼谷子认为，墙壁通常因为有裂缝才倒塌，树木通常因为有节疤而折毁，这都是理所当然的。在古代，人们用离间计是利用敌人营垒内部的矛盾，使其互相猜忌，形成内耗。现代社会，随着人际关系的复杂化，不管是军事战争、商业竞争还是经济文化等领域的斗争也越来越错综复杂，离间不仅仅用于竞争、取胜，还可以用来挖掘人才，达到自己的预期目的。当然，在实施离间计的时候，关键在于找准对方内部的矛盾，再故意编造虚假情报，迷惑对方，使其判断失误，从而达到自己的目的。

诸葛亮是一位使计谋的好手，在天水郡战役中，虽然战败，但他发现了姜维。他曾对人说："得十个天水郡都不如得姜维一人。"他想收降姜维，一方面由于姜维文武兼备，确实是难得的人才；另一方面他一直希望自己死后能有一位得力的接班人，他选中了姜维。于是诸葛亮使用离间计收降姜维，先是调虎离山调开姜维，再用诈术、谣言等策略离间姜维和魏军，最后派遣将领置姜维于绝地，使走投无路的姜维真心降服诸葛亮。

1943年，意大利与德国结盟，但是当时德国许多将领看不起意大利人，意大利则既害怕德国人，又依靠德国人。希特勒为了阻止英美联军登陆意大利，制订一系列地中海计划，德国与意大利将进行秘密谈判，这一消息被英国海军上将坎宁得知。于是，他决定用离间计来破坏德意联盟，运用对外广播发动宣传攻势，挑拨德意之间的关系，促使他们互相猜疑。

于是，英美用大功率电台，向意大利进行了长达17个月的“电波轰炸”：德国人认为意大利海军指挥不当，士气低落，不堪一击……英美广播还播出了一些事情的细枝末节，对此墨索里尼感到非常震惊，因为他确实遭受到了德军上下的蔑视。

虽然英美这些离间德意联盟的广播内容真假不一，但总体是宣传意大利如何被德国蔑视，如何被利用等，而且一播就是17个月。意大利人不得不听，听后又生气，这使得本来就貌合神离的德意联盟发生了越来越多的摩擦。意大利人不想再为德国卖命，甚至希望德国战败。后来，当英美海军攻占直布罗陀时，意大利海军也不尽全力阻挡，听任德国人失败。

如此看来，英美的离间计产生了预期的效果。

所谓“离间”之计，前提是敌方必须有“间”可“离”，即存在可以离间的基础。假如敌方亲密无间，上下同欲，离间计断难成功。比如，高纬和李元昊都是历史上有名的昏君、暴君，荒淫无耻，心狠手辣，而且都性好猜忌。他们身边总是围绕着一大批奸佞之徒，小人当道，正直之士自然难以共存，对于这样的组合，施展离间计估计没什么效果。

蒋干是曹操身边的谋略人士，此人巧舌如簧，自以为非常有本事。曹操领大军南下江南，欲缴平天下，成万世基业。不巧的是孙权与刘备不答应，欲以少抗拒操之众，操孙两军摆于赤壁，两相苦无破敌良策。此时，蒋干甘愿效忠曹氏，并自愿以自己与周瑜的同窗关系去劝服孙权的大都周瑜。

周瑜正在为曹氏手下有两位深得水军之战谋略的两位将军犯愁，而蒋干竟然送上门来，周瑜马上就明白蒋干的意图，于是安排妥当。等到蒋干来的时候，便规定只准述朋友之情，而不得谈论军事，结果使得空有一身本事的蒋先生没有发挥的余地，闷闷不乐。

酒饱饭余之后，两人同塌而眠，到深夜蒋先生清醒过来，便偷看周瑜的公文，发现蔡帽、张允呈周瑜愿意投降的文书。蒋干见到蔡、张二人竟然私通周瑜，于是便想，既然过来劝说周瑜没有成功，但发现这一天大的秘密也可回去向丞相交待。果真周郎借蒋干之手达到了战场上不能达到的目的。后来又借该人向曹丞相进献诈降计、连环计。终于使得周瑜成为千古名人，而蒋干却成千古笑谈。

周瑜在这里采用的方法是假装不知不觉，然后将虚假的情报不动声色地透露给蒋干。敌人不辨真伪，又对自己人深信不疑，因此极其容易上当。蒋干不自知、但是却被周瑜所利用的方法，无需“重金”，但是却更加可靠。

鬼谷子智慧

离间计要成功，主要是利用主事者处断不明和人性弱点。因此，这种计谋多使用于信息很不透明的敌对双方，或缺乏信息传播手段的传统社会。

变始于事，以制于事

故变生事，事生谋，谋生计，计生议，议生说，说生进，进生退，退生制，因以制于事。

——鬼谷子

鬼谷子认为，事情的突变都是由于事物自身的渐变引起的，而事物又生谋略，谋略生于计划，计划生于议论，议论生于游说，游说生于进取，进取生于退却，退却生于控制，事物由此得以控制。哲人说，小事成就大事，细节成就完美。在小事上认真的人，做大事一定成绩卓越。因为细节最能体现一个人的智慧和美德。完美的细节代表着永不懈怠的处世风格，也是一个人追求成功的资本。

一位伟人曾经说过：“轻率和疏忽所造成的祸患将超乎人们的想象。”生活中若总是粗枝大叶、马马虎虎、鲁莽轻率，就会失去很多原本属于自己的东西，甚至留下一生的遗憾。

对于年轻人来说，不论多么远大的理想，都需要一步步实现；不论多么浩大的工程，都需要一砖一瓦垒起来。平庸和杰出的差距就在一些细节中，这是一个细节制胜的时代，对于自己的工作，无论大小，都要了解得非常透彻，数据应该非常准确，事实也应该非常真实，这样才能脚踏实地完成宏伟的目标。

即便是最聪明的人设计出来的最伟大的计划，执行的时候也还是必须从小处着手，整个计划的成败就取决于这些细节。近些年，细节决定成败的口号喊得越来越响亮，但仍有些人做事毛躁马虎，以至于带来无尽的烦恼，甚至造成意想不到的损失。

即使现代生活步伐很快，我们仍要精益求精，一丝不苟，若马虎地对待工作，工作也会马虎地对待我们；而若能细心对待生活，注重生活中的细节问题，也许就会有意料之外的收获。

据说，某服装厂与外地的一个商场签订了一份服装购销合同。合同中规定：货款45万元，贷到付款。

作为卖方的服装厂认真履行合同，按时将货送去了，并相信对方也一定会及时付款。谁知，两个多月过去了，卖方还没有见到对方货款的影子，不得不打电话相催。买方当然不干，卖方拿出己方持有的那份合同书仔细一看，果然写着“贷到付款”而不是“货到付款”。

双方争执不下，最后告到法院。法官们经过审理，认定合同有效。这样，买方何时才能贷到那45万元的贷款，卖方何时才能拿到货款，就只有天知道了。

绝大部分企业家会知道一些十分精确的数字，比如全国平均每人每天吃几个汉堡包、几个鸡蛋。之所以要了解得这么清楚，是因为他们想确保细节上多方面的优势，不给竞争者可乘之机，哪怕是一些细枝末节的漏洞。对所有人来说，熟知细节是最佳的训练，尤其是面对紧急、影响重大的事情时，这些知识更是有用。

一个男孩子的父亲有一个很大的养鸡场，当男孩10岁的时候，父亲给了他50

只鸡让他饲养。当然，这一切是有条件的，一是这些鸡都是父亲挑剩的劣质小鸡，二是养鸡要自负盈亏。

男孩子欣喜若狂，信心十足地开始了自己的第一次经营活动。他对养鸡的事一窍不通，于是便认真地观察起来。通过观察鸡吃食的情况，他渐渐发现一个问题：当一个鸡笼里的鸡少一些的时候，小鸡吃得就多，长得就快；但是鸡太少的时候，又会浪费鸡舍和鸡饲料，所以必须掌握最佳的结合点。经过一段时间的摸索，男孩总结出每个鸡笼里养40只小鸡是最合适的。在男孩的精心饲养下，那些原本蹩脚的小鸡日渐改观、逐渐长大。当这些鸡开始产蛋的时候，每月卖鸡蛋的纯收入达15美元，这在大萧条时期可是一笔不少的钱。

后来，这些原本劣质的鸡雏的产蛋量远远超过了父亲的那些良种鸡。开始时，父亲不相信，当他亲眼看到男孩卖了鸡蛋拿到钱的时候，才不得不对孩子夸赞几句。

父亲对男孩的评价是："能够注意到细小的环节，并且能够认真实施和改进。"

后来，父亲将一部分鸡场交给男孩子管理经营，事实进一步证明了男孩的管理和销售能力，他管理的几个鸡场的效益都超过了父亲。当男孩19岁的时候，父亲将整个家禽养殖场全部交给了男孩。

这就是美国第四大家禽公司——珀杜饲养集团公司董事长弗兰克·珀杜的成长经历。

很多人之所以一生都无所成就，多是因为他们有着大事干不了、小事又不愿干的心理。小至个人，大到一个国家，每一个突破，都是来源于平凡工作的积累。没有人可以一步登天，当你认真对待每一件小事时，你会发现自己的人生之路越来越广，成功的机遇也接踵而来。

西奥多·罗斯福是个重视细节的人，凡是须经他签名的信函，他总要亲笔更动几个字后才发信。起初秘书认为自己撰写得不够好，后来秘书发现他是每封信都改。有一天，秘书实在忍不住，问总统是否对所有信都不满意。罗斯福摇头说：

“我是怕收信人误认为信函全由秘书代写代打，我只不过签个名而已，所以我一定要用笔更动一两个字。这么一来，每封信都增加了‘人情味’，不再那么冷冰冰了。”

鬼谷子智慧

对待小事、对待细节的处理方式往往也反映了一个人工作的态度。是积极面对，脚踏实地，还是整日空想成功，却不愿从身边的事情做起，这两种截然不同的态度，是成败的一个区别。

志同道合，与之亲近

故同情而相亲者，其俱成者也；同欲而相疏者，其偏成者也；同恶而相亲者，其俱害者也；同恶而相疏者，其偏害者也。故相益则亲，相损则疏，其数行也，此所以察异同之分也。

——鬼谷子

鬼谷子认为，所以凡是感情相同而又相互亲密的人，大家互相学习，相互鼓励，就可以共同进步，共同获得成功；凡是欲望相同而关系疏远的，事后只有一部分人得到利益，而另一部分人却会受到伤害；凡是恶习相同而关系又密切的，因为习性与目的相同，必然一同受害者；凡是恶习相同而关系疏远的，一定是部分人先受到损害。所以，如果能互相带来利益，就要密切关系，如果互相牵连地造成损害，就要疏远关系。这都是有定数的事情，也是要考察异同的原因，凡是这类事情都是一样的道理。

鬼谷子的这一智慧对于充实人生、完善人生有很好的帮助。在生活中，我们要善于为自己营造好的环境，建立有价值的人脉关系，这样我们才能不断地提升自己，这就是古人常说的“近朱者赤，近墨者黑”。在一个良好的环境里汲取营养的成分，自然可以成为同样优秀的人。

在日常生活中，我们发现：同样的蔬菜在不同的水中浸泡一段时间后，将它们分开煮，其味道是不一样的。一样的道理，一个人在不同的环境里，由于长期的耳濡目染，其性格、气质、素质和思维的方式等方面都会有明显的差别，这就是我们常说的“近朱者赤，近墨者黑”。泡菜效应，直接揭示了环境对人的成长的重要性。1979年诺贝尔物理奖获得者温伯格曾说过：“我之所以获奖，是因为我们学校有一种人才共生效应。”经过调查发现，原来温伯格所毕业的那一届有十多个人都成为了美国著名的物理学家。对此，温伯格坦言学校的环境造就了自己的成功：“那时学校教物理的老师都特别棒，鼓励我们自由思考，作业很少，让我们学有余地。当时学校还有个科幻俱乐部，我们都是俱乐部的积极分子。”

一个生物学家在一家农场看见鸡群里有只老鹰，于是，他好奇地问主人：“为什么鸟中之王会与鸡在一起呢？”主人说：“因为我一直喂它鸡饲料，它从小就在鸡舍里长大，所以，它一直不想飞，而且它根本就不认为自己是一只老鹰了。”生物学家说：“不过，它到底是一只老鹰啊，只要教它应该就会的。”经过一番商量，两人准备将老鹰放飞，结果，第一天失败了；第二天又失败了；第三天，生物学家将老鹰带到了山上，鼓励它：“你是一只老鹰，属于蓝天和大地，张开翅膀飞翔吧！”奇迹出现了，老鹰慢慢张开了翅膀，冲向天际。

恩格斯说：“人创造环境，同样，环境也创造人。”环境对人的成长具有不可抗拒的影响作用，有人更是提出了“人是环境之子”的观点。《晏子春秋》里曾说：“橘生淮南则为橘，生于淮北则为枳。叶徒相似，其实味不同，所以然者何？水土异也。”其实，人也一样，容易受到周边环境的影响。我们与什么人相处，就会沾染上什么样的习惯、品性，而这些行为特点将会影响我们的一生。因此，为了有效地认知自己，我们应该给自己创造一个良好的环境，努力从周围的环境汲取营养，以此提升自我。

希拉里早年在卫尔斯利女大读书，在那里聚集着全美成绩优秀的学生，但是，她们并不是全美学习最好的学生，学习最好的学生几乎都去了哈佛大学。刚刚进入卫尔斯利大学的希拉里产生到了挫败感，自己一直到高中毕业都是周围人眼中的好学生，在学校备受瞩目，现在却 “沦落”为无人理睬的普通学生。不过，希拉里并没有被挫折感击倒，她想用哈佛学子的学习方法来武装自己，使自己成为卫尔斯利的第一名。

但是，哈佛学生一直以排外出名，其秘密学习俱乐部从来不接受外校的学生。于是，为了进入哈佛大学的秘密学习俱乐部，希拉里决定成为这个俱乐部成员的女朋友。过了一段时间，希拉里就成为了哈佛大学三年级学生杰夫·希尔兹的女朋友，接着她又结识了男友的朋友，没过多久，她就成为了男友所在的“哈佛书呆子俱乐部”的非正式成员。在与哈佛学生的相处过程中，希拉里学会了新的学习方法和辩论方法，正是这一段不寻常的学习经历，造就了希拉里后来的成功。

希拉里善于为自己创造一个良好的环境，努力结识比自己更优秀的人，在泡菜效应的影响下，她获得了成功。当大多数女生都和与自己水平相近的朋友们在一起对明星或者男生、美食或者时尚津津乐道，消磨时光的时候，希拉里却在和哈佛高材生们关于政治、理念、时事等各类深刻的问题展开激烈的讨论和辩论。因为所处的环境不一样，所以她们所受到的影响就不一样，希拉里的特殊能力正是利用这个环境逐渐积累起来的。

我们生活的环境就像是一个大染缸，很容易将形形色色的人同化在其中。当我们处于修心重德的环境中，我们就会受到身边人的言行教化，自觉地约束自己，使自己的身心都得到不断的长进；相反，假如我们处在道德颓废的环境中，我们就会受到身边消极观念的影响，随波逐流。因此，要想认清自己，有效地提升自我，我们应该选择一个良好的环境，这样我们的心灵才能够得到升华。

鬼谷子智慧

鬼谷子认为，与志同道合的人在一起，我们就会得益。在一个良好的环境中，我们自然也是受益多多。古人曰：“近朱者赤，近墨者黑。”当我们接近品性好的人时，可以使我们学好，心中不自觉地萌发出见贤思齐的想法；当我们接近品性坏的人时，就很容易变坏。

愚者易蔽，贪者易诱

夫仁人轻货，不可诱以利，可使出费；勇士轻难，不可惧以患，可使据危；智者达于数，明于理，不可欺以诚，可示以道理，可使立功；是三才也。故愚者易蔽也，不肖者易惧也，贪者易诱也，是因事而裁之。

——鬼谷子

鬼谷子认为，不能用金钱来诱惑那些仁人君子，因为真正的仁人君子必然不看重金银珠宝，反而可以让他们捐出资财；不能用祸患来恐吓那些勇敢的壮士，真正的勇士自然会轻视危难，反而可以让他们镇守危地；一个有智慧的人，通达礼教，明于事理，不可假装诚信去欺骗他们，反而可以给他们讲清事理，让他们建功立业。这就是所谓的仁人、勇士、智者的“三才”。所以说，愚蠢的人容易被蒙蔽，一个不肖之徒容易被恐吓，贪图便宜的人容易被引诱，所有这些都要根据具体情况作出判断。

鬼谷子赞扬世间的三才，即仁者、勇士、智者，而他认为贪婪的人贪得无厌，他们喜欢占便宜，经常在诱惑面前乱了阵脚。因此，对于生活中的我们而言，需要控制好自己的欲望，不计较得失，这样我们才会在人生的旅途中越来越快乐。

人们常说："好汉不吃眼前亏。"这些人总是不能容忍自己失去一点点，即便是蝇头小利，他也不允许自己罢手。结果，他们虽然暂时获得了小利，但却永远失去了成功。实际上，这些所谓"好汉"的想法是错误的，真正的好汉应该有着锐利的眼光，他们所关注的是最后的"获得"，而不是眼前的收获与利益，他们宁愿以暂时的失去换取永久的获得，这才是一笔划得来的交易。

那些鼠目寸光的人，他们不能吃眼前亏，心胸狭隘的他们不允许自己有一点点损失，若失去了，就处处较真，异常痛苦，势必要把自己失去的找回来。虽然，他们暂时赢得了小利，却永远地失去了更好的东西。那些真正的好汉，他们愿意吃眼前亏，视野辽阔的他们愿意以小失换大得，最后促成自己的成功。其实，凡事确实是这样，有时候，在眼前的不过是蝇头小利，即使你千方百计追寻到了，也不能铸就自己的成功。与其紧紧地抓住眼前的东西，还不如把眼光放长一点，放长线钓大鱼，这样我们才能收获更多的东西。

美孚公司闻名于全世界，当时为了占据中国这个极具潜力的市场，总公司决定在上海开设油灯厂。当时的中国还比较落后，绝大多数的中国人还不懂如何使用煤油灯。美孚公司的负责人在上海花了很长的时间，也使出来许多招数，但没有收到想要的效果。

后来，公司想出了一个决策：只要购买两斤煤油，就可以奉送刻有"请用美孚油"字样的煤油灯一盏。这个决策出来，很快取得了良好的效果。喜欢贪图便宜的中国人认为，两斤油本来不贵，还可以白捡一盏价格不菲的油灯，于是，购买煤油的人越来越多。只是短短一年，美孚公司就"赔"掉了80多万盏煤油灯，这对于公司来说是个不小的损失。然而，正是这80多万盏白送出去的煤油灯，起到了广告的作用，成了美孚公司取之不竭的财源。就这样，美孚公司迅速占领了中国的"洋油"市场，而且畅销几十年，获利无穷。

美孚公司甘愿吃亏，不惜赔出去80多万盏煤油灯，这在消费者眼里是"打着灯笼找不着的好事"，于是纷纷购买煤油，谁知，自己却给公司做了一个活广告，这就是典型的"小失换大得"。美孚公司放弃了眼前的利益而获得了长远的利益，小利变大利，利滚利，利翻利，先前看似赔本的“送油灯”决策，最终却为其带来了高额的利润。

2005年胡润百万富豪榜中，严介和以125亿元的资产位列中国大陆大富豪第二。然而，即便是如此成功的他，在发迹之前，也曾做过吃亏的事情。

在1992年的时候，严介和租赁了一家濒临破产的建筑公司。但是，他第一次接到的一项业务，居然是一个被承包商转包五次的建筑工程。他对那个业务进行了预测，立即傻眼了，如果自己接下了这个工程，至少得亏损5万元，这完全是一个没人敢接的工程，所以才落入自己的手中，是接还是不接呢？他陷入了沉思，因为自己没有后台也没有任何关系，在建筑业这个关系错综复杂的生态圈中，他只能得到这样的业务。于是，他决定接下这个业务，即使亏损也无所谓。当工程完成之后，验收部门不相信这样的亏本工程会有好的质量。但检测结果令人瞠目结舌，所有指标个个皆优。虽然，他亏损了8万元，但良好的质量却为他赢来了一笔又一笔的业务，最终，他成功了。

暂时舍弃眼前的小利益，虽然这会让自己有部分损失，但其实也打通了走向成功之路的大门。严介和以小失换取了大得，巧妙地做了一笔一本万利的生意。人生也是一样，虽然眼下的失去是一种损失，但之后你会收获更多的东西。失去也是一种获得，失去从表面上看是一种损失，但从长远来看，却是一种福气。

鬼谷子智慧

鬼谷子告诫，我们不要做一个喜欢占小便宜的贪婪之人，要学会不计较得失。在人生的路途中，有得有失，失去是为了更好的获得。这样想来，有些失去是必然的，这是不可避免的。当我们总想着获得的时候，我们必然会失去一些东西，然后才能获得一些新的东西。如果我们紧紧地抓住手里的东西，不想失去，那我们就没办法获得新的东西。

第十一章

决策之道——当断不断，反受其乱

鬼谷子认为，决策是万事万物的关键所在。事情到了发展的某些阶段，需要果断决策，抓住时机，一举成事。若当断不断，反受其乱。任何一件事情，决策之道都是最关键的环节之一，不容忽视。

善其用福，恶其用患

凡决物，必托于疑者，善其用福，恶其用患；善至于诱也，终无惑。

——鬼谷子

鬼谷子认为，凡是为他人决断事情，都是受有疑难的人委托的。一般说来，人们都希望遇到对自己有利的事情，不希望碰上对自己不利的事情，希望最终能排除疑惑。

那么，遇到了疑难之事我们又该如何处理呢？慢慢等待，灵活处理，这才是真正的决术。处世一定要“圆”，尤其是遇到疑难之事，更要以圆融为主。一个人如果太过方正，有棱有角，一定会撞得头破血流；反之，一个人若是八面玲珑，通达圆融，做事反而事半功倍。做事一定要灵敏通融，灵活应变，适时改变战术。

在日常生活中，若是遇到了疑难之事，须记住：万事急不得。越着急，就越有可能办砸事情。而且，如果你只想用一种方法就来解决棘手之事，那成功的几率是不大的。毕竟，棘手的事情所考验的是一个人的随机应变能力，如果你总是保持原有的方法，不着眼事情的变化，那极有可能会让事情朝着相反的方向发展。

胡雪岩第一桩生意的成功，可以说是“事缓则圆”的例子。当时，胡雪岩将在湖州收到的一大批新蚕丝运到上海，他没有像其他商家一样急于脱手。而且，胡雪岩本是借债做生意，钱庄刚刚开张不久，手头并没有多少可以周转的资金。当年的时局又极其混乱，按常理，他是应该急售，将蚕丝换成现银。

可是，胡雪岩就是胡雪岩，他不是别人，而是一代巨贾。他将那些蚕丝囤积了起来，等待更好的时机脱手。他考虑到：洋商所开出的价格并不理想，而且，为了控制丝价，须联合江南的丝业同行，时机尚未成熟。另外，胡雪岩本身实力有限，运到上海的蚕丝量少，仅仅凭自己一个人，还不足以与洋人讨价还价。

于是，在囤积蚕丝的过程中，胡雪岩开始联合同行商业，一点一点做进一步的工作。以他的做事风格，绝不会半途而废，他暂时压下一些资金来耐心等待，以待最好的价位。一方面，胡雪岩请熟悉洋务的朋友古应春与洋商谈判；另一方面，吩咐刘不才拉拢上海的丝业巨头，做好联络同行的工作。

到了年初，胡雪岩已经与上海丝商大户结成了丝业同盟，控制了一些散户。这时，洋商迫于江南丝业的压力，价格也开始松动，不过，胡雪岩觉得仍须等待，他依然观望着。就这样，胡雪岩一再暂缓，一直到了第二年新蚕丝上市，由于清政府需要在上海设立内地海关，同时增加了茧捐。迫于情势，洋商低头认输，开出了双方都能接受的价格。而胡雪岩一直拖延的生丝直到这个时候才脱手，这笔生意净赚18万，所得利润令人难以想象。

胡雪岩事缓求圆的经商之道，令其赚得了令人难以想象的利润，于此，也奠定了其在江南丝业中的地位。在生意场上打拼的人，都明白凡事需要耐心等待，等候最佳时机的到来。时机尚未成熟的时候，就草率行事，最后的结局往往是事倍功半，甚至无功而返。有时候，许多事情的失败就在于慌张、急于求成，如果在做事的时候暂缓一下，往往不至于如此。

俞万春在《荡寇志》中说："看来此事，事宽则圆，急难成效。"意思是，遇到了困难的事情不要操之过急，而是需要慢慢地设法应付，这样，事情才能得到圆满的解决。"事缓则圆"是一个人成长过程中需要不断修养的处世策略。

在这个世界上，大凡人、事、物，乃至各种现象，都有其成熟的时机，时机尚未成熟之前的等待，是很有必要的。诸如水果的成熟需要一定的时间，太早去摘取，其滋味总是苦涩。做事也是一样的道理，每件事都需要一定的过程才能变得更完美。

鬼谷子智慧

鬼谷子的权术给了我们这样的启示：事缓则圆，看似容易，做起来却很难。

遇到不明白的人，不要急着去弄明白，缓一缓，自然会明白了；想不通的事情，不要去想，缓一缓，自然就想通了；理不顺的事情，不要去理，缓一缓，自然就理顺了。其中所蕴含的哲理无非就是“缓”，遇到难事，暂缓一下，也许，你会有意想不到的收获。

决断之术，不偏有利

偏有利焉，去其利，则不受也；奇之所托。若有利于善者，隐托于恶，则不受矣，致疏远。故其有使失利者，有使离害者，此事之失。

——鬼谷子

在为别人作决断的时候，如果只对一方有利，那么没有利的一方就不会接受，这是因为依托的基础不平衡。本来任何决断都应该是对决断者有利的，但是如果在其中隐含着对决断者不利的因素，那么决断者就不会接受，彼此之间的关系也会因此而疏远，甚至还可能会遭遇灾难，这样对决断者就不利了，这样的决断是严重的失误，也是委托人与决断者都不希望发生的。

鬼谷子认为，决断者与委托人之间存在着一个冲突，那就是决断是否有利双方。如果要使双方之间不发生冲突，那就要细心决断，认真决断，缜密决断，这就是决断之术。孔子曾说：“乱之所生也，则言语以为阶。君不密，则失臣；臣不密，则失身；机事不密，则害成；是以缜密而不出也。”有时候，之所以发生混乱，主要是因为人们做事不谨慎。如果君主的言语不谨慎，就会失去有才能的臣子，如果臣子的言语不谨慎，就会招祸失掉生命；机密的大事不谨慎，就会造成灾害，因此，做事一定要谨慎，否则，悔之晚矣。

俗话说：“小心驶得万年船。”智慧的处理事情的方法是需要细心、冷静地研究，凡事多想一步，事情的胜算就会多一点。越是混乱的时候，越需要注意这一点。在做事的时候，需要将一切事情安排妥当，再借机行事，如此才能将事情做好。如果事先未能作好准备，在紧要关头出现了纰漏，那可是悔断肠也无用了。

公元208年，曹操率领大军驻扎在长江中游的赤壁，企图打败刘备以后，再攻打孙权。刘备采用联吴抗曹之策，与吴军共同抵抗曹操。当时，孙权和刘备兵力薄弱，而曹操兵多将广，处于优势位置。为此，诸葛亮和周瑜商讨破敌良策，两人不谋而合，都主张用火攻一举击败曹操。

可是，当一切准备工作都做好之后，周瑜却发现曹操的船只停在大江的西北，而自己的船只靠南岸。这时正值冬季，只有西北风，如果采用火攻，不但烧不了曹操的大军，反而会烧到自己的头上，只有刮东南风才能对曹军发起火攻。周瑜眼见火攻不能实现，急得口吐鲜血，人也病倒在床上。这时，诸葛亮前来探望周瑜，问道："你为何得病？"周瑜不愿说出实情，就说："人有旦夕祸福，怎能保住不得病呢？"

其实，诸葛亮早就猜透了他的心事，就笑着说："天有不测风云，人怎能预料到呢？"周瑜听到诸葛亮话中有话，非常惊讶，就问："有没有治病的良药？"诸葛亮说："我有个药方，保证治好您的病。"说完，就写了16个字，递给周瑜，这16个字就是"欲破曹公，宜用火攻，万事俱备，只欠东风"。

其实，诸葛亮预测到近期肯定会刮几天东南风，他对周瑜说："我有呼风唤雨的法术，借给你三天三夜的东南大风，你看怎样？"周瑜高兴地说："不要说三天三夜，只需一夜东南大风，大事便成功了！"

在"火烧赤壁"中，诸葛亮和周瑜这两个智囊不约而同地想到了火攻曹军，并做好了一切准备工作，等待时机的到来。而在这之前，诸葛亮又预测到了近期将有东南风刮过，火烧曹军自然是志在必得，而且，可谓是"天时地利人和"，也难怪，此次赤壁之战一举成功。诸葛亮谋事的机智和缜密在这里得到了集中体现，他大胆采用火攻之策——虽然火攻能一举歼灭曹军，但是若是不能借风，那自是枉然。对此，诸葛亮早就料到了将会刮几天的东南风，在如此周详的计划下，火烧赤壁才能成功。

做事是一样的道理，一件事情应该有详细的计划、缜密的思考，如此才能预料到事情发展过程中出现的问题，并及时地想好对策。否则，光凭着冲动与激情，事情只会失败而难以成功。

在现实生活中，许多人都是在事情开始之前考虑不周到，到事情发展至中途，才想到需要补救的措施，而这时候，事情的发展已经不受自己控制了。因此，为了避免这样事情的出现，我们做事情的时候就应该缜密一点。

鬼谷子智慧

鬼谷子认为，只有经过缜密思考的决断，才是决断者和委托人都满意的决断。因此，做任何事情都需要缜密。在生活中，有的事情是出乎我们意料之外的，事实上，每一件事情都是有它的变化的，没有一成不变的事情。因此，事情的变化将意味着我们思绪的变化，懂得灵活处理，事前多准备几个预备方案，即便事情有变，也会有好的安排。当然，要想做一件缜密的事情，还必须得有一个缜密的思维。如果一个人想事情总是那么一根筋，那他就很难想得周到。

微而施之，所能成事

圣人所以能成其事者有五：有以阳德之者，有以阴贼之者，有以信诚之者，有以蔽匿之者，有以平素之者。阳励于一言，阴励于二言，平素、枢机以用；四者微而施之。

——鬼谷子

鬼谷子认为，圣人主要是通过这五个途径来完成大业的：有的用阳道来感化，有的用阴道来惩治，有的用信义来教化，有的用爱心来庇护，有的用廉洁来净化。行阳道的圣人都是努力做到守常如一，行阴道的圣人则努力掌握好事物的两面。要在平时和关键时刻巧妙地运用这四方面，而且小心谨慎地行事。

在后面，鬼谷子强调了小心谨慎行事，其实，仅仅是决断才需要细心吗？非也，在生活中许多事情都需要细心。在生活中，做任何事情都一样，不能盲目，要先思而后行，才能在智慧的基础上加上自己的努力，从而到达胜利的彼岸。在大多数时候，许多盲目的行为，终会酿下苦果，甚至会让人付出生命的代价。俗话说："三思而后行。"意在告诉我们，做任何一件事情，都需要仔细考虑。慎重考虑清楚我们还没有预料到的事情，以防万一，这样我们才能更好地保全自己。

有一次，曾国藩坐着轿子正要出门，没想，听到帘子外有人叫自己的乳名："宽一！"他连忙叫轿夫停轿，看到来人他又惊又喜："这不是干爹吗？您老人家怎么到了这里？"说完，赶忙将干爹迎到了家中。

面对远道而来的干爹，曾国藩热情款待，不住地问家乡的情况，过了一会儿，因为公务在身，曾国藩安排好招待干爹的事宜，便先行离去。本是有事相求的干爹忍了几天后，终于找了机会将满腹委屈告诉了干儿媳。原来，老人家在家乡受了知府的欺压。儿媳妇安慰他说："不要担心，除非他的官比你干儿子大。"老人家听了，悬着的心放下了一半。

过了几天，夫人特意说起了干爹的事情，她劝曾国藩："你就给干爹写个条子到衡州吧。"曾国藩大声叹气："这怎么行呢？我不是多次给澄弟写信让他们不要干预地方官的公事吗？如今自己倒在几千里外干预了起来，岂不是自己打自己嘴巴？"夫人说："可干爹是个老实本分的人，你总不能看老实人被欺负，你得为他主持公道啊！"曾国藩思考了片刻，说道："好！让我再想想。"

第二天，曾国藩接到了奉谕升官，顿时，许多达官显贵都来庆贺，曾国藩将干爹迎到了上座，向大家介绍了他。这时，曾国藩拿出了一把折扇，说道："干爹执意要返回家乡，我准备送干爹一份小礼物，列位看得起的话，也请在扇上留下宝墨，以作纪念。"文武官员一听，都争相留名，不一会儿，折扇两面都写满了名字。干爹带着这把折扇回到了家乡，知府大人一看，气焰顿时矮了半截。

曾国藩为官一生，一直活跃在政治舞台上，伴君数十年仍然得以自保，这是十分难得的。正所谓“伴君如伴虎”，离上司越近，危险性就越大，自己的一言一行都需要特别注意。可是，数十年间，曾国藩却能成功自保，其主要原因就是他比较善于细心行事，哪怕是一件小事，他也会多想一步，这样一来，给自己留了足够的后路，自然就能保全自己了。

公元228年，诸葛亮发动第一次北伐战争。当时诸葛亮亲自率领着大军，从西路扑向祁山，由于魏国毫无防备，守在祁山的魏军纷纷败退。刚刚即位的魏明帝曹叡立即派张颌带领五万人马赶到祁山去抵抗，并亲自去长安督战。

马谡一直是诸葛亮信任的人，不过，刘备在去世时却看出马谡这个人不太踏实，他特意嘱咐诸葛亮：“马谡这个人言过其实，不能派他干大事，还得好好考察一下。”不过，诸葛亮并没有将这番嘱咐放在心上，这一次，他派马谡当先锋，守街亭。马谡当即带着副将王平来到了街亭，他对王平说：“这一带地形险要，街亭旁边有座山，正好在山上扎营，布置埋伏。”王平提醒说：“丞相临走的时候嘱咐过，要坚守城池，稳扎营垒，在山上扎营太冒险。”马谡却不假思索地拒绝了，根本不听王平的劝告。

没想到，这一不经思考的决定真的带来了恶果，街亭失守了，马谡虽然侥幸逃脱，但是，他最终难免处罚，诸葛亮自叹“用人不当”，只好挥泪斩马谡。

在这里，无论是诸葛亮还是马谡，都缺少了那么一点细心，最终酿成了大错。在生活中，当我们决定要去做一件事情的时候，需要思考这件事值得不值得去做，如果做了，对自己有没有好处，会不会有什么后果。同时，还需要考虑事情的下一步会发生什么，考虑利弊再衡量思路，作出更有利的选择。

鬼谷子智慧

鬼谷子的决断之术给我们这样的心理启示：在现实生活中，我们经常看到某些人做事风风火火，全凭着一股冲劲，做事从来不动脑子。这样的人虽然加快了做事的速度，但是他们却常常为自己的冲动而买单。细心行事，说起来很简单，想要真正做到却有些困难，在很多时候，急于成功和紧张的心理常常会使人们失去常态，甚至无法正确地判断自己的行为。因此，不管是大事小事，都应细心为主，谨慎思考，三思而后行，如此，事情才有可能会成功。

参之平素，可则决之

于事度之往事，验之来事，参之平素，可则决之。

——鬼谷子

鬼谷子认为，根据推测以往的事，来验证未来的事，再参考日常生活中的一些事情，如果分析认为可行，就作出决断。不管作什么决断，只要考虑好了就要当机立断，看准自己的目标，一举拿下。生活中，有的人常常优柔寡断，对作任何一项决定都犹豫不决。于是就在他犹豫的片刻，已经被别人占了先机，最终导致了事情的失败。如果将人们的行事作风比作下棋，每个人都有自己那一套的下法，但最令人讨厌的就是“悔棋”，走棋之前不仔细想一想，出麻烦了，方知走错了一步。

鸿门宴上，虽不乏美酒佳肴，却暗藏杀机。项羽的亚父范增一直主张杀掉刘邦，在酒宴上，一再示意项羽发令，项羽却犹豫不决，默然不应。范增召项庄舞剑为酒宴助兴，欲趁机杀掉刘邦，项伯为保护刘邦，也拔剑起舞，掩护了刘邦。在危急关头，刘邦部下樊哙带剑拥盾闯入军门，怒目直视项羽，项羽见此人气度不凡，只好问来者为何人。当得知为刘邦的参乘时，即命赐酒，樊哙立而饮之。项羽命赐猪腿后，又问能再饮酒吗，樊哙说，臣死且不避，一杯酒还有什么值得推辞的。

樊哙还乘机说了一通刘邦的好话，项羽无言以对，刘邦乘机一走了之。刘邦部下张良入帐为刘邦推脱，说刘邦不胜饮酒，无法前来道别，现向大王献上白璧一双，并向大将军范增献上玉斗一双，请收下。不知深浅的项羽收下了白璧，气得范增拔剑将玉斗击碎。

正是项羽在鸿门宴时优柔寡断，迟迟不肯开口， 导致他最终败于刘邦，自刎于乌江。如果项羽在鸿门宴时，能够果断地下决心，抓住机会杀了刘邦，那么历史就会被改写。

犹豫不决会让我们失去很多机会，当我们有了目标后，若还是选择犹豫不决，那无疑是自毁前程。有了目标，就应该果断地为之努力，并不断地坚定这个目标，千万不要犹豫，一旦你陷入犹豫的旋涡，你将会被吞噬。等你再次作出决定的时候，目标早已经变得模糊，这时候，你还能像当初那样意气风发吗？看准目标后，就要一举拿下，只有果断作出决定，目标才不会遥不可及，从而成为现实。在生活中，我们经常祝福朋友“梦想成真”，其实，这样美好的祝福一样适用于心中既定的目标，只要我们能果断地拿下目标，那么，成功又离我们近了一大步。所以，在现实生活中，若是认定了目标，就不要犹豫，否则，你将会丧失追逐目标的勇气。

1995年，马云受托去美国催讨一笔债务，结果，他一分钱都没有要到——但他发现了互联网。顿时，马云意识到互联网是一座等待开掘的金矿，在回到杭州之后，马云身上只剩下1美元和一个疯狂的念头：做互联网。

然而，当他把自己的目标告诉身边的朋友时，却遭到了朋友的一致反对，但是，马云并没有犹豫，而是坚定了自己的目标。在后来的四年时间里，马云舍弃了两次，这其中的艰辛可想而知，但是，马云的互联网目标却丝毫没有动摇，他再一次决定：回杭州创办自己的公司，一切从零开始。1999年4月15日，阿里巴巴上线，很快在商业圈里声名鹊起，马云开始在世界各地讲述互联网的梦想，著名的风险投资公司InvestAB的亚洲代表台湾人蔡崇信加盟到其中，随后华尔街多家公司向阿里巴巴投入了500万美元，一时之间，阿里巴巴声名大振，马云的目标实现了。

面对“创建互联网”这个目标，马云没有犹豫，而是一举拿下。如此的果敢精神，为他后来的努力提供了强大的精神支柱。当然，在确立目标的那一刻，你首先需要认定自己是否有足够的能力来达成目标。因为一个人应该首先认定自己有能力实现目标，其次才是用双手去建造这座理想大厦。

在实现目标的路途中，我们可能会遇到许多的困难与挫折，但只要你能坚定目标，那么，再多的障碍你都会跨过去。反之，如果你一再犹豫不决，那么，只会为你前进的道路制造更多的障碍，这样一来，目标定是难以实现的。

鬼谷子智慧

鬼谷子认为，只要你觉得一切都可以，那就决断。假如你觉得目标还可以，那就不要犹豫，一举拿下吧！有的人为自己确立了目标，但是，一旦旁边的人说些什么，他就开始反复思量自己的目标是否可行，这样一犹豫，当初那种为了目标而不懈努力的冲劲自然淡了下来。等到他再次认定目标的时候，心中的豪情壮志早已经消失得无影无踪了。因此，目标需要被认定，而且是毫不犹豫地认定，否则，你只会失去目标。

决情定疑，万事之基

故夫决情定疑，万事之基，以正治乱，决成败，难为者。故先王乃用蓍龟者，以自决也。

——鬼谷子

合情合理地解决事情，准确无误地确定事情的疑难，是所有事情的关键。而对于澄清动乱，预知成败这些非常难以做到的事情，古代帝王就用筮草和龟甲占卜的方式，来决定一些难以解决的大事。

鬼谷子认为，当遇到一些非常难以做到的事情，就让天地来定断，比如用草和龟甲占卜，这表现了一种遇事处变不惊的风度。生活中，面对任何事情，我们都需要多花一点心思，遇到事情有了变化，应保持从容不迫，灵活应付，否则，稍有不慎，就会在小风浪里翻了船。当然，这需要我们具备一份机智，一种从容不迫的心态。

在做事的准则上，需要保持“处变不惊”，即遇事泰然处之，所谓“船到桥头自然直”。有时候，我们会遇到疑难的事情，这时，大多数人会感到心慌意乱，不知道该怎么办，最后，事情似乎真的没有转机了。其实，遇事慌乱只会让我们的心境越来越乱，失去平和，以至于令你所作出的判断、决策都很不利于事情的发展。相反，若你能保持从容不迫，不慌不忙，镇定自若地处理疑难之事，那么，事情说不定还有转机，它会朝着好的方向慢慢发展。

所谓“山重水复疑无路，柳暗花明又一村”，在生活中，我们难免会遇到挫折与困境，甚至是毁灭性的打击，在这时，任何紧张、慌乱都是没有用的，于事无补。努力平复心绪，做到随机应变，才能变不利为有利，最后才能走出困境。有再大的事情发生，我们也要学会适应不可避免的事实，接受这一切。对于我们无法改变的事情，只有欣然接受，保持从容不迫的心态，慢慢去适应，不要为未来的事情担心忧虑，因为没有人会知道未来会发生什么。所以，多学习处事的泰然之道，遇到事情，不要杞人忧天，不要忧郁、不要紧张、不要急躁，乐观自信，处变不惊。

光绪八年，胡雪岩的生意受到了洋行和官场反对势力的两面夹击，似乎已经到了最危急的关头。在官场中，李鸿章与左宗棠一向不和，而胡雪岩则属于左宗棠的门下，不管是要军饷还是要粮食，只要左宗棠开口，胡雪岩都积极办理。李鸿章早就有剪除左宗棠羽翼的打算，于是，先拿胡雪岩开刀，暗中派人传出谣言，谎称胡雪岩的阜康钱庄内部空虚，信用不足。

由于外商联手对胡雪岩进行排挤，再加上四处散发的谣言，上海阜康钱庄总号出现了挤兑风波。这时，胡雪岩已经陷入了四面楚歌的境地，而恰在这关键时刻，胡雪岩女儿出嫁的吉期在即。按一般人来说，生意已经处于危机中，儿女的婚事不应过分铺张，尽量减少开支。就连胡雪岩身边的朋友也觉得，这场婚事既然已经定下来了，应该按风俗办，至于场面则不宜太大，只要女儿不委屈，大家都是可以理解的。

但是，胡雪岩却有自己的想法，他觉得越到这种时刻越不能松懈，否则，一切都前功尽弃了。于是，他像什么事情都没有似的，对家人说："既然是喜事，该怎么办就怎么办，再难也要将场面捧起来。"如此的泰然之势，平复了家人紧张的心境。以胡雪岩定下的宴请局面，至少需要二十万两银子。一旦无法将场面按计划办得红红火火，别人就会认为胡雪岩资金真的出现紧张，这对维持大局不利。

于是，到了女儿办喜事的那一天，胡府张灯结彩，轿马连连，有各式各样的灯牌、彩亭、仪仗，而帮忙办事的那些人全部是一色的蓝袍黑褂，挑夫则是蓝绸边红棉袄，十分有气派。

喜事过后，阜康钱庄依然开门，而胡雪岩在杭州所有的生意都风平浪静，钱庄的挤兑风潮似乎被这场平静的喜宴冲淡得一干二净。

面临阜康钱庄的挤兑风波，胡雪岩竟然能静下心来办喜事，这确实是一份难得的从容。所谓"船到桥头自然直"，着急有什么用呢，还是静下心来，该干什么就干什么，这样反而对事情有帮助。果然，泰然办喜事，胡雪岩在杭州的钱庄与药号都没受到上海挤兑风波的影响。正是因为他心绪平和，随机应变，最终变不利为有利，才使得他的生意在危机重重的时候支撑了下去。所以，遇事有变，泰然处之，方能变不利为有利。

在任何时候，一个人都需要冷静，需要淡定从容的心境，更需要缜密的思维和那份遇事不慌张的机智。尤其是在困难面前，平和的心态能够使人有条不紊、沉着地应对所发生的一切。所以，面对困难不要气急败坏，只有保持平和，才能让我们转败为胜。

鬼谷子智慧

鬼谷子的权术给予我们这样的启示：不管遇到什么疑难的事情，保持处变不惊的风度。弱者任思绪控制行为，强者让行为控制思绪。在困难面前，许多人容易心浮气躁，若进行了多次挑战都无法战胜困难，他们就会变得气急败坏，在心灵深处感到茫然不安，从而无法冷静地思考。

积极行动，速作决断

王公大人之事也，危而美名者，可则决之；不用费力而易成者，可则决之；用力犯勤苦，然不得已而为之者，可贵则决之；去患者，可贵则决之；从福者，可则决之。

——鬼谷子

鬼谷子认为，王公大臣的事，崇高而享有美名的，如果可以就作出决断；不用费力轻易可获成功的事，如果可以就作出决断；费力气又辛苦，但不得不做的，如果可以就作出决断；能消除忧患的，如果可以就作出决断；能实现幸福的，如果可以就作出决断。

人不能沉迷于美好和远大的理想之中，还应该付出比别人更多的努力。当我们发现一个良机的时候，就要敢于付诸行动，而不是犹豫不决。

确实，在这个世界上，许多伟大的成功者都属于那些敢想、敢做、敢成败的人，而那些所谓智力高超、才华横溢的人却始终犹犹豫豫、瞻前顾后，不懂得付出行动而最终一无所获。人们常说“高风险意味着高回报”，只有那些敢于冒险的人，才会赢得人生的辉煌。当然，那些面临风险依然可以果断作出决定的人肯定胆识过人，他们不仅拥有过人的胆识，而且始终将行动放在第一位，敢想敢做，逆流而上，结果往往获得了出人意料的成功。

有一天，一位园艺师傅向井植岁男说：“社长先生，您的事业如日中天，而我却像一只蚂蚁一样在地上爬来爬去，根本没有出息，什么时候我才能赚到钱呢，才能像您一样成功呢？”井植岁男说：“这样吧，我看你比较精通园艺，在我工厂边有几万平方米的空地，咱们合伙种树苗吧！那么，你告诉我，一棵树苗多少钱？”园艺师傅回答说：“40。”

井植岁男说：“那么以一平方米地种两棵树苗计算，扣除道路，如果是两万平方米就能够种植2.5万棵树苗，树苗成本是100万元，你算算，3年后，一棵树苗能卖多少钱？”园艺师傅回答说：“大约3000元。”井植岁男说：“那么，这样，那100万元的树苗成本与肥料由我来支付，你就负责浇水、除草和施肥，3年后，我们就有600万的利润，到那个时候，我们每个人从中各取一半。”那位园艺师傅听了吓了一跳，拒绝说：“哇！我不敢做那么大的生意，我看还是算了吧。”

一句“算了吧”让园艺师傅错失了一个成功的机会，或许，我们每天都在梦想着成功，然而，当自己有了好的想法，即将投入实践的时候，却没有勇气去尝试，心中有的只是对失败的顾虑，以致最后失去了成功的机会。巴菲特的投资事业告诉我们：成功是离不开行动力和勇气的，相比较智慧，我们更需要果断尝试。

在职场中，许多人想改变自己的处境，想比现在做得更好，甚至，梦想着做一番事业，但是，他们往往是有了想法却总是瞻前顾后，犹豫不决，以至于许多好的想法、计划都死于腹中，最后依然一事无成，在职位上平平庸庸地度过了一生。同样是一些敢想的人，他们没有犹豫，而是马上将自己的想法付诸于实践，最后，他们成功了。为什么会出现这样截然相反的情况，因为前者缺少了行动力，他们只愿意想，而不敢去做，因此，成功的机会总是与他们擦肩而过。

孔子说：“君子耻其言而过其行。”意思是说，君子认为说得多而做得少是可耻的，在现实生活中，总是有这样一些夸夸其谈的人，他们口若悬河，说尽了大话，到最后，一件事情都没有完成，给上司和同事留下“浮夸”的印象。一个人如果想要去做一件事，无论计划多么完美，倘若没有付诸实际行动，就不能体现出它的价值。

人们常常会陷入这样的境地：想得多，做得少。事实上，一旦我们大脑中有了灵感，就应该付诸于实践，现在就去，马上就去，“现在”这一词语可以推进成功，可是，“明天”“以后”“某一天”就代表着“永远也做不到”。

大多数聪明的人，他们遇事冷静，他们不想自己的智慧被淹没在平淡的日子里。因此，一旦他们脑中有了好的想法，总是敢于去实现它，无论最后的结果是成功还是失败，他们总是先做了再说。

鬼谷子智慧

在现实生活中，有许多人渴望成功，却从未想过自己应该下怎么样的决心才能获得成功。那些坐在办公室里无所事事的职员，永远都是等待机会自动来到自己眼前，幻想成功唾手可得，自己毫不费力。他们身上缺少强大的决心，缺乏行动力，只会在等待中碌碌无为地过一生。如果现在你的脑中有一些好的计划，那么，就应该对自己说“我现在就去做，马上开始”，而不是说“我总有一天会去把它完成的”。

第十二章

中经之道——将心比心，推己及人

中经之道，在于救人危难、给人教诲、施以大恩大德。通过广施恩惠，结交有识之士。在这个过程中，要将心比心，推己及人，凡事站在对方的角度，以此尊重对方，理解对方，便于更好地说服对方。

广施恩惠，救人于危

能言者，俦善博惠，施德者，依道；而救拘执者，养使小人。

——鬼谷子

鬼谷子认为，能言之士，能行善而广施恩惠，有德之人，按照一定的道义准则去救助那些被拘押的人，被拘押的人一旦被救，就会感恩而听命了。一个善于施恩的人，尤其是对于那些落难英雄，他能够以自己敏锐的眼光看出对方日后定有所作为。因此，他常常做的事情就是“烧冷灶、拜冷庙”。向他人多施恩情，对方定会对施恩者心存感激，而如果对方正处于落魄之际，这样的感激之情就更大。

于是，“烧冷灶、拜冷庙”成为了人们建立人脉关系的必经之路。俗话说：“山水轮流转，三十年河东，三十年河西。”一个做大事的人应该有长远的打算，不仅仅需要储蓄钱财，更要为自己储蓄人脉。当年的“冷庙”变成了热庙，对方自然会因为你当年的参拜而对你刮目相看，而且，他不会把你当作趋炎附势之辈。在日常生活中，要想建立广阔的人脉关系，就应该学会施恩，经常联络感情，送些礼物；即使面对一个陌生人，我们也要施以恩情，谁知道他会不会是一名大人物呢？尤其是那些怀才不遇的人，虽然此时对方无权无势，但等到他一朝发达的时候，便是你收获之际。

其实，早在胡雪岩十五岁的时候，他就懂得了施恩，而且，从中收获了不少。

有一年，一位金华的客商来胡雪岩打工的杂粮行谈生意，可是刚到了大阜就病倒了，由于他在大阜举目无亲，没有人照顾，而拖着病体又回不了金华，心里十分着急。胡雪岩是一个善良的小伙子，他知道这件事以后，就赶到那人的病榻前，一连几天给他端药送饭，忙前跑后，照顾得十分周到。就这样，在胡雪岩的精心照料下，客商的身体痊愈了，对此，他十分感动，主动问起了胡雪岩的事情。后来，为了报答胡雪岩照顾之恩，他好心建议："我们那里比大阜好玩得多，你随我一起到金华如何？"因为金华火腿行比杂粮行规模大得多，所以可以说胡雪岩的施恩为自己赢得了人生的一个转机。并且，十年后，也是因为这样的施恩，让胡雪岩结识了对自己一生有恩的贵人——王有龄。

离开杂粮行后，胡雪岩几经周折，在杭州钱庄当起了学徒。这年夏天，胡雪岩在一家茶店里碰到了一位落魄的青年，在交谈中得知对方叫王有龄，是一位候补盐使，此时正打算北上"投供"，加捐做官，可是，自己贫困潦倒，没有亲人，如今只能泡在茶馆里打发时光。

胡雪岩了解到这样的情况后，心中有了主意，他看准眼前的王有龄绝不是等闲之辈，如果自己帮助他进京投供，定会赢得对方的感激。那么，日后他有了出息，肯定会帮助自己飞黄腾达。虽然，当时的胡雪岩只是一个小伙计，手里并没有多少钱，但是，他毫不犹豫地将刚收回来的五百两银子押在王有龄身上。接过胡雪岩递过来的银票，王有龄又惊又喜，感激涕零，将胡雪岩当成了自己的大恩人，有了银两，他第二天就起程去京城了。

后来，胡雪岩得到了王有龄的帮助，成为了商场上呼风唤雨的人物。

胡雪岩的两次施恩都为自己换回了丰厚的回报，实际上，这只不过是胡雪岩积累人脉事迹的其中一二而已。其更为智慧的是，他大多选择那些落难中的人，因为他知道，对这样的人施恩，所激发的感激力量将会更巨大。比如，王有龄在得到胡雪岩的帮助后，将其视作自己的大恩人。后来，王有龄为官后，胡雪岩不再做钱庄的小伙计，而是自立门户，贩运粮食，官商联合，如鱼得水，事业也日渐发达，这就是其人脉资源的丰厚回报。

一个大雨的下午，一位老妇人走进了匹兹堡的一家百货公司，漫无目的地闲逛着。售货员看得出她并不想买东西，大家都自顾自地，有人忙碌着，有人闲聊着，没有一个人去搭理她。这时，一名年轻的店员向前，礼貌地和老妇人打招呼，询问："您是否需要服务？"老妇人坦率地告诉年轻的店员，自己进来只是为了躲雨，并不打算买任何东西。年轻店员听了，微微一笑，说道："即便如此，您仍然很受欢迎。"两人闲聊了起来，眼看天色越来越晚，可大雨丝毫没有停下来的意思，望着窗外的大雨，老妇人微微皱眉。年轻店员从柜台里拿出自己的雨伞，对老妇人说："您先拿去用吧，我下班比较晚，说不定那会儿雨已经停了。"老妇人推辞，年轻店员却执意将雨伞递给老妇人。

过了几天，这位年轻的店员早已经忘记了这件事。有一天，他突然被公司老板叫到办公室，老板将一封信递给他。这封信正是那天到公司避雨、自己赠送雨伞的老妇人写的，她要求百货公司派这名年轻店员前往苏格兰，代表该公司接下一所豪华别墅的装潢工作。当年轻人接下那笔巨额交易的工作后才知道，那位老妇人是美国钢铁大王卡耐基的母亲。

生活中一个不经意的援助，使得年轻的店员得到了丰厚的回报，其实，这也是建立人脉关系的方法。虽然，这样的方法看似有点像朝着大海撒渔网，不过，运气好的话，你有可能会网住一条大鱼，就如这位年轻的店员一样。

恩情，并不在乎大小，而在乎心诚，如果你本身就是一个善良的人，那么，恩情就会从你的言行中自然而然地弥漫出来。凡事多施以恩情，令他人心存感激，那么，你的人脉资源就会越来越丰富。

鬼谷子智慧

在生活中，我们要深谙建立人脉关系的智慧，多烧冷灶，多拜冷庙，令他人对你心存感激。当然，广施恩情，并不是说需要我们做作地对他人施以恩情，而是要我们内心怀着这样一份情感。对于我们来说，心中要常怀恩情，哪怕对一个素未谋面的陌生人，也应心怀仁慈，或许，他就是你人生中的大贵人呢！

见形为容，象体为貌

见形为容，象体为貌者，谓爻为之生也，可以影响、形容、象貌而得之也。

——鬼谷子

鬼谷子认为，所谓“见形为容，象体为貌”，是因人而变化的人的行为，可以影响形容和相貌。在婴儿时期，我们的脸没有经过雕琢，不知道长大后会变成什么样子。在走过了青春，步入成年之后，我们的脸型固定了下来，那些岁月慢慢地在脸上留下了印记。脸型，不仅记载了我们的过去，也似乎代表着我们美好的未来。在这个世界上，并没有两张完全相同的面孔，即使是常人不能分辨出来的双胞胎，经过精密的肌肉测定，也可以找出其中的差别来。

虽然如此，我们还是归纳出一个分类的标准，有的人脸方，有的人脸圆，有的人呈倒三角形等，这就是脸型。脸型决定于颊骨、颚骨与肌肉的纹理以及结构，因此，自古以来，脸的形状就被用来当作判断命运、性格的重要依据。在这个世界上，许多民族都有自己的一套观相方法，连研究脸型的人类学家也相信，不同的脸型通常显示不同的性格。如此看来，有时候，通过面相识人更是存在一定的合理性，下面我们就说说面相识人的故事。

陈诚出生于书香门第之家，父亲是前清的秀才。后来，陈诚进入了保定陆军军官学校，毕业后被派到了浙江的一个陆军师任下级军官。在黄埔军校建立的时候，他被调到军校担任带兵官。到了黄埔军校后，陈诚决定干出一番事业来，他很想表现自己，展现才能，但是，由于其身材矮小，其貌不扬，刚开始的时候，蒋介石并没有看中他。

有一天晚上，蒋介石查哨，无意中看见房间里有微弱的灯光，他以为是学生兵不按照作息时间休息，十分生气，立即开门，准备训斥一顿。推开门正要发火，他却镇住了，原来，陈诚正点着蜡烛，借助微弱的灯光看书，蒋介石以为是小说，拿起来一看，却是《三民主义》，便立即转怒为喜。再看陈诚，只见他虽其貌不扬，但五官端正，眉宇之间更是透出了一种灵气，神态自若，并没有因为校长夺书而惊慌失措。于是，他便询问了起来："你是哪里人？"陈诚回答说："我是学生陈诚，浙江人。"蒋介石听后不动声色，只是嘱咐他好好休息就离开了。次日，蒋介石宣布："炮兵区队队长陈诚，发奋刻苦，精神可嘉，特提升为少校炮兵队长，以资鼓励。"听了此等奖励，陈诚既惊喜又激动。

在这里，陈诚虽然其貌不扬，但五官端正，眉宇之间更是透露出了一股灵气。因为如此，蒋介石通过面相而识人，并决定重用此人。美国总统林肯说："人生到了四十岁，就必须对自己的脸负责。"其实，脸型除了记录喜怒哀乐，也印刻着一个人的性格，从面相窥探其性格，这并不是没有任何根据的。

毕加索和勃拉克都是伟大的艺术家，也是形影不离的好朋友。有一天，勃拉克很沮丧，他的一幅画因为颜色问题作坏了，他害怕人们会对那一幅画评价不好，就一个人自言自语道："真想把这幅画毁掉。""别，别毁了它。"毕加索眯着眼睛，在那幅画前走来走去，嘴里还不停地赞美："这幅画真是太棒了！"勃拉克开始有点半信半疑："真的吗？"因为毕加索是自己最好的朋友，又是艺术界里的行家，毕加索的话让勃拉克相信了。"当然，你把它送给我，我拿我的另外一幅画与你交换，怎么样？"毕加索很肯定地说。最后，毕加索与勃拉克交换了画。

几天后，一些朋友去勃拉克的画室，他们看到了毕加索的那幅画挂在一个比较显眼的位置。勃拉克非常激动地说："这是毕加索的作品。他送我的，真是美极了！"这些朋友同时也去了毕加索的画室，他们惊奇地发现了勃拉克的那幅画，而毕加索语带不屑地介绍："你们看看，这就是勃拉克画的东西。"

毕加索的言外之意就是："勃拉克的画算什么东西，怎么能跟我的画相提并论！"我们再仔细比较一下，毕加索前后态度的变化。毕加索眯着眼睛，在勃拉克那幅失败作品前踱来踱去，大加赞赏的行为是不是太做作了呢？毕加索和勃拉克本是一对好朋友，可是，勃拉克对毕加索却是"知人知面不知心"，你把他当朋友，他却在背后奚落你，错识人心，使得自己失去了交际中的主动权，处处陷于被动。

鬼谷子智慧

在生活中，我们经常会碰到这样的人：平日里对自己很关心，实际上却是别有用心，而我们却常常为他们的外表所蒙骗，等到醒悟的时候，已经为时晚矣。所以，我们要学会识人心，知人知面更知心，洞悉对方心中的真实意图，使得自己能够及时掌握交际的主动权。

闻声和音，识言外意

闻声和音，谓声气不同，则恩爱不接。

——鬼谷子

鬼谷子认为，“闻声和音”，即判断听到的声音是否与之相合，也是一种识人的方法。如果说人与人意气不相投，也就不接受对方的恩爱友好。熟悉声乐的人应该明白，声和音是两个不同的概念。音是声的余波、余韵，两者之间相差不远，但在它们之间还是存在着细微的差别。在平时生活中，大部分人说话，只不过是声响散布在空气中而已，没有音可言。当然，如果说话的时候，虽然嘴巴张得很大，但声未出而气先发，那就表示对方有着深厚的内在素养。一个人的喜怒哀乐，是可以通过音色表现出来的，即使对方很想掩饰自己或者控制自己，但其内在情绪还是会不由自主地泄露出来。所以，我们通过音色来识别一个人的性格及内心世界，是比较可行的方法。

在西晋的时候，王湛的父亲去世了，他居丧三年，丧期满了，就居住在父亲的坟墓旁边。侄子王济来祭扫祖坟，从来不去看望叔父王湛，两人偶然碰到了一起，也是寒暄几句就作罢。

有一次，王济试探性地问了叔父最近的事情，王湛回答时音调适当，音色温顺流畅。王济听了，大吃一惊，在他看来，叔父在之前不过是胆小怕事、缺乏主见、意志软弱之人，没想到，现在变得如此稳重。在这之前，由于王湛的品性，王济从来不把他当叔父看待，自从这次听了他的言谈后，心中生出了敬畏之意。自己虽然才华出众，但在叔父面前，却是自愧不如。王济不禁感叹："家里有名士，三十年来却不知道！"

以前，晋武帝每次见到王济，都会拿王湛开玩笑，问他："你家里那位傻子叔父死了没有？"每到这时，王济总是无言以对。自从与叔父畅谈之后，王济对叔父有了新的认识，等到晋武帝再那样问起的时候，王济便回答说："臣的叔父并不傻。"接着，王济便如实讲出了王湛的优点。晋武帝问道："可以和谁相比呢？"王济回答说："在山涛之下，魏舒之上。"由于王济的推荐，王湛的名气逐渐大了起来，被天下人所知。

心理学家认为，说话速度较慢、音色温顺平和的人，他们对于权力都看得很淡，过着与世无争的生活，比较容易与人相处。不过，由于个性比较软弱，胆小怕事，对于外界的人和事都采取逃避的态度。不过，这样的人有着丰厚的内在素养，若是有人在旁边提携一把，他会成为一个大有作为的人物，比如王湛。

当吕不韦命令人编撰好了《吕氏春秋》后，他召集了包括李斯在内的很多人举行了一次盛大的聚会。在一片笑容之海中，吕不韦面带笑容，慷慨言道："东方六国，兵强不如我秦，法治不如我秦，民富不如我秦，而素以文化轻视我秦，讥笑我秦为弃礼义而上首功之国。本相自执政以来，无日不深引为恨。今《吕氏春秋》编成，驰传诸侯，广布天下，看东方六国还有何话说。"字字掷地有声，百官齐齐喝彩。

之后，吕不韦召士人出来答谢，吕不韦也坦然承认，这些士人是《吕氏春秋》的真正作者。李斯发现那些士人精神饱满，神态倨傲，浑不以满殿的高官贵爵为意。在他们身上，似乎有着直挺的脊梁，血性的张狂。当时的《吕氏春秋》中记载："当理不避其难，临患忘利，遗生行义，视死如归。""国君不得而友，天子不得而臣。大者定天下，其次定一国。""义不臣乎天子，不友乎诸侯，得意则不惭为人君，不得意则不肯为人臣。"

李斯看着那些强悍的将士，聪明的他猜出了吕不韦的弦外之音："哪怕有一天我吕不韦失去了天下，但是只要有这些英勇的将士，谁也别想轻视我。如果你想和我作对，还是好好考虑再作打算吧！"于是，李斯当即陷入了沉默，不再言语。在这里，吕不韦虽然是笑容满面，声音也很正常，但从那平稳的语调中，却透露出一种胁迫的力量。

鬼谷子智慧

曾国藩说："辨声之法，必辨喜怒哀乐。"一个人的七情六欲、喜怒哀乐都可以从声音中听出来。所谓"话由心生"，心境不同，发出的"声"也会有很大的不同。在人际交往中，我们时常会遭遇这样尴尬的场面：对方明明是一张笑脸，却转眼变成了黑脸。究其缘由，就在于我们没能适时听出对方的"弦外之音"。

缀去之语，使其怀念

缀去者，谓缀己之系言，使有余思也。

——鬼谷子

鬼谷子主张，对于即将离开自己的人，说出真心挽留的话，以便使对方留下回忆与追念。

在领导所有的工作中，还包括面对即将要辞职的员工。有时候，明明感觉他是不错的人才，可是突然有一天他递上自己的辞职申请，你才意识到这么优秀的人才就快要走了。其实，每一位领导都是“伯乐”，他自然希望自己手下的“千里马”越来越多。

在《三国演义》中，曹操一向是“求贤如渴”的人，尤其是对刘备结拜兄弟关羽的爱惜。为了挽留关羽，他不惜赐金银、府邸于关羽，还把吕布的赤兔马赏给了关羽，甚至答应了关羽的“约法三章”这样刁钻的要求。他的目的就是希望得到关羽这样的悍将，不过后来关羽还是回到了刘备身边。曹操那份挽留关羽的急切心情，相信和每一个领导在挽留优秀的员工时是一样的。那么，作为一个领导，该如何来挽留要辞职的员工呢？

1.马上作出反应

领导在收到员工尤其是关键员工的辞职报告后，一定要在最短时间内作出反应。在这样关键的时刻，任何延误都将会使员工辞职的决心更强，令你挽回的可能性更小。领导立即作出反应，这样做主要有两个目的：一是向辞职员工表明在你的心目中他比日常工作更为重要；二是在员工最后下定决心前，争取最大的机会去改变员工的想法。如果你能快速作出反应，那么主动权就掌握在你的手中。

2.封锁消息

当你收到员工的辞职申请后，你应该将员工辞职的消息严密封锁或尽最大可能缩小在最有限的范围内。因为对每一位员工来说，自己已经提出了辞职，如果经过你的劝说，他考虑今后继续留在公司，那么辞职消息的公开就会成为一个障碍，而这个障碍会影响他改变主意的决心。如果其他员工不知有人辞职，一方面可以避免辞职员工今后面对公开反悔的尴尬处境；另一方面也可避免员工辞职给企业带来的负面影响。

而对企业来讲，在辞职消息公布之前，将更有回旋的余地。企业的最高管理层一定要明确哪些层次的员工提出辞职后要在最短时间内通知他，不管身在何处或者是正在做什么，以便共同商讨并及时做出挽回方案。

3.和员工谈心

这时候，领导应该立即约好辞职员工，找一个环境比较幽雅的地方进行交谈，交谈的主要目的是为了确定员工辞职的真正原因。领导应该仔细聆听，不管是非企业因素，如读书、异地搬迁、出国等，还是企业因素，如工作环境、待遇、人际关系、工作节奏、企业或个人的发展前景和机会等。另外，你要尽最大可能了解清楚到底是什么样的企业，为他提供了什么样的诱人条件，致使他提出辞职。这也是随后说服员工改变主意或制订挽留方案的关键，领导要了解员工辞职的真正原因，即使了解的内容中有对其他经理或辞职员工主管的微辞。

4.制定挽留方案

在了解完所有的情况之后，你需要在企业政策和资源许可的范围内针对了解到的员工辞职的原因制定一个挽留方案。一个有针对性的成功的挽留方案必须包括两方面的内容：

一是要有针对性地切实解决那些令其辞职的问题，管理者一定要找出并确定员工众多辞职原因中的主导原因。只要找到主导原因并给予解决，其他次要原因就基本能迎刃而解。

二是，如果是因为企业元素使他辞职，需要及时沟通，你要从第三者角度与员工一起分析现在所在企业和下一个企业各自的强项与弱项。

为达到挽留的目的，有针对性的挽留方案应在员工提出辞职后的48小时内“出炉”。同时企业最高管理层应对公司的总的留人方案进行检讨，并且立即修订公布。这样可以消除辞职员工的怀疑，增强他留下的决心。作为领导要竭尽全力，赢回员工：

首先，你的快速反应使辞职员工明白自己的离职是很大的一件事；

其次，你应该真诚地向员工表达他的留下对企业是重要而有意义的；

最后，你应该表示企业正在着手落实解决引起辞职的一些企业因素。

5.通过亲人朋友劝留

如需要或合适，你和公司相关管理人员可以邀请辞职员工在下班后去外面餐厅用餐。如果该员工的亲人或者朋友也在本公司，那么应邀请其亲人、朋友一同参加，并向他/她作好必要的游说工作。

6.帮助员工解决问题

如果你制定的挽留方案及时并确实纠正了令员工心猿意马的问题，那么，对这位辞职员工的挽留基本能获得成功。即使员工辞职的主要原因是企业本身因素造成的，但在多数情况下，这些企业因素会被放大，尤其当员工找到了新的工作、新的企业又能提供或满足员工相应的要求和条件的时候。所以公司应该致力于消除长期问题的根源，慎重对待辞职员工提出的意见，并且马上着手解决，当他所担忧的问题解决了，那么他通常就会留下来的。

7.说服员工拒绝挖角公司

最后领导还应该说服员工，让他及时给他的下一家企业打电话，回绝对方提供的工作，这样做对三方都有利。同时还需要员工坚定地向挖角公司表明，不希望再讨价还价或继续商量，他将继续留在本企业，他的决定是最终决定。这样一方面可以阻止那家公司再来劝说员工，另一方面可以防止那家公司再来挖走企业的其他员工。

实施了以上这些措施之后，领导者要静下来仔细思考，如果员工是因为企业本身的原因而辞职，那么就应该思考如何解决那些员工担忧的问题。只有做好防患于未然的工作，才是挽留员工的最好办法。

鬼谷子智慧

面对一个即将离去的优秀员工，每一位领导都会使出自己的浑身解数去挽留他。可是在这关键的时刻，很多领导往往不得要领，也许员工本来还对公司有几分留恋，结果一次谈话下来，却让员工更加义无反顾、头也不回地走了。

静坐常思，莫论人非

却语者，察伺短也。故言多必有数短之外，议其短验之。

——鬼谷子

鬼谷子认为，“却语”即在暗中观察他人的短处。因为人言多时，必有失误之处。即便别人有短处，也需做到静坐常思，莫论人非。

在生活中，大多数人总会有这样一个通病：关注自己太少，关注别人太多，而他们所关注的恰恰是别人的隐私。不可否认，好奇是人的天性，每一个人都有窥探别人隐私的欲望。但是，在人际交往中，那些所谓的秘密，还是少知道、不知道为好，尤其是别人的隐私。将那些四处打听别人隐私的精力和时间花在关注自己的身上，看看自己是否工作退步了，是否生活颓废了，如此，你的心灵才会得到前所未有的释放。

如果你知道了他人的隐私，与此同时，你也就有了保守别人隐私的责任。那些告诉你秘密的人对你也多了一份顾虑，担心你会将他的隐私泄漏出去。如果有一天秘密被泄露出去了，即使你根本没有说过，也脱不了泄密的嫌疑，你将成为被唾弃的对象。而且，一旦你陷入窥探别人隐私的泥潭中，你将会千方百计地打探别人的隐私，甚至会为某些无意中得到的小道消息而睡不着，纠结、兴奋、痛苦，心里有一种说不清道不明的滋味。然而，你的心灵已经承担了重负，无法轻松起来。

阿美是出了名的大嘴巴，她总喜欢跟自己的好朋友分享一些“新闻”，那些新闻也就是谁又离婚了、哪位同学又傍了个大款、谁的老公在外面又有外遇了。阿美总是热衷于这样的话题，似乎看着别人家庭的不幸就是自己最大的快乐。只要一有风吹草动，阿美就急忙约上闺蜜一起谈论这些事情，并在一起进行讨论、分析。

有一次，她在外面喝茶的时候，偶然看见办公室同事琳琳的老公正与一位年轻貌美的女子喝茶。阿美想起琳琳平时总是心高气傲，还逢人就夸自己老公如何如何能干，现在看到她老公做出这样的行为，阿美不禁暗暗发笑。次日上班的时候，大嘴巴的阿美就跟办公室的同事分享了这一“新闻”，正在大家说得津津有味的时候，琳琳脸色阴冷地走了进来。原来，琳琳在卫生间的时候，正巧听到了阿美跟同事说起这事，到了办公室，又听见阿美更加放肆地谈论此事，本来心气就很高的琳琳怎么能容忍整个办公室的人都在谈论自己老公的桃色新闻呢！

琳琳当天就请假回家了，之后一直没有来上班，有人说她辞职了，也有人说她离婚了。而办公室的同事看见琳琳的遭遇都对其报以同情，而对谈论他人是非的阿美就开始敬而远之了。

像阿美这样总是关注他人的隐私，喜欢在别人背后说三道四的行为，无疑是让身边的人十分憎恶的。相较之下，一个沉默无言的人和那些口若悬河、满嘴流言蜚语，甚至口出是非之言的人，前者能很好地融入人际交往中，而后者则会成为大家厌恶的对象。

如果你想在人际交往中成为一个受欢迎的人，那么，学会关注自己，千万不要去关注或谈论他人的隐私。不该打听的事情不要去打听，不该说的话千万不要随便乱说，尤其是他人的隐私问题，更需要谨慎对待。即使是你无意中听到了他人的隐私，你也不要到处张扬，更不能逮着一个人就说，每个人都需要有一个自由空间，你的尊重也会换来他对你的信任。

小松性格比较内向，平时在公司也不善言辞，似乎都快被上司和同事忽略了。他倒是自得其乐，总是一个人默默无闻地坐在办公室的角落，只专注于做好自己的分内工作。

这天，他把手上的工作做完时已经过了下班时间了，偌大的办公室就只剩下他一个人，他一边收拾东西一边哼着歌。突然，他想起有一份重要文件还在里面的办公室里。于是，他轻轻地推开了主管办公室的门，门一下子就推开了，他却站在门口惊呆了。办公室里，主管正亲热地搂着助理，小松手足无措，愣了一会，飞也似的逃离了办公室。

第二天，小松装作若无其事地来上班，他一向不喜欢去打听别人的隐私，即使无意中看到了，也会缄默不语，而他现在最关心的就是自己那尚未完成的工作。在办公室碰到主管和助理，他像什么事情都没发生过一样。

过了几天，办公室并没有出现什么样的流言蜚语，主管也开始重新审视小松的工作能力，并开始慢慢重视她。

虽然小松无意中知道了主管和助理的隐私，但是他并没有把自己的所见所闻告诉其他同事，而是选择了沉默，全身心关注于自己的工作。其实，道理就是这样，有那么多空余的时间去打听别人的隐私，还不如将那点时间充分地利用起来，用在工作上、学习上，那未尝不是一个好方法。

鬼谷子智慧

喜欢在背后论是非的人，尽管对别人能够明察秋毫，但对自己却没有一个清醒的认识。越是喜欢论人是非的人，其本身也越存在许多缺点，然而这些人从来不作自我批评，完全忽略自己的缺点。学会关注自己，而关于他人的隐私，即使你无意中知道了，最好的方式是三缄其口，把别人的隐私永存心底，把它忘了也未尝不可。

仁义之道，以德服人

守义者，谓守以人义。探心在内以合也。探心深得其主也。

——鬼谷子

鬼谷子认为，“守义”即自己坚持仁义之道，并用仁义探察人心，使对方从心底里广行仁义。世上的君子，只要专心于修养自身品德，那么自然能够公正地辨别是非好恶，就好像对待自己那样对待他人，将国事像家事一样关心，把天地万物看作一个整体，从而求得天下的大治。

德，即品德和修养，包括为人正直、善良、诚恳，又具有强烈的责任心、进取心和事业心；才，即知识和才能，这些往往是通过学习而积累起来的。自古以来，为政者大都看重一个人的道德，更是讲究以德服人。尽管人人都向往德才兼备，但是，当两者之间有所缺失的时候，则应以德为先。对此，闻名世界的实业家马歇尔·菲尔德曾说："对于一个初出茅庐的年轻人而言，做人的首要品质是诚实、勤奋、敬业和正直。这些品质比什么都重要，它们是任何时代都不能缺少的，一个人如果没有这些品质，必定是一事无成。"

久负盛名的杜邦公司曾经在一次面试中遇到了一位特别的年轻人，当然，这位年轻人最终成功被录取。

当时这位年轻人在争取一个杜邦工作的机会，尽管他条件比较优秀，但是在最后一轮面试的时候却遗憾地被淘汰了。尽管他心里十分难受，但是他并没有像其他人一样将沮丧的心情表现出来，而是很有礼貌地向面试官表示感谢。

就在他打算起身离开的时候，椅子上一个突出的钉子将他的裤子划了一道小口子，其实面试官并没有发现这个情况。不过这位年轻人还是走上前，拿起桌子上的镇尺，把那颗突出的钉子给钉了回去，然后向面试官鞠躬，转身离开。

面试官发现这个情况，及时拦住了他，询问道："为什么你都已经知道被淘汰了，却还在乎椅子上一颗小小的钉子呢？"年轻人不以为然地说："这和面试没有关系，我只是不想让后来的面试者坐在这把椅子上时，像我一样把裤子划破了。"

听到年轻人的话，面试官赞许地点点头，当即握着年轻人的手说："恭喜你，你被录取了！"年轻人非常惊讶，以为自己听错了，这时面试官解释说："专业知识欠缺并不可怕，这完全可以通过努力来弥补，但职业道德是一个员工最宝贵的素质，这才是我们最需要的。"

才能是可以通过后天的学习弥补的，但一个人的德行却是不容易改变的。一个人缺乏德行，就是一个潜在的危险，哪怕颇具才干，也未必能为社会作出积极的贡献，更有甚者，其对社会的危害，只怕难以想象。比如英国巴林银行的破产，就是源于一个品德低劣的员工肆意挪用了巨额资金而造成的。

唐太宗李世民，可谓是一代明君，不过他有时也会重才轻德，偏听偏信。在他晚年时期，误用了有才无德的兵部尚书侯君集。当侯君集带兵攻破高昌的时候，私自谋取了不少的金银财宝。但是，唐太宗认为他战功卓越，继续加以重用。最后，侯君集走上了与太子勾结谋反的道路。而唐太宗因用人不当，只能自己吞下这枚苦果，最终元气大伤。

在现代社会中，德行决定了人在职业生涯中的方向和地位，德行就好像火车的方向、路轨，而才能就如发电机，假如方向、路轨偏了，发动机的功率越大，所造成的危害也就越大。一个人如果忽视了德行的潜修，过分地注重技巧、谋略和手段，这样的人即便才能卓越，也往往郁郁不得志。

有一天夜里，已经很晚了，一对年老的夫妇走进了一家旅馆，他们想要一个房间，前台侍者回答说："不好意思，我们的旅馆已经客满了，一间空房也没有剩下。"但是，看着老人疲惫的眼神，侍者同情地说："但是，让我来想想办法……"不一会儿，侍者领着老人走进了一个房间，侍者有些不好意思："也许，它并不是最好的，但现在我只能做到这样了。"老人看着这间整洁而干净的屋子，心情愉快地住下了。

第二天早上，当老人来到台前结账的时候，侍者却对他们说："不用了，因为我只不过是把自己的房间借给你们住了一晚而已，祝你们旅途愉快！"原来，那位好心的侍者一晚没睡，把自己的房间让给了老人住，自己则在台前值了一个通宵的夜班。两位老人很感动，对侍者说："孩子，你是我见过的最好的旅店经营人，你会得到报答的。"侍者笑着说："这算不了什么。"他将老人送出门，转身就忙自己的事情了。

没过多久，侍者接到了一封信函，里面有一张去纽约的单程机票，并有简短附言，聘请他去做另外一份工作。侍者乘飞机来到了纽约，按信中所标明的路线来到了一个地方，抬头一看，一座大酒店就在自己的眼前。原来，那对老人是亿万富翁，他们为侍者买下了这座大酒店，深信他会经营管理好这个酒店，而那个侍者成为了希尔顿酒店的首任经理。

德行对于侍者来说，并不是闲置的装饰品，而是一种生活习惯。他懂得付出自己的爱心，不仅装饰了自己的美丽人生，而且收获了一份丰厚的回报。对许多人来说，德行不过是口中的空头支票，他们只会嘴上说说，纯粹当德行为点缀品。试想，若是不付诸实际行动，人生怎么可能美丽呢？

鬼谷子智慧

毫无疑问，德行应当是每一位员工必备的美德。任何一个企业，要想具有竞争力、生命力，必须具有一批品德高尚的员工。对那些卓越的企业而言，不仅需要员工具备才能，更需要他们具备正直的品德。

第十二章

符言之道——居上之守，虚心平意

俗话说：『为君者各修其德，为臣者各尽其忠，为民者各思其职。则天下太平。』在这一篇章，鬼谷子主要论述为君之道，作为君主，应该如何从纳谏、赏罚等方面来考察臣子，是为『各修其德』。

既在其位，善谋其政

安徐正静，其被节先肉。善与而不静，虚心平意以待倾损。

——鬼谷子

鬼谷子认为，如果身居君位的人能做到安祥、从容、正派、沉静，既会顺又能节制，愿意给予并与世无争，这样就可以心平气和地面对下纷争。古人曰：“在其位，谋其政。”在为官时，应运用手中的权力行其亲民之道，切实为老百姓谋利益。人只有做好分内事，尽好分内责，才能真正达到圣贤之人的境界。

做好分内事，尽好分内责，实际上就是没有借口，做好本职工作。在日常工作中，人们总会遇到各种各样的问题，这时，往往有两种态度：一是找借口躲避；二是找方法解决。不少人觉得，自己不能解决什么问题，能躲就躲吧，其实，这就是找借口的典型例子。不同的态度，不仅是工作效果的差别，更是不同命运的差别。那些主动找方法解决问题的人，必然是发展最快最好的人；而那些不断找借口的人，必然是最没有发展的人。“找借口”是工作中最大的恶习，是一个职业人逃避应尽责任的表现，它所带来的，不仅仅是工作业绩的失败，甚至还会给公司和社会带来不可想象的损害。因此，要想成为一名优秀的职业人，需要我们做好本职工作，在任何时候，都不要找借口。

中国女排一直将“没有借口”作为自己的座右铭，这其实源于以前的教练——袁伟民。他对女排队员要求十分严格，当时，女排的主攻手是郎平。郎平的竞技水平比较高，她私底下经常关心和帮助其他队员。

有一次，郎平作完了自己的练习，就主动留下来帮队友补课，或许，是自己太累了，她不像自己训练时那样到位。没想到，教练袁伟民对她的扣球尺度把得很严，让她练了一次又一次，还罚她多做几组，郎平又气又累，忍不住抹起眼泪来。

按理，自己主动陪练，应该得到表扬，可是自己不仅没有得到表扬，反倒因为一时不到位而受罚，这岂不是很不公平吗？但教练就是认准了一点，他不为郎平的眼泪所动，而是对她更加严格。

冷静下来的郎平想明白了，无论是自己训练还是帮助队员训练，都没有任何借口偷懒。她很快调整了状态，从下午的五点一直陪练到晚上九点，帮助队员补出了一堂高质量的训练课。

我们可以十分肯定地说：女排的成功，正是整个团队没有任何借口，努力拼搏的结果。在工作中，不管是作为个人还是作为一个团体，我们所需要拥有的精神就是“没有任何借口”。在法国文艺启蒙时期，一位思想家曾说：“人是什么？人是一种最会找借口的动物。”虽然这话有失偏颇，却形象地反映了职场人的心理。

一些人在工作失败后总是为自己找借口，从来不反省自己的过失，结果，自己本职工作没做好，反而搞得心情很差。其实，找一次借口并不可怕，可怕是将逃避和推脱变成了习惯，到最后，就连借口也成为了自欺欺人的手段，这无疑会成为阻碍自己向前发展的枷锁。

小张毕业后的第一份工作，是为公司的老总做秘书。工作没多久，小张便了解到老总患了一种慢性病，严重时会影响到工作，对此，小张显得格外小心。

有一天，小张在上班路上发现了一家药店的广告，正好是一种可以治老总病的特效药。于是，小张赶紧下车，将药买下，没想到这一耽搁，让从不迟到的她晚到了半个小时。她到了办公室，正碰到老总急着找她要资料，因此，他将迟到的小张很不客气地训斥了一顿。在那一刻，小张觉得自己很委屈，当时就想解释，但转念一想：不迟到是公司的规定，有什么理由不遵守呢？于是赶紧道歉，一如往常地工作。

下班了，小张悄悄地将药放在了老总的桌子上，准备离开。老总发现了药，一下子反应过来，当他得知真实情况的时候，对自己早上的言行感到内疚，就问小张：“你为什么不早说呢？”小张只是很诚恳地说：“您对我的批评是对的，不迟到是每个员工都应该遵守的规定，不论出于什么理由，我都不能找任何借口。”

许多人在工作中秉承这样一个理念：干好工作就行了，其他事情跟我有什么关系呢？对此，许多人问小张她是如何做到的，小张笑着说："其实我也只是转换一下思考问题的角度而已。如果只从自己的角度与感受出发，当然做不到。但是，只要我们围绕工作应尽的责任来思考，就会觉得非做不可！因为一个对自己负责的人，是没有任何借口的！"或许，小张的这几句话对那些总在找借口的职业人有很大的帮助。

一个真正期望其人生有价值的职业人，是绝对不会在工作中找借口的。在工作中，"没有借口"是一种优秀的职业素养，更是一种杰出的人生态度。

鬼谷子智慧

"没有任何借口"是一个职业人最基本，也是最重要的素养。这是每个人都需要具备的素养，你只有把握了这一点，才能将工作状态调整到最好，挖掘出自己最大的潜能。这样，不仅能给公司创造出最好的成绩，也能使自己得到最好的发展与回报。对于一个职业人来说，自己的大部分时间都在工作中度过，而正是通过工作，自己才能创造出最大的人生价值。

广开言路，虚心纳谏

高山仰之可极，深渊度之可测，神明之德术正静，其莫之极。

——鬼谷子

鬼谷子认为，高山仰望可看到顶，深渊计量可测到底，而神明的心境既正派又深沉，是无法测到底的。一个人最容易犯的错误就是太相信自我，他们听不进别人的任何意见。古人语："智者千虑，必有一失。"一个人即便思考得再周全，也免不了有疏漏和不到之处。我们自己对发生在自己身上的事情并不一定那么清楚，不过旁边的人却看得十分清楚。刚愎自用、妄自尊大、听不进别人意见的人，不仅阻碍了自己进一步的发展，还会给自己带来一些不必要的损失。

战国时期，一位君王曾下过一道求谏旨令："群臣和百姓能当面指责寡人之过的，受上赏；上书规劝寡人的，受中赏；能在公共场合议论寡人的过失而被寡人听到的，受下赏。"这道旨令一下，收到了极好的效果。一年之后，人们想再进直言，已无话可说了。而这个国家在很长一段时间内，国泰民安，社会稳定。自古以来，那些刚愎自用的人必定会自食其果。

关羽守卫荆州时，东吴吕蒙做了大都督，吕蒙早就想抢回被刘备骗去的荆州，但他心知强攻硬取只会使自己吃亏，于是打算从关羽的弱点上开刀。碰巧关羽没有亲自守荆州，正带兵攻打樊城，吕蒙一见机会难得，便表面上主动与关羽搞好关系，暗中用计蒙蔽关羽。

他诈称有病，让东吴书生陆逊代替自己都督的职位。陆逊刚上任，就以友好的言辞写了一封信，并备了厚礼，遣使拜见关羽，关羽听说后，警惕性一下子放松下来，他还嘲笑孙权说："孙权见识短浅，竟用孺子为将！"他丝毫没把陆逊放在眼里，认为陆逊奈何荆州不得，反而把荆州守兵抽出攻打樊城。关羽对东吴近日一系列的行动与迹象没有认真分析研究，只是知其然而不知其所以然，狂妄地认为东吴胆怯，放心大胆地撤走了荆州守兵。但后来的结果是，东吴军队渡江夺取了荆州城。

直到此时，关羽对荆州已失守的消息仍不相信，当军中有人私下传言荆州失守时，他听后愤怒地制止道："此是敌方讹言，以乱我军心！东吴吕蒙病危，孺子陆逊代都督之职，不足为虑！"这是何等的目空一切。后来探马报知实情后，他才相信荆州真的丢失了。关羽这才大惊失色，不得已投奔荆州属地公安，岂知公安也已被吕蒙夺取了。在这进退无路之际，关羽似乎有一丝觉醒，他对身边的司马王甫深深叹道："悔不听足下之言，今日果有此事！"

刚愎自用的关羽，当听到东吴书生陆逊接替了都督的职位时，他的警惕性一下子放松下来，还嘲笑孙权说：“孙权见识短浅，竟用孺子为将！”这足以看出关羽是极其自负的人。而当荆州已经失去的消息传回来的时候，关羽对荆州已失守的消息仍不相信，当军中有人私下传言荆州失守时，他听后还十分愤怒地制止道：“此是敌方讹言，以乱我军心！东吴吕蒙病危，孺子陆逊代都督之职，不足为虑！”这是何等的目空一切，关羽最终因为自己的刚愎自用付出了生命的代价。

齐威王以善于纳谏闻名的诸侯，齐国的中兴，也正是齐威王通过广泛纳谏，采群策进行改革而实现的。然而，在其即位之初，他却是个沉迷于声色犬马的昏君。一切的改变，源自“平民琴师”邹忌的劝谏。

邹忌是一个很有才学的人，他看到齐威王的所作所为，很想劝他振作起来。但邹忌当时的身份就连见到齐威王都不可能，又怎么能向他进谏呢？他听说齐威王喜欢听音乐，就想出了一条计策。有一天，他抱着一架琴进宫求见齐威王。他说他是本国人，叫邹忌，是个琴师，听说国王爱听音乐，特来拜见。

那天齐威王正无所事事，感到很无聊，听说来了一个琴师，心中高兴，就赶忙令人传话让他快进来。邹忌拜见齐威王之后，就坐下调着弦儿，摆出要弹的样子，两只手却搁在琴上不动。齐威王纳闷地问他道：“你调了弦儿，怎么不弹呢？”邹忌还是不弹，并且说：“我不只会弹琴，还知道弹琴的道理。”齐威王虽说能弹琴，可是不懂得弹琴还有什么道理，就叫他细细讲讲。

邹忌从伏栖氏作琴讲起，一直谈到文王、武王各加一弦，越讲越玄。齐威王有些听得懂，有些听不懂。可是说了这些个空空洞洞的闲篇有什么用呢？齐威王听得有些不耐烦了，就没好气地说：“你说得挺好，挺对，可是你为什么不弹给我听听呢？”邹忌听了齐威王这话，就正色说道：“大王瞧我拿着琴不弹，有点不乐意了吧？怪不得齐国人瞧见大王拿着齐国的大琴，九年来没弹过一回，都有点不乐意呢！”齐威王这才恍然大悟，就赶忙站起来，“原来先生是拿弹琴来劝我，我明白了。”他叫人把琴拿下去，然后和邹忌谈论起国家大事来。邹忌劝他重用有才能的人，增加生产，节省财物，训练兵马，好建立霸业。齐威王自称要发扬他父亲桓侯午的功绩，远的要祖述黄帝的光辉，近的要继承齐桓公、晋文公的霸业。后来齐国中兴，从而成为东方强国。

一个人所犯的错误首先会被别人看到，而在别人眼中，问题会显得更加客观和透彻。因此，我们没有任何理由拒绝听取别人的批评或建议，况且，虚心听取他人的意见是自省进步的先决条件。假如我们不能虚心地接受别人的批评，不能从中汲取对自己有益的东西，就难以取得更大的进步。

鬼谷子智慧

鬼谷子认为，一个人的智慧是有限的，一个人对事物的认识也会受到局限性的影响，我们只有不断地从他人的见解中吸取合理的部分，以此来弥补自己的不足，才能减少失误。一个积极主动的人应该虚心听取他人的意见，这是一种进取心的表现。拒绝接受他人的意见，就不能有效地完善自己，更不能使自己赢得成功。

赏罚必信，臣乐为用

诚畅于天下神明，而况奸者干君。

——鬼谷子

鬼谷子认为，人主的诚信如果能畅达天下，那么连神明也会来保护，又何惧那些奸邪之徒犯主君呢？立法并不困难，而是难在执法，每每制定了一项法令，都应该切实地去执行它，而且需要长期地坚持下去。

君主用人的基本原则是“赏罚分明”，平日里，要对下属十分严格，特别是对于立下的军令，更是要求下属必须做到，“赏罚分明”的态度，可谓是“赏时不吝千金，罚时六亲不认”。下属立了战功，奖赏不吝千金；然而，一旦下属违反了军令，哪怕是亲朋好友，也绝不姑息。《孙子兵法》曰：“主孰有道？将孰有能？

天地孰得？法令孰行？兵众孰强？士卒孰练？赏罚孰明？吾以此知胜负矣。”由此可见，赏罚分明将直接决定一支军队是否具有战斗力。

李元度是曾国藩麾下的得力干将，而且，曾国藩自称与李元度“情谊之厚始终不渝”。在咸丰年间，天平军攻打徽州，而徽州是祁门老营的屏障，其得失关系重大。当时，李元度领兵前去救援，由于李元度本身只是一个文人，不善于带兵，对此，曾国藩生怕有什么闪失，当即与李元度约法三章，一再嘱咐要守住徽州，不得轻易出城接仗。然而，当太平军来袭的时候，李元度却违反了曾国藩的指令，出城迎敌，结果一败涂地，丢失了徽州。悔恨之下，为严肃军纪，曾国藩上疏弹劾，李元度失去了官职。

另一方面，对于应该嘉奖的将才良士，曾国藩却是有功即赏。雷嘉澍因失守德兴县，被江西抚臣弹劾罢免了官职。其实，他本身是一个品行端正的人，深受百姓爱戴。离职后，雷嘉澍来到了德兴，左宗棠委令其招集兵勇，训练勇士。于是，雷嘉澍就在五村地区训练勇士，与左宗棠齐心协力，会战太平军。曾国藩知道后，就上奏咸丰帝，陈述其事为雷嘉澍邀功，同时，请求圣上取消对其的处罚，让雷嘉澍到自己的军营听差，以观后效，稍后再加提拔。

李元度与曾国藩交情深厚，然而，在李元度不听劝告而丢失徽州后，曾国藩却大义灭亲，上疏弹劾。有人指责其背离恩义，但是，曾国藩却因此严肃了军纪。不管与自己交情如何，一旦违反军令，绝不姑息，这就是曾国藩的严惩不贷。另外一方面，对那些有功之士，曾国藩却不畏前嫌，毫不吝惜，为其邀功。对待下属，曾国藩真的做到了赏罚分明。

僖负羁是曹国人，曾救过晋文公的命，算起来是晋文公的救命恩人。后来，晋文公在攻下曹国时，为了报答僖负羁的恩情，就向军队下令，不准侵扰僖负羁的家，如果有违反的人，就要处以死刑。

然而，其大将魏平和颠颉却不服从命令，他们带领军队包围了僖负羁的家，放火焚烧了房子。魏平爬上了屋顶，想把僖负羁拖出杀死。不料，屋顶的梁木承受不了他的重量而坍塌了，正好将魏平压在下面，幸好颠颉及时赶到，才把他救了出来。

这件事被晋文公知道后，十分生气，决定依照命令处罚。大臣赵衰向晋文公请求："他们两人都替国君立下过汗马功劳，杀了不免可惜，还是让他们戴罪立功吧！"晋文公说："功是一回事，过又是一回事，赏罚必须分明，才能使军士服从命令。"于是便下令，革去了魏平的官职，又将颠颉处死。从这以后，晋军上下，都知道晋文公赏罚分明，再也不敢违令了。

事实证明，一个领导者要想拿出威力，要想整顿纪律，必须要做到"赏罚分明"。赏罚分明，赏罚有信，这是管理下属的重要手段之一。

吴起说："进有重赏，退有重刑。"在日常工作中，领导者需要做到奖罚分明，才能真正地肃清纪律，否则，团队不像团队，做事自然也就没有什么效率。奖赏，是很有必要的，天下熙熙，皆为利来，皆为利往，所谓"重赏之下，必有勇夫"，奖赏之后，下属才会尽职尽责，全心为你效力；有赏就必有罚，这是必然的，违反了规章制度是应该予以惩罚的，当然，罚并不是将犯错的下属一棍子打死，而是要给他机会，让他改正错误。

鬼谷子智慧

赏是为了激励，罚是为了警醒，赏罚分明是领导者必须遵循的原则，人生在世，应刚柔并济，只有柔不能立事，只有刚不能立威。唯有赏罚分明，刚柔并济，才能做到号令如山，才能轻松自如地御人，最终获得成功。

兼听则明，偏听则暗

一曰天之，二曰地之，三曰人之；四方上下，左右前后，荧惑之处安在。

——鬼谷子

鬼谷子主张，一叫作天时，二叫作地利，三叫作人和。四面八方，上下、左右、前后的问题都了解了，就没有不清楚的地方了。倾听，才能广泛收集意见。大企业家强调，要广泛倾听下属的意见和建议，这样才能有效地管理下属，更好地完成工作。作为领导来说，只有注重并善于倾听下面的意见和呼声，才能从下属中汲取智慧和力量，为实施政策打下良好的基础，从而真正做到扎扎实实、全心全意为下属服务。

人心向背是决定一个企业兴衰成败的根本因素，作为领导者，要想赢得人心，就要倾听下属的心声、下属的心意，而心声并不在书本上，也不在企业里，而在于下属的心里。了解下属，最有效的途径就是倾听对方的言论，不仅如此，在倾听的过程中，还能够练就领导的好口才。其实，倾听本身就是一种绝佳的口才，它更注重收集信息，而自己保持沉默，也因如此，自己才能将话说得更恰到好处。

领导者要善于倾听，早在古代，一些为政者就懂得了这个道理。在周朝，朝廷就设有专门的采诗官，常年巡游各地以采集民间歌谣，从中体察风俗民情，考察朝政得失。后来，唐太宗皇帝更是坚信“兼听则明、偏听则暗”，鼓励大臣谏诤，并采纳良言，造就了光耀千秋的贞观之治。从古到今，那些刚愎自用、闭目塞听、偏听偏信的领导者，最终往往是失道寡助，最后导致天怒人怨、国破身亡。在职场中，倾听下属的话，就能做下属的好领导。或许，不少领导者会纳闷：“我好歹是一个领导人物，怎么还要倾听下属的话呢？又不是下属给我发工资！”这是一种狭隘的想法，即便是领导者，也不是十全十美的圣人，在身边的每一个下属的身上，都有值得我们学习的独特之处。

三国时期，关羽、张飞的逝去，让刘备痛心疾首，于是他决定讨伐吴国。他带领几十万大军一路过关斩将，杀入吴国境内。眼看吴国就要败了，可是在这关键时刻，孙权力排众议重新起用陆逊。刘备亲自在猇亭布列军马，直至川口，接连七百里，前后四十营寨，白天的时候，旌旗多得可以遮蔽太阳； 夜晚的时候，军营发出的火光把天都照亮了。这时候忽然细作来报说：“东吴用陆逊为大都督，总制军马。陆逊令诸将各守险要不出。”刘备问道：“陆逊是何人？”马良上奏说：“逊虽东吴一书生，然年幼多才，深有谋略；前袭荆州，皆系此人之诡计。”刘备立即大怒：“竖子诡计，损朕二弟，今当擒之！”便传令进兵。马良马上进谏：“陆逊之才，不亚周郎，未可轻敌。”刘备不禁失笑：“朕用兵老矣，岂反不如一黄口孺子耶！”于是亲自率领着前军，攻打诸处关津隘口。

刘备自恃自己用兵已经多年，深知兵法，他在一开始就对陆逊有了轻视之心，面对来自马良的建议，刘备拒绝倾听，不禁失笑：“朕用兵老矣，岂反不如一黄口孺子耶！”这样的自恃直接导致了后来“火烧连营八百里”，自己大败于陆逊，在白帝城郁郁而终，这就是没有倾听下属建议的结果。刘备不仅拒绝了倾听，他那句“朕用兵老矣，岂反不如一黄口孺子耶”也是一句对下属的空泛说教。事实证明，那些拒绝倾听的领导，他们自身并不具备好口才。

曾经有个小国的使者到罗马帝国，进贡了三个一模一样的金碧辉煌的金人。这小国使者在进贡的同时，出了一道题目：三个金人中哪个最有价值？

对此，皇帝想了许多的办法，请来珠宝匠检查，称重量，看做工，结果还是分辨不出来。怎么办呢？难道自己泱泱大国，连这个问题都解决不了？正在皇帝苦恼的时候，有一位已经卸任的老大臣说自己有办法。皇帝将使者请到大殿，老臣胸有成竹地拿着三根稻草，插入金人的耳朵里，第一个金人的稻草从另外一边耳朵出来了，第二个金人的稻草从嘴巴里直接掉出来，而第三个金人，稻草进去后掉进了肚子，什么响动都没有。

那位老大臣说：“第三个金人最有价值！”这时，站在一旁的使者点头称是。

这个寓言故事，给了我们这样的启示：最有价值、口才最好的人，不一定是最能说的人。上帝赋予我们两只耳朵一个嘴巴，本来就是让我们“少说多听”。善于倾听，是一个卓越的领导应具备的最基本的素质。作为领导，我们要想处理好与下属之间的关系，练就一口好口才，很大程度上在于让自己保持一种倾听和沉默的态度。有时候，话太多并不是一件好事，而沉默往往更有效果。

鬼谷子智慧

很多领导在自己潜意识里都有一种优越感，因为自己地位比别人高，年龄也比别人大，就觉得自己比别人有经验，比别人懂得多，所以，在日常工作中，他们拒绝倾听任何人的意见。当然，我们不否认，领导在见识、眼光、韬略上自有他的过人之处，高于常人。但在某些时候，你的一些观点、想法明明是错误的，自认为资历很高，拒绝听取他人的意见，往往会铸成大错。

恩威并施，此为治也

圣人用之，故能赏之。因之循理，故能长久。

——鬼谷子

鬼谷子认为，圣人要重用臣民，因此能很好地掌握他们，并且要遵循客观规律，所以才能长久。对于那些做了好事的臣民，君主一定会给予赏赐，同样，对于那些做了坏事的臣民，君主也一样会对他们采取相应的惩罚。君主通常以臣民的政绩来对他们委以重任，根据实际情况来判断该赏赐些什么，只有这样，才不会劳民伤财。领导者恩威并施，才能有效地征服下属的心。恩威并施，就是在驾驭下属的时候，既要施之以恩，感化影响，从而赢得下属的信任；又要施以权威，查验所为，使下属对自己有敬畏之感。

恩威并施，其实就是将恩惠与惩罚两种手段一并使用，自古以来，那些卓越的政治家、统治者都会运用软硬策略，施以恩惠，使下属臣服于他们，同时，又以武力和惩罚对付下属叛乱的行为。在现实生活中，许多领导者走向了两个极端：一是对下属太好，凡事都容忍，手段太弱；二是对下属太严，凡事都苛刻，手段太硬。结果，无论怎么样，下属就是不肯服从自己。其实，问题的症结在于，太弱或太强的方式都不适合驾驭下属，要想驾驭下属，就应该了解下属，对症下药，该强的时候强硬，该弱的时候容忍，如此，才能成功地驾驭下属，否则，使出你浑身解数也无法征服人心。

刘铭传本是李鸿章手下的得力干将，后来为曾国藩所用。从曾国藩收服刘铭传的过程中，我们可以清晰地看到曾国藩的软硬皆施法。

刘铭传出生在民风强悍的淮北平原，他从小就养成了天不怕地不怕的豪霸之气。刘铭传十八岁的那年，有一个土豪到他家去勒索，其父亲和哥哥都害怕得跪地求饶，可刘铭传却不干，他听闻此事后就前去找土豪报仇。那位土豪欺负他年少，用言语对他进行侮辱，不想，刘铭传大跨步上前去，抢过大刀就割下了土豪的首级。后来，刘铭传在当地拉起了队伍，成了有名的流氓头子。

恰巧，李鸿章奉曾国藩之命招募淮军的时候，第一眼就看中了刘铭传。于是，他将刘铭传的队伍招募入淮军，名为“铭军”；另外，还花钱给其购置枪支弹药，将这只铭军装备成了武装军队。虽然这支军队为李鸿章立下了不少战功，但刘铭传太狂妄，使得李鸿章大感头疼。后来，在曾国藩需要借用淮军剿捻军的时候，李鸿章就将“铭军”拨给老师，希望他能加以管教。

在剿捻军的过程中，刘铭传与另外几位将领发生了争斗。曾国藩感到十分为难，如何处理这件事呢？不处理吧，双方都不能静下来，说不定以后还会有矛盾；处理吧，他毕竟是李鸿章的手下，而且，自己还要倚重于他。于是，曾国藩想了一个万全之策，他对刘铭传进行一顿严厉斥责，话说得很严厉，但对其过失不予追究，这一招果然管用，刘铭传对曾国藩心生敬畏。

就这样，刘铭传在曾国藩的教诲下，带领着铭军在中法战争中一举打败法军。1885年，清政府将台湾正式改建为省，刘铭传当即被任命为台湾第一任巡抚。

曾国藩是一个善于驾驭悍将的人，无论多悍勇的将士，到了他的麾下，必将被他“收拾”得服服帖帖。而他在驾驭悍将的时候，所使用的不外乎一种谋略，即软硬皆施，这样才使得那些将士人尽其才。他明白，对于那些有才无德的人，要控制使用，就好像用剑一样，控制好了，就可以成为一把利器，若是控制不到位，就会成为一柄凶器。在湘军中，悍将并不少，大多悍将粗鲁、莽撞，但是，在他们身上也有不少优点，诸如勇敢，在冲锋陷阵的时候，真是少不了他们。而且，悍将就像是一匹烈马，要想使用他，就要先收服他，不过，要想利用悍将确实是一件不容易的事情。然而，曾国藩却是驾驭烈马的好手，最善于软硬皆施，收服悍将可谓是轻松自如。

索尼公司是靠生产电子产品起家的，随身听是该公司的重要产品。有一次，公司的一家分厂的产品出现了问题，而产品是远销东南亚的，对此，总公司不断收到来自东南亚的投诉。后来，经过公司的调查，发现是随身听的包装出了问题，并不影响质量，不过，董事长盛田昭夫却不依不饶。

于是，那位分厂厂长被叫到公司的董事会上，陈述自己的错误。在会议上，盛田昭夫对其进行了严厉的批评。那位厂长在公司干了几十年，没想到当着这么多人的面被骂，心里十分难过，忍不住哭了起来。

会议结束后，厂长神态窘迫地走出会议室，他心中已经决定递交辞呈了。这时，董事长的秘书走过来，邀请他一块去喝酒，两人进了一间酒吧，厂长问："我现在是被总公司抛弃的人，你怎么还这样看得起我？"秘书说："董事长一点也没忘记你为公司作的贡献，今天的事情也是出于无奈。会后，他害怕你为这事伤心，特地让我请你喝酒。"听了这话，厂长的心里平衡了些，对之前受批评的事情也不那么在意了。

盛田昭夫是恩威并施的好手，在涉及总公司利益的时候，他丝毫不敢懈怠，哪怕只是一个小错误，他也要追究到底，希望其他的下属以此为诫。但是，考虑到这位厂长是老员工，如此严厉的指责似乎不那么恰当，于是，在会议后，又让秘书来施以恩惠，表达自己的歉意，如此一来，恩威并施，厂长在不知不觉间就接受了之前的批评，从而心生感激，竭尽全力为公司效力。

那么，领导者该如何做到恩威并施呢？正如松下幸之助所说："经营者对于部下，应是慈母的手紧握钟馗的利剑，平日里关怀备至，犯错误时严加惩戒，恩威并施，宽严相济，如此才能成功统御。”

鬼谷子智慧

在现实生活中，许多领导者走向了两个极端：一是对下属太好，凡事都容忍，手段太弱；二是对下属太严，凡事都苛刻，手段太硬。结果，无论怎么样，下属都不肯服从自己。其实，问题的症结在于，太弱或太强的方式都不适合驾驭下属，要想驾驭下属，就应该了解下属，对症下药，该强的时候强硬，该弱的时候容忍，如此，才能成功地驾驭下属，否则，即便使出你浑身解数也无法征服人心。

火眼金睛，洞察奸邪

一曰长目，二曰飞耳，三曰树明。明知千里之外，隐微之中，是谓洞天下奸，莫不谙变更。

——鬼谷子

鬼谷子认为，作为君主，应该具备火眼金睛，才可以洞察奸邪。一个人要想识破人心，其所具备的诸多能力是不容忽视的，其中，洞察力是基础。何谓洞察力？顾名思义，洞察力就是指深入事物或问题的能力，字面意思可以理解为对于山洞的观察，我们都知道，在山洞中除了洞口的地方被阳光照射之外，其他的地方是越深越黑暗，在这样的情况下，就需要有敏锐的观察能力了。

弗洛伊德说：“洞察力就是变无意识为有意识。”实际上，洞察力的实质就是透过现象看本质，在观察一个人的时候，学会用心理学的原理与视角来归纳总结其行为表现。由此可见，洞察力是窥探人心的基础力，换句话说，就是要做到察言观色。

有一次，高尔基和两个作家朋友到一家饭店就餐。坐下之后，高尔基建议来一次看人比赛。大家随便选定一位顾客进行瞬间观察，说出自己观察所得的印象，谁说得最准确、最细致，谁就是胜利者。

他们选定了一位正走进来的顾客。高尔基通过仔细观察一番，说出他的大致特征：脸色苍白，身穿灰色衣服，双手细长且微微发红。作家安德烈耶夫则看出他衣服的颜色不对。另一位作家布宁说得更详细了：身穿灰色衣服，搭配了一条带小花的领带；双手细长且红，小指甲还有点不正常。他还根据此人的举止、神色，猜测此人可能是个骗子。大家向饭店的主人一打听，果然不出布宁所料。

布宁通过对那位顾客外表服装、举止、神色多角度的仔细观察，猜测他有可能是个骗子，结果饭店老板证实了他的猜测。在这个案例中，布宁识人成功的原因在于他拥有较高的洞察力，如此，才能看穿那位骗子表面的掩盖物。

人都是善于伪装的动物，每个人都生活在一个伪装的世界里。无论我们接受与否，这一点都是客观存在的。在现实生活中，每个人都扮演着不同的角色，不同的对象，其角色与言行也是不同的。如何才能揭开对方的真面目？这就需要拥有一定的洞察力，看透其表面的掩盖，洞悉对方的真实意图，通过其不经意表露出来的言行、神态，窥探其真面目。识人心最关键的一点就是你要能够看出对方是如何掩饰自己的，所谓透过现象看本质，只要你具备一定的洞察力，就能够从对方的言行中窥出端倪、看出破绽了。

苏轼是一个识人的高手，我们可以从其平生一二事来窥其识人的本领以及过人的洞察力。

当时，有一个叫谢景温的人，与苏轼关系很不错，两个人常常在一起谈论诗文。褒贬古今。有一次，苏轼与谢景温到郊外游玩，无意间看到了一只受伤的小鸟从树上掉下来，苏轼刚想把小鸟拾起来，谢景温却抬脚就将那只小鸟踢到一边。虽说这是一个漫不经心的动作，苏轼的心却凉了半截：这样一个轻贱生命、损人利己的人，不可深交啊！后来，他渐渐疏远了谢景温。果然，后来谢景温为了讨好王安石，全然不念之前的交情，加害苏轼，企图将其治罪。

早年，苏轼有一位姓章的朋友，在苏轼任凤翔府节度判官的时候，两人去山中游玩。在仙游谭的时候，眼看前面是悬崖峭壁，只有一根独木桥相通。这位姓章的朋友提出让苏轼过桥，在绝壁上留下墨迹，苏轼不敢。没想到，那位姓章的朋友竟神色平静地轻松走过，然后用绳子系在树上，以高难度的手法在陡峭的石壁上留下了“苏轼章某来此”几个大字。苏轼长叹曰：“能自拼命者能杀人也！”后来，章某当上了宰相，有了权势，对人毫不手软。因与苏轼政见不合，对曾经的朋友也痛下狠手，将其贬至偏远的惠州。

从上面两个故事中，可看出苏轼过人的洞察力。只凭一个踢小鸟的动作，看出朋友是一个轻贱生命、损人利己的人；凭着朋友脸色平静地过独木桥，只为留下几个大字，可看出朋友是一位为了求得目的不惜杀人的人。事实证明，苏轼对这两个朋友的判断都是极其准确的。而苏轼能够有如此的识人本领，就在于其高超的洞察力。

在现实生活中，我们常常会碰到这样的事情：明明是曾经的铁哥们，却在你需要帮助的时候，在背后捅上一刀；明明是可以信任的朋友，却在你将重要事情托付给他以后，给你来个釜底抽薪。为什么会这样呢？诚然，其中有对方的问题，但很大部分的原因在于我们自己不会识人。想要识人，就需要敏锐的洞察力，如此，你才能知道什么样的人能当朋友，什么样的人需要小心提防。在与人交往的过程中，需要用心观察，仔细思考，不断提升自己的洞察力，如此，才会不被蒙蔽，才能够透过现象看出一个人的本质来。

鬼谷子智慧

现实社会，人们往往不愿意袒露自己，而是将真实内心隐藏在深处。这时候，就需要我们具备一定的洞察力了，一个人的真实意图往往流露于不经意的举手投足间，外溢于外形容貌中。有了敏锐的洞察力，我们才能够破译对方的真实心理，才能迅速准确地看透对方心理，从而掌握人际交往的主动权，成为人际博弈中的赢家。

第十四章

转丸之道——以彼之矛，攻彼之盾

鬼谷子认为，人的嘴是关键，是用来打开和关闭感情和心意的。耳朵和眼睛是心灵的辅佐和助手，是用来侦察奸邪的器官。只要心、眼、耳三者协调呼应，就能沿着有利的轨道运动。

肚里有货，言之有物

故与智者言，依于博。

——鬼谷子

鬼谷子认为，与聪明的人谈话，要依靠广博的知识。说话，对于说话者来说，要善于在自己的话中渗透知识性，说话既要深刻又需要有力度，这样才能尽可能地给听众提供更多的有价值的信息，让人感觉到“听有所获”，而不是觉得“白听了”。一个人的语言直接体现了其认知水平和知识含量，如果说话没有深度，没有知识，那听众是不可能肯定你的说话水平的。说话要做到内容有知识性，充实具体、言之有物。想要做到这一点，就需要说话者多读书，积累更多的知识，因为一个好口才的说话者，肯定是一个拥有广博知识的人。

一个人说话就是把自己肚子里的“货”倒出来，但如果肚子空空如也，还如何展现自己的好口才呢？因此，要想做一个能说会道的人，就一定要注重自己的知识储备，只有拥有较好的知识储备，才能够自由随意地讲故事、说民谚，在任何时候都能够把知识信手拈来。

毛泽东同志一生酷爱读书，从青年到老年，即便是重病缠身、生命弥留之际也从来没放弃过学习。他读书所涉猎的领域极其广泛，文、史、哲、军事、自然科学，可以说是古今中外，无所不知。

有一年夏天，毛泽东同志到了武汉。夏天的武汉有火炉之称，但毛泽东同志坚持每天看书。由于书上的字比较小，只好加大照明度，这样房间里的温度就更高了，汗水不停地顺着他的脸颊往下淌。这时工作人员急忙送上了毛巾，请他把汗擦一擦。毛泽东同志接过毛巾，风趣地说：“读书学习也要付出代价，流下了汗水，学到了知识。”

他十分喜欢阅读古典文学作品，比如《水浒传》《西游记》《三国演义》《红楼梦》等书，他都读过很多遍，对那些古典小说中的许多历史人物、故事、典故都相当熟悉，这让他的语言充满了典故且妙趣横生。

如果你还在为毛泽东同志那精辟的讲话感到敬佩的话，那想必你现在应该明白了为什么他能达到如此高的讲话水平。对于说话者来说，即便无心追求“黄金屋”“颜如玉”，也应多读书。因为通过读书，确实可以收到提高说话水平的效果，我们可以这样说，“书中自影响力，书中自有个人魅力”。古今中外伟大的政治家、演说家，无一不是博览群书的。书里的知识，给他们带来智慧，让他们才思敏捷，让他们具备了与众不同的素养，从而在说话时能有与众不同的表现。

战国时的张仪为推行“连横”立下了汗马功劳，被誉为有“三寸不烂之舌”。他之所以能所向披靡，一个重要因素是他在说话的时候，能够把自己的知识融入其中，言之有物，讲话内容充实具体。他充分了解各国的形势和军事力量，了解各国国君和将士的心理，从而对自己的游说目标非常明确，使被劝说者心悦诚服。

张仪正是因为自己掌握了各国国君和将士们的心理，再加上自己聪明才智，使自己的谈话言之有物，说话内容也翔实具体，所以才能够成功说服各国推行“连横”，自己也为推行“连横”立下了汗马功劳。

培根说：“读书足以怡情，足以博采，足以长才。”人们也常说“读书破万卷，下笔如有神”。说话也是如此，读书多的人，往往能出口成章，说得精彩；读书少的人，或者口齿木讷，或者不着边际，很多时候都是在重复堆砌一些辞藻。说话者想要避免套话、虚话、空话连篇等“话风不正”的问题，就必须多读书，注意汲取古今中外思想文化的营养，开阔视野，拓宽知识面。

一个知识贫乏的说话者，往往会鼠目寸光，显得胸襟狭隘，说话肤浅没有深度。这样的一个人如果被邀请说话，就很有可能被下面的听众哄下台来。积累了一定的知识，还需要善于思考。只有善于思考，才能出观点、出新意，不然就只会人云亦云，没有真知灼见；或是老生常谈，提不出新思路、新见解。真正新鲜生动、富于创造性的见解，与深入的思考是分不开的。

鬼谷子智慧

与智者对话，需要渊博的知识。说话者对于知识的积累，材料的掌握就如“韩信点兵，多多益善”。从语言的运用来看，知识无疑是思想、感情得以成功的土壤，知识也是口才能够闪耀光彩、释放魅力的基础。只要你掌握丰富的知识，不管你身在何处、何时、何地，都可以随机应变、左右逢源。

与博者峙，能言善辩

与博者言，依于辩。

——鬼谷子

鬼谷子认为，与知识广博的人谈话，就要依靠善于雄辩。如果对方知识渊博，那自己则需要能言善辩。《孙子·计篇》：“攻其不备，出其不意。”意思是趁对方没有意料到就采取行动，也就是出乎于别人的意料之外。在辩论中，我们也可以利用这一招计谋，以出乎于对方意料之外的言语制服对方。

“出其不意”也就是不按照正常的逻辑出牌，有可能是借题发挥，有可能是顺势引导，从而说出一些在对方预想之外的言辞，令对方无法招架，这样所产生的效果是使人顺利摆脱对方的言语限制。通常在辩论中，如果按照正常的逻辑思维，当自己论述了一个观点，我们可以预想对方有可能会出现什么样的言辞。而出其不意完全跳出了这个圈子，那些话语完全是对方所想不到的，也因为如此，正好打他个措手不及，最终我们将成功地占据上风。

有位演讲家在演讲结束时，台下有一名学生突然连珠炮似地向他发问。

学生："先生，您今天是第一次演讲失败吗？"

演讲家："那当然是第一次啦。噢，你们当学生的怎么总爱问这个问题？"

学生："演讲时，您觉得什么样的字音最容易说错？"

演讲家："错。"

学生："您演讲开始时，从来不说的是什么？"

演讲家："结尾。"

回答了学生的问题后，演讲家也来个出其不意，反戈一击。

演讲家："我方才讲的冷缩热胀的道理你懂了吗？"

学生："懂了，先生。冬天白天短——冷缩；夏天白天长——热胀。"

这时，台下出现了哄堂大笑，这位发问的学生才知道说错和失败的是自己，不禁羞红了脸。

有时面对对方攻击性的语言，你可以顺势引导，先回答对方的提问，然后进行反戈一击，出其不意地打倒对方的气焰。在案例中，演讲家面对学生的发难并没有生气，而是思路清晰地回答了他的恶意提问。但是当他回答完了，他也来个出其不意，反戈一击，使学生意识到说错和失败的原来是自己。

古希腊诡辩家讲过这样一则寓言：

有一位埃及妇女看到自己在尼罗河畔玩耍的孩子被鳄鱼抓住，就请求鳄鱼把孩子归还给她。鳄鱼当着众人说："如果你猜对我的心思，我就把孩子归还给你。"妇女说："我猜你不想把孩子还给我。"鳄鱼说："如果你猜得对，则根据你说话的内容，我不把孩子归还给你。如果你猜得不对，则根据约定的条件，我不把孩子归还给你。你或者猜得对，或者猜不对，所以我都不会把孩子归还给你。"

听了这样的话，妇女灵机一动，说："如果我猜得对，则根据约定的条件，你应把孩子归还于我。如果我猜得不对，则根据我说话的内容，你应把孩子归还于我。我或者猜得对，或猜得不对。所以你都应把孩子归还给我。"

鳄鱼本来想用一个不符合逻辑的推理来为难妇女，可没想到妇女也用了一个相反的同样不符合逻辑的推理来反驳它，这样出其不意的反驳方式实在是巧妙极了。

那在实际辩论中，如何才能使出“出其不意”这一招呢？

在辩论中，当我们受到对方的攻击时，可以不直接从正面答辩，而是借助对方提供的话题进行还击，出其不意，从而改变辩论的局势。这种方式的最重要的一点在于“借”，即借对方的话题为己所用，当然，这也取决于我们的辩论经验和思辨能力。

在辩论中一旦发现对方岔开话题，不需要打断，应让他继续说下去。如果对方是一时不小心而为之，那估计对方说不了多久，就会自己发觉而显露窘态；如果对方是想到了另外一件事，那他一旦察觉就会回到原来的话题上；如果对方是有意岔开话题，那可能会继续将这个话题说下去。

观察对方是出于哪种情况，如果前两种情况，那你应适时顺应对方，让对方将话题越扯越远，给对方出其不意的一击；如果是后者，那则需要及时地返回原来的话题，出其不意地反驳其有意岔开话题的居心。

鬼谷子智慧

在辩论过程中，任何时候都需要保持清晰、镇定的思维，哪怕你被对方说得哑口无言，也不要慌张，更不能仓促开口。虽然在辩论中要求快速的应变能力，但在开口之前，还是需要思考一下：这些话语能否起到作用，是否利于辩论。

言不在多，达意则灵

与辩者言，依于要。

——鬼谷子

鬼谷子认为，与善辩的人谈话要依靠简明扼要。越是简短的语言，越是有爆发力。在实际生活中，很多人说话有一个明显的弊病，那就是非常啰嗦，他们把一些极为简单的问题复杂化。本来三言两语就能说清楚的问题，他们非要重复无数遍，结果越说越离谱，最后自己也搞不懂在说什么。其实，我们从一个人的说话风格可以看出这个人的做事风格，说话简洁而有力道的人，大多就是自信心很强、办事果敢的人；而那些废话连篇的人，则通常都是思维比较迟钝，做事也显得犹豫不决、优柔寡断的人。

子禽问自己的老师墨子："老师，一个人说多了话有没有好处？"墨子回答说："话说多了有什么好处呢？比如池塘里的青蛙整天整天地叫，弄得口干舌燥，却从来没有人注意它。但是雄鸡，只在天亮时叫两三声，大家听到鸡啼知道天快要亮了，于是都注意它，所以话要说在有用的地方。"

正所谓"言不在多，达意则灵"，那些言简意赅的话语，往往更有力度，而且更能深入人心。说话简洁使人愉快，令人喜欢，这样更容易被人接受；反之，说话冗长累赘，就会使人厌烦，也使沟通达不到预期的效果。所以，我们在日常交际中，要善于说一些简洁而有力道的话语，这样才能直入人心。

1863年7月1日，美国南北战争中的一场决定性战役在华盛顿附近的葛底斯堡打响了。经过三天的激战，北方部队大获全胜。战后，宾夕法尼亚等几个州决定合资在葛底斯堡建立国家烈士公墓，把牺牲的全体战士公葬于此。

公墓在1863年11月19日举行落成典礼，美国总统林肯也应邀到会作演讲。这对于林肯来说，有很大的难度，因为这次仪式上的主要演讲者是美国前国务卿埃弗雷特，而林肯只是因为总统的身份，才被邀请在埃弗雷特之后讲几句形式上的话。林肯非常明白埃弗雷特的演讲水平，他被公认为是美国最有演说能力的人，尤其擅长在纪念仪式上的演讲。而林肯在他之后作讲话，无疑有点"班门弄虎"之嫌，如果讲得不好，更会使自己总统的颜面丧失。

在典礼上，埃弗雷特那长达两个小时的演讲，确实非常精彩。轮到林肯总统讲话了，出人意料之外的是，他的演讲只有十句话，从他上台到下台不过两分钟的时间，但是掌声却持续了整整十分钟。林肯的演讲不仅赢得了当时在场的一万多名听众的热烈欢迎，而且在全国引起了轰动。当时有报纸评论说：“这篇短小精悍的演说简直就是无价之宝，感情深厚，思想集中，措辞精炼，字字句句都很朴实、优雅，行文毫无瑕疵，完全出乎人们的意料。”就连埃弗雷特本人第二天也写信给林肯：“我用了两个小时总算接触到了你所阐明的那个中心思想，而你只用了两分钟就说得明明白白。”林肯这次出色演讲的手稿被收藏到了图书馆，演讲词被铸成金文，存入了牛津大学，作为英语演讲的最高典范。

林肯在这次演讲中靠什么取胜？那就是简洁的语言，他简短的演讲比长达两个小时的演讲更彰显出语言的力量。正所谓“浓缩就是精华”，因为简洁，它所表达出来的思想会更有深度，表达的意思更清晰，彰显的内容更有分量。

鬼谷子智慧

任何事物都只有一个名词来称呼，只有一个动词来标志它的动作，只有一个形容词来形容它。如果讲话者词汇贫乏，说话时即使搜肠刮肚，也绝不会有精彩的谈吐。我们在平时的语言积累中，要尽可能地掌握更多的词汇，这样才能说出简洁而有力道的话。要想自己说话简洁而有力道，就需要“删繁就简”，说话要简洁，势必要删掉那些冗长的、反复的词汇，尽量把复杂的话简单地说出来，这样才能简单易懂，才能直入人心。

铿锵有力，掷地有声

与贵者言，依于势。

——鬼谷子

鬼谷子认为，与地位显赫的人谈话，就要依靠宏大的气势。语言是人们进行思想情感交流的重要工具，而语言的表达方式则多种多样，时而柔和，时而犀利，时而强势。在这其中，“舌战”是人们语言的激烈形式之一，同时，舌战也是一场智力的较量，这时候我们需要运用“犀利”的语风，适时说一些“硬话”。犀利的语风是指在语言表达的内容中有比较犀利的成分，同时相应地对语调、语气都有特殊的要求。把犀利的语风隐藏在话语中，通过语言真正击中对方的要害，使其有所顾忌，能够令其知难而退，最终达到影响他人心理的目的。

吴仪曾说：“我从没想到要投身政治，只想做个企业家。”1967年，29岁的吴仪初到燕山石化。她凭着一股子干劲，从开推土机，到做技术员、工程师，再到出任厂长、经理……人们曾以敬佩的口吻说：“她几乎是从男人堆中干出来的。”

在国际谈判桌上，吴仪以她的机智、干练和强硬，赢得“中国铁娘子”的美誉。1991年，中美进行知识产权谈判。一开场，美国人态度嚣张：“我们是在和小偷谈判。”吴仪闻后，立即予以反击：“我是在和强盗谈判，请看你们博物馆里的展品，有多少是从中国抢去的？”她犀利的语风让对手意识到“这个女人不简单”。美国前商务部长埃文思评价她说：“她总是面带微笑，可这微笑中能让人感到她的坚强意志和工程师般的思维”。

美国《福布斯》杂志连续三年把她列在“世界一百位最有影响力女性”的前三甲中。吴仪，这位共和国历史上第三位女副总理、中国权位最高的女性，曾多次被冠以“铁娘子”“时代女性”“拼命三娘”等称号。吴仪那犀利的语风以及干练的谈判风格，令谈判对手对她刮目相看，同时，也让我们理解了为什么人们对她冠以“铁娘子”的美誉。

春秋时期，秦国准备袭击郑国，走到滑国时，这个消息被郑国的商人弦高知道了。弦高原打算去周国做买卖，但他不忍心自己的国家蒙受损失，便打算劝秦国主将改变主意。弦高知道，如果以硬对硬，肯定会适得其反。于是，他带着4张熟牛皮作礼物，又赶了12头牛去犒赏秦军。他故作恭敬地说：“我国国君听说您将行军经过敝国，特地派我来犒劳您的随从。”

虽然弦高这话说得十分客气，但字里行间却透露出犀利的语风，他的弦外之音是：你们要偷袭郑国，但这个消息已经走漏出去了，郑国早已经有了准备。由于秦强郑弱，郑国才派出了使者慰劳秦军，以尽礼仪之道。如果秦国不识相，那就只好兵刃相见了。他那软中带硬的字句，无一不透露出犀利的语风，语言内容中带着比较强硬的成分，令秦军刮目相看。

1984年，里根为了竞选总统，与对手蒙代尔展开了一场电视论辩。在论辩中蒙代尔自恃年轻力壮，竭力攻击里根年龄大，不适宜担此重任。里根回答说："蒙代尔说我年龄大而精力不充沛，我想我是不会把对手的年轻、不成熟这类问题在竞选中加以利用的。"如此一句绝妙的回答立即博得全场的热烈掌声，到了论辩结束之后，里根胜利地当选总统。

面对蒙代尔的攻击，作为年长者的里根如果以牙还牙，开口大骂，这样会有失身份，但如果装聋作哑，那么在蒙代尔的锐气面前又显得气势低下了。于是，里根客气地予以了反击，犀利的语风中抨击了蒙代尔作为年轻人的浅薄和狭隘。貌似客气的一番说辞，却毫不客气、一针见血地指出了对方的"不成熟"，有力地反击了对手，在观众面前树立了自己更能胜任总统的印象，他那犀利的语风，使得自己最终赢得了胜利。

那么，如何在语言中表达出犀利的语风呢？

为了使整个语言彰显出犀利的语风，我们在说话时需要使用柔中带硬的语气。换句话说，我们说话的态度是柔和的，但话语中却要包含着强硬的成分，这样的犀利语风才会令对方刮目相看，比如"听你这么一说，我确实没有见过你们这样独特的礼貌方式"。

鬼谷子智慧

我们在说话时想要巧用"绵里藏针"，关键在于你的"针"既要硬，又要扎得准，这样才能击中对方的要害，令其刮目相看。犀利的语风隐藏在字里行间，不需要直接用强硬的话说出来，因而，我们在进行语言表达的时候，需要使用委婉含蓄的表达方式，把话说得既艺术，又能对他人心理造成影响，让对方明白你话里的锋芒所在。

高屋建瓴，有理有据

与富者言，依于豪。

——鬼谷子

鬼谷子认为，与富有的人谈话，就要依靠高屋建瓴。在很多时候，我们会有一些难以言说的话，或者不便于表达的想法，这时候我们可以借助于讲故事或者举例子，婉转地表达出自己的想法和建议，让对方明白自己的用意。有理有据，高屋建瓴的语言更令人臣服。无论是讲故事，还是举例子，我们都是通过一些事例来传达自己的观点。

如果直接说出自己的意见或想法，对方有可能会拒绝接受，这就需要具有隐晦性而又有代表性的事例来加以表达，一方面可以省去直接表达带来的弊端，另一方面还可以增强一定的说服力，同时，这样的表达方式也更容易让对方接受，继而影响到对方的心理。

战国时代，齐国有一个名叫淳于髡的人。他的口才很好，也很会说话。他常常用一些有趣的隐语来规劝君主，君王不但不生气，而且乐于接受。当时齐国的齐威王，本来是一个很有才智的君主，但是，他在即位以后却沉迷于酒色，不管国家大事，每日只知饮酒作乐，而把一切正事都交给大臣去办理，自己则不闻不问。因此，政治不上轨道，官吏们贪污失职，再加上各国的诸侯也都趁机来侵犯，使得齐国濒临灭亡的边缘。

虽然齐国的一些爱国之人都很担心，但是都因为畏惧齐王，所以没有人敢出来劝谏。有一天，淳于髡见到了齐威王，就对他说：“大王，为臣有一个谜语想请您猜一猜。某国有只大鸟，住在大王的宫廷中，已经整整三年了，可是他既不振翅飞翔，也不发声鸣叫，只是毫无目的地蜷伏着，大王您猜，这是一只什么鸟呢？”齐威王本是一个聪明人，一听就知道淳于髡是在讽刺自己像那只大鸟一样，身为一国之尊，却毫无作为，只知道享乐。而他再也不想当一个昏庸的君王，于是沉吟了一会儿之后便毅然地决定要改过，振作起来，做一番轰轰烈烈的事，因此他对淳于髡说：“嗯，这一只大鸟，你不知道，它不飞则已，一飞就会冲到天上去；它不鸣则已，一鸣就会惊动众人，你慢慢等着瞧吧！”

淳于髡所引用的“隐语”实际上就是讲故事或者举例子，把自己劝谏的内容通过隐晦的方式传达给君王，这样一种进谏方式无疑会受到君王的喜欢。而且，齐威王本人也是一个非常有智慧的人，他很喜欢听隐语，虽然他不喜欢听别人的劝告，但淳于髡这样婉转的劝告却让他愉快地接受了。在一番言语之中，齐威王接纳了淳于髡的劝告，意味着他的心理受到了影响。

自古以来，那些颇具智慧的大臣在向君王进谏的时候，都会采用这样的表达方式。比如，在《邹忌讽齐王纳谏》中，邹忌并没有直接说出自己的建议，而是通过举例子来表达自己的想法：“臣诚知不如徐公美。臣之妻私臣，臣之妾畏臣，臣之客欲有求于臣，皆以美于徐公。今齐地方千里，百二十城，宫妇左右莫不私王，朝廷之臣莫不畏王，四境之内莫不有求于王。由此观之，王之蔽甚矣。”所以，我们在交谈过程中，若是遇到不好说的话或者不好表达的意见，也可以通过讲故事、举例子来巧妙地传达给对方，让他明白自己的用意。

在谈话中讲故事或者举例子，都可以起到使谈话内容具体、增强说服力的作用。但是，我们在选择故事或例子的时候，需要注意其代表性。如果你讲了一个很长的故事，却因为不具备代表性而使对方不知所云，这样就无法达到沟通的效果。

当我们在讲故事或举例子的时候，还需要注意其量的适当性，不能老是在谈话中讲故事、举例子。偶尔在谈话中穿插一个故事或例子，这样让人很新鲜，但经常使用就会使人心生厌烦。

鬼谷子智慧

语言应该有理有据，所以当我们在选择讲故事或者举例子的时候，肯定是想避免直接表达带来的弊端。因此，即便是在讲故事或者举例子，我们也要适当注意表达的隐晦性，不能直白地在故事中阐明自己的想法。我们所需要表达的想法和意见，完全可以借助于故事或例子去婉转表达，这样才能更好地影响对方的心理。

予人甜头，以利相诱

与贫者言，依于利。

——鬼谷子

鬼谷子认为，与贫穷的人谈话，就要以利益相诱惑。在日常生活中，要想打动对方，必要的时候，我们应该先让对方尝点甜头。所谓“吃人嘴短，拿人手短”，对方一旦尝到了其中的甜头，自然就很愿意帮我们了。在我们身边，有的人始终抱着“有事有人，无事无人”的态度，他把别人提供的帮助看作是理所当然的行为，一旦自己的目的达到了，他就不再理睬对方了。时间长了，大家都知道他这样的心态，纷纷远离而去。其实，在日常交际中，人与人之间是建立在互惠互利的基础之上的，没有互惠互利，就没有互信互助。

王先生凑集资金打算创办一所艺术学校，经过了一年的努力，终于有了眉目，就还差中专学历这一关了。这该怎么办呢？后来，通过朋友的介绍，他决定去拜访区教委的一位委员。王先生了解到这位委员脾气很大，为人刚正廉洁，对社会上的歪风邪气深恶痛绝，之前有许多人送礼办事，结果都是吃了闭门羹，不然就是被逐出门，事情自然也没办成。

所以，王先生只带了一张笑脸就去了，他说："在您休息的时候打扰您，这是很不礼貌的，请您原谅。这次拜访您，是办学申请学历的事情。申请已经交上去了，可是没等到消息，教委那边我没熟人，朋友就介绍我到您这里来，希望您关照一下。如果申请不够充分，希望您在审批时指点一下，我再重新申请。"那位委员却回答得模棱两可："如果你具备了各方面的条件，应该会批准的。"这时，王先生留意了一下，他发现委员客厅里有几十块"砚台"，凭着自己的直觉，感觉这位委员应该对"墨砚"有特别喜好。

王先生第二次拜访时，带了一件礼物，那是用唐朝砖头制成的一块"砚台"。见面寒暄后，王先生从皮包里掏出了报纸裹好的砖头，对委员说："上周我回了一趟老家，在废石堆里发现了这块带字的砖头，就带了回来，我也不懂得，今天带来，您给看一下。"那位委员接过了砖头，左看右看，又拿起了放大镜仔细观察，惊讶地说："这是墨砚，看来是精雕细琢过的，这肯定是哪位名人用过的，真是宝贝啊！"王先生的回答却很随意："不过是块烂砖头，如果您不嫌放在家里碍事，您就垫花盆用吧，我就不打扰您了，告辞了。"就这样，一块宝贵的墨砚让那位委员尝到了甜头，没过几天，王先生接到了通知，自己学校的学历问题解决了。

王先生所送的"墨砚"既别出心裁，同时，也很符合对方的心意。更重要的是，委员平白无故得到了一块珍贵的墨砚，自己已经尝到了甜头，又怎么会不懂得回馈呢！这样一来，办事焉有不成功之理呢？

许多人无法摆脱眼前利益的陷阱，一心只想得到眼前的利益，不舍得让给别人，不惜耗费大量的精力和财力在上面。等到他得到了眼前利益的时候，才发现自己早已经被拒之门外了，他们的失败就在于"舍不得孩子，套不着狼"。所以，在求人办事的时候，我们要舍得失去，舍得将即将到手的利益拱手让出，以利益打动对方的心，这样，我们的事情才能办好，也才能与对方谋求更长久的合作。毕竟，只有放弃了眼前的利益，我们才能获得更为长久的发展。

当然，要想对方能够尝到甜头，送礼是最恰当不过的了。在日常生活中，我们常说"礼多人不怪"，在送礼之风越来越盛行的现代社会，拜访朋友捎点东西，看望老人买点补品，逢年过节更是礼不断。在这样的大趋势下，如果我们在办事时空着手，什么都不表示，办事也就无从下手。其实，在反复送礼、回礼的过程中，你会发现礼物让彼此之间的距离更近了，如此，也就更容易打动人心了。

鬼谷子智慧

当你想对方为你做点什么，或者想打动对方的时候，你自己也应该付出点什么，比如让对方尝尝甜头，让对方明白，他的效劳能换来一点回报。所以，我们在向他人求助的时候，如果能在言语中透露中你所给出“甜头”，或者先让对方尝了甜头，再提到求助的事情，相信，在大多数情况下，对方都会乐意帮助你的。

谦和有礼，以退为进

与贱者言，依于谦。

——鬼谷子

鬼谷子认为，与卑贱的人谈话，要依靠谦敬。我们发现，在生活中那些言语谦虚诚恳的人很容易获得他人的认同，而那些言辞激烈的人却难以获得他人的肯定，这是为什么呢？其实，前者所使用的就是“以退为进”的方法，表现得格外谦虚诚恳，以此打动对方，对方自然也就能够认同自己了；而后者太急于表现自己，反倒惹人厌。通常情况下，人们对于那些言辞谦虚诚恳的人总是怀有一种莫名的好感，会觉得其人品值得信赖，在交往的过程中，就会对其产生好感，并且认同对方。

章老师是一所高校有名的教授。有一天，一位隔壁学校的同学来找章教授，要章教授做他校外的论文评阅人。因为当时规定，论文答辩时要请一个校外的专家来指导。

这位同学一进门，见章老师的屋里坐了好几位老师在商讨什么问题。他也搞不清哪位是章教授，张口就问：“谁是章炳山呀？”章老师听到这个学生直呼自己的名字，脸色微微一变，几位老师也面面相觑。不过，章老师回答道：“我就是，找我有什么事吗？”那位同学大大咧咧地说：“噢，你就是章炳山呀，我可早就听说过你了。我是某某教授的学生，我的论文你给我看一下！”章教授到底是有涵养的人，虽然看到这个学生说话嚣张，他也不过随口答道：“那你就放那里吧！”

没想到，这名学生直接把自己的论文往章老师的桌子上一扔，似乎在吩咐章老师：“你快点看呀！后天我们要论文答辩，你可别耽误我的事！”此时，章老师这么有涵养的人也忍受不了了，火气顿时上来了，他对这位同学说：“这位同学请留步。请问一下是谁找谁办事呀？你的论文拿走，我没有时间给你看！”

一向很有涵养的章教授怎么会忍不住生气了呢？原因在于那位同学表现得太过嚣张，不谦虚，更别说诚恳了，在其话语中，透露出“目中无人、随意指使”的无礼态度。他急于获得章老师的认同，却不懂得适时“退步”，如此不仅得不到章老师的认同，反而惹得老师生气。其实，无论是求人办事还是普通的交谈，我们都需要以谦虚诚恳的言辞来说话，以退为进，赢得他人的认同。试想，如果那位同学说话能够谦虚一点、诚恳一点，那么，章教授一定不会为难他，反而会认同他，对其产生好感。

有位士兵骑马赶路，到黄昏了还找不到客栈，这时他看见前面来了位老农，便高喊道：“喂，老头儿，离客栈还有多远？”老人回答：“五里！”士兵策马飞奔十多里，仍不见人烟。“五里、五里”他猛地醒悟过来，“五里”不是“无礼”的谐音吗？于是他掉转马头赶回来亲热地叫了一声“老大爷”，话没说完，老农便说：“你已经错过路头，如不嫌弃，可到我家一住。”

刚开始的时候，士兵表现得太无礼，以至于老人不愿意搭理他，斥之“无礼”；后来，士兵为了获得帮助，适时退却，亲热地叫了一声“老大爷”，没想这一招真管用，老人一下子就改变了之前的态度，打心眼里认同了那位士兵，还发出了“到我家一住”的邀请。从这里不难看出，当我们需要他人帮助或想赢得他人认同的时候，不宜过度表现，不宜锋芒毕露，而应适时退却，以谦虚诚恳的言辞获得他人的好感。

大多数人都希望自己能得到他人的尊重，而你的谦逊将是对他人最大的尊重，即使你很有能力，但在他人面前也应该表现得谦逊一点，这样，才能够很好地打动他人，获得他人的认同。

在交谈中，我们要使用礼貌性的语言，有一些最常见的礼节语言惯用形式，比如，问候语“您好”，告别语“再见”，致谢语“谢谢”，致歉语“对不起”，回敬语“没关系”“不要紧”“不碍事”等。

鬼谷子智慧

那些说话嚣张、不懂礼貌的人，往往给人一种骄傲的感觉，于是，人们在心理上就对其有了距离感，更别说认同这个人了。在日常交际中，如果我们想获得他人的认同，不宜表现得太嚣张，而应该懂得适时退步，以谦虚诚恳的言辞，赢得对方的认同，达到打动人心的目的。

第十五章

修心之道——惟贤惟德，能服于人

本经阴符七术是鬼谷子的修心智慧，『本』，即根本的意思，『本经』，主要讨论精神修养，『阴符』，强调谋略的隐蔽性与文化莫测，蕴藏了浓厚的道家色彩。如果说前文大多侧重于权谋策略及言论辩论技巧，那本篇注重养精蓄锐之道。

士者通达，神能养志

真人者，同天而合道，执一而养产万类，怀天心，施德养，无为以包志虑、思意，而行威势者也。

——鬼谷子

鬼谷子认为，真人，是跟天与道合一的，他能够坚守“一”，而且产生并养育万物，怀着上天之心，施行道德，他是用无为之道指导思想而发出威势的人。良知作为人内心的是非准则，具有知善去恶的能力，人们能够凭借它去辨明是非善恶。换而言之，一个人发自内心的道德修养，会影响其言语、行为以及为人处世的原则。所谓德行第一，不过如此。尽管每个时代所持有的道德观念决定人们的言行，支配着人们对人、对物、对事的取舍，但是，那些拥有良好德行的人却总是受人尊敬。

一位风水大师走了很多很多的路，口十分干渴，终于看见一家庄园，他急忙去讨水喝。里面走出一位仆人，让他在门外等着，然后自己回去拿水。

大师等了很久很久，不禁心生抱怨。

水终于拿来了，用大碗盛着，风水大师正想大口喝，却不料上面撒了很多米糠，而且十分烫！

这位风水大师不禁愤恨，觉得这家主人故意折磨他，心肠真恶毒，但因口渴厉害，只能忍气吞声，边吹散米糠，吹冷开水，一点点地喝。

终于喝完后，大师就做了法，把这户心肠恶毒人家的风水调成了墓地般，好让其永无出头之日！

又过了若干年，这位风水大师因事又路过此庄园，没想到这里花红柳绿，比之前更加欣欣向荣，一片吉祥。

这位大师实在困惑，于是要求见主人，并告知当年喝水、转风水之事。

主人是位老太太，她听后微笑着说，这一带方圆几公里没有人家，你来这里一定走了很多路，马上喝水，对身体有害，让你等会，是为了平息你的气息，稍作休整；冷水更是伤身，因此换上开水，加上米糠，是希望你慢慢喝，一下子喝大口水，对身体有害。

大师听了十分汗颜，也十分羞愧。从此，他不再看任何风水，专注于自身的修行。因为他终于明白，比风水更大的是一个人的善心，比法更大的是因果，所谓一德行二命运三风水。

一个积德修行的人，不言自明。在自我修行中，德行为何如此重要？因为德行是做人的基础，是做人的根本，它是自心里面流露出来的。我们不仅要忠孝两全，而且要注重自身修养。做人不能自命不凡，要时刻保持谦虚谨慎的态度；不悲不喜，心平气和待人生；生活简朴，不忘初心方得始终；待人接物，与人为善；重人轻物，仗义疏财。修炼真正的德行，才能促使自己成为越来越好的人。

有一位老锁匠一生修锁无数，技艺高超，为了不让自己的技艺失传，他决定物色一个接班人。

在一段时间的挑选和培养过后，老锁匠决定在两个年轻人中作出选择。测试的方法很简单，两个保险柜，由两个徒弟分别打开。结果，大徒弟花费不到十分钟，二徒弟却耗时半个钟头。正当众人都以为大徒弟必胜无疑之时，老锁匠问两个人，保险柜内有什么。大徒弟双眼放光，“师傅，里面全是百元大钞。”而二徒弟却支吾半天说，“师傅，我没看到里面有什么，因为您只让我打开锁，我就只打开了锁。”测试的结果是二徒弟胜出。

众人不解，老锁匠微微一笑，“任何行业都要讲求‘信’字，尤其是我们这一行更需要很高的职业操守，他必须做到心中只有锁而无其他，否则，稍有私念便容易起贪心。每个修锁的人，心中都应该有一把不能打开的锁。”

在许多名企中，总会流传着这样的用人准则——有才有德先用，有德无才慎用，有才无德坚决不用。事实上，追溯中国的历史，早在唐代时对官吏的选拔就曾明确“四善”原则，而“德义”为首要标准。德乃做人之根本，这是毋庸置疑的。

修道之人要时刻惜福节约，崇尚简朴自然的生活，这样日积月累，才能培养出自己的德行。真正的生活想必是如此，自然而然，从容不迫，宠辱不惊，更是一种自由自在的修行。当人们重视内在德行的修养时，其生命往往会充满无所不在的精神力量。现代生活中处处可见名闻利养，但我们只要保持内心的德行，让自己如流水一般明净，不被混染，那所有的尘埃就会沉入水底，只保留水本质的清净。

鬼谷子智慧

儒家经典形塑的君子至少具有三项最为重要的品质：德行、治理技艺、威仪。其中，德行排第一。中国自古评人，总喜欢说某人是君子，某人是小人，其实这些评价人的标准就是从德行立论的。这样看来，君子必须是品德高尚的人，因为如果没有高尚的品德，即便能力再出众，也不足以成君子。

心有所欲，志存而思

养志之始，务在安己；己安，则志意实坚；志意实坚，则威势不分，神明常固守，乃能分之。

——鬼谷子

鬼谷子认为，要培养志向，首先要从使自己镇定开始；自己镇定了，志向意愿便会充实坚定；志向意愿充实坚定，威势就不会分散。精神明畅，经常固守，就能够震慑对方。

人生道路上，立志应当摆在第一位，一个人若是有了远大的志向，就可以无事不成。例如，对于诸葛亮来说，他几乎用了一生的时间来立志，不仅立下大志，而且竭尽全力去实现自己的志向。他最终成为中国历史上忠臣与智者的代表人物，在其成功的背后，不可忽视的是其远大志向带来的动力，正所谓“成大事者无不有大志”。一个人如果不立志，必然会失去奋斗的力量，或许，一辈子就只能碌碌无为了。

清代咸丰年间有个武官名为张曜，由于苦战有功，被提拔为河南布政使，但遗憾的是他自幼失学，没有文化，经常受到朝臣的歧视，当时的御史刘书楠当即说其“目不识丁”，因此改任他为总兵。

张曜从此立下志向好好读书，要使自己能文能武。张曜想到自己的妻子很有文化，便回到家请求妻子教自己念书。妻子说：“教书是可以，但是有一个条件，就是要行拜师之礼，恭恭敬敬地学。”张曜满口应承，马上穿上朝服，让妻子坐在孔子牌位前，对她行三拜九叩之礼。

从此以后，只要张曜有空余时间，都由妻子教他读史经。每当妻子摆出老师的架子，他都躬身肃立听训，不敢表现出不敬。而且，他还请人刻了一方“目不识丁”的印章，经常佩在身上自警。

几年以后，张曜终于成为一个很有学问的人。后来，他在山东做巡抚时，又有人参他“目不识丁”，他就上书请皇上面试。结果，面试成绩令皇上和诸位朝臣大感惊奇。张曜在山东任职期间，筑河堤，修道路，开厂局，精制造，做了很多利国利民的事情。因为他勤奋好学，死后皇帝谥他为“勤果”。

生活在现代社会的我们，从小就接触到“志向、理想”这样的字眼，当稚嫩的小手写下远大的志向时，我们心中涌起的是兴奋、自豪。可是，随着时间的流逝，我们曾经立下的远大志向也日渐模糊。或者，对于刚刚进入社会的我们来说，心中所剩下的志向不过是“安安分分做自己的工作”。

如此这般，工作就失去了前进的动力，而我们也丧失了为理想而奋斗的斗志。相信大多数的上班族每天所经历的都是这样一个状态：无精打采，计算着休息日和假期，过一天是一天。如果问他："你有什么远大的志向？"突然之间，他会觉得茫然失措，在过去的经历中，他曾经立下的远大志向早已千疮百孔。

小辉和小枫一起进入了公司的销售部，两人学历相当，不过，两人的出身却有天壤之别。小辉来自于偏远的农村，由于家庭贫困，当初是接受了好心人的资助才上了大学，不过，凭着自身优异的成绩，他在第一轮面试就胜出了。小枫从小生长在城市，虽然说不上大富大贵，但是家境殷实，从小衣食无忧，毕业后没费多大的力气就进入了这家公司。

小辉自觉得出身不好，心中暗自较劲，他给自己立下了志向：一年内混出个样子来，至少坐上副主管的位子。而小枫却是一个没什么大志的人，好逸恶劳，他所希望的工作就是：钱多事少离家近，能偷懒就偷懒，在公司上上网聊聊天，提前下班去接女朋友。

几个月过去了，销售部主管的同事都知道，部门里最拼的是小辉，最懒散的是小枫。而在这几个月的工作中，小枫感到自己进入了人生的低谷期，他搞不懂这是为什么。明明自己和同事一样干活，从来不和小辉抢单子，很老实，又不犯错，但是，主管偏偏就是不喜欢自己，总是丢死单给自己。

小枫和小辉的关系还不错，两人在喝酒时，小枫忍不住问了小辉一个问题："为什么主管偏偏不喜欢我呢？"小辉说："哪个主管都不会喜欢混日子的人，他们喜欢有志向的人，因为有志向才有拼劲，你要懂得一个道理，在办公室里只有两种人，不是主角就是龙套，而志向将决定你的命运。"

在每个公司里，都有充满野心想往上爬的人，同时，也有那种只想着偷懒没什么大志的小职员。可能，刚进公司的时候，大家都站在同一条起跑线上，可是，过了几年，有远大志向的人不断地升职，或者跳槽找到更好的工作；而没有大志的小职员永远都是小人物，他们永远蜗居在公司的最底层。正如小辉所说："在办公室里，只有两种角色——主角和龙套。"如果你没有做"主角"的大志，那么，你就只能跑龙套，你的志向将决定你的命运。

鬼谷子智慧

一个有野心、有志向的人会成为主角，反之，一个碌碌无为、只想偷懒省力的人，只会成为龙套。千万不要相信“我们没必要那么累，有事情让别人去做就好了”这种话，你要想比别人生存得好，就要立下远大的志向，一定要当主角。

内坚威盛，再则莫当

威覆盛，则内实坚；内实坚，则莫当。

——鬼谷子

鬼谷子认为，威力发挥要盛大，要凭借内部的充实坚定；只要内部充实坚定，威力发出便没有谁能抵挡。若想内心变得更坚韧，那就需要不断学习。人的心就像是一个天一样广阔的辽原，但是有些人的心被私欲所蒙蔽了，使得他们的心失去了它本应该有的包容，从此便再也没有接受的能力了。我们应当让学习成为一种习惯，学得越多，越能了解世间知识的广博，从而明白自己的无知。

学习，是我们每个人都应该养成的良好习惯与性格。一个人若是将学习变成一种习惯，他就能够把握住人生的正确方向。在现实生活中，许多人知识匮乏，能力不足，碌碌无为，有的人甚至步入歧途，这是为什么呢？其实，一个很重要的原因就是他们不能自觉、持续地学习。有的人从来不当学习是乐趣，而是把学习当作一种负担；有的人说起学习来头头是道，自己却缺少实际行动。他们不学习的原因并不是“学习枯燥乏味”“太忙没时间”，关键在于他们没有养成良好的学习习惯。

毛泽东同志经常说：“饭可以一日不吃，觉可以一日不睡，书不可以一日不读。”他无疑是学习的最佳典范。在长征途中，他曾躺在担架上看《列宁与革命》；新中国成立以后，他那宽大的床被大量的书籍占据着；就在他生命的最后一段时间，他依然让工作人员读书给自己听。无论在什么样的环境中，他都能坚持学习，其中一个重要的原因就在于他把学习培养成了一种习惯，变成了他生活的一部分。一个人要想做到时时学习、处处学习、终生学习，一个很重要的前提和基础就是让学习成为一种习惯。

一位著名的芝加哥商人说，自己需要花一个星期的时间去拜访国内的各同行商店，彼此交换自己对经营的看法；每年总要外出旅行一次，去考察各家著名商店的管理与经营。他认为：“要使自己能够站在广阔、不偏的视野上观察自己的素养，要保持自己的事业永不衰败，这种旅行是绝对的必需。”

在每一次拜访与旅行中，他都不断地完善自己，努力使自己的商店更好一点，他说：“这样的学习已经成为一种习惯了。”如果他从来不出自己的店门，不与其他商人交流，那么，他自己所经营的商店就不能获得进步，有可能永远在原地踏步。

让学习成为一种习惯，最重要的就是要行动起来，我们应该充分认识到学习的重要意义，真正把学习当成一种责任、一种追求。当然，让学习成为一种习惯，并不能一蹴而就，而是一个长期的过程。在这个过程中，我们需要将自己的坏习惯改变成学习的好习惯。不要沉湎于棋牌桌上的玩乐，不要沉浸在觥筹交错的应酬中。任何一种习惯都有强大的惯性，好习惯是这样，坏习惯更是如此。一个人的时间和精力有限，如果你想让学习成为一种习惯，那么，就要改掉自己的坏习惯。

有人说：“杰奎琳的第一个魅力是深不可测的智慧美。”熟悉杰奎琳的人，都会说到她对于书的感情。杰奎琳是一个典型的书迷，她对书的痴迷程度是常人难以理解的。就连她的丈夫肯尼迪也会惊叹：“无法理解她为什么那么喜欢看书。”

她几乎博览群书，不管什么书都看得很认真，尤其喜欢诗集、历史书籍或关于艺术的书籍。随着地位的升高和年龄的增长，杰奎琳看书更加刻苦，并通过读书不断提高自己，如此的学习经历使得她在离开白宫后仍然被人们所记住。在离开白宫后，她反而变得更有名，成为了一个更具影响力的女人。

杰奎琳的公寓和别墅里装满了各种书籍，桌子上和桌子下、沙发和椅子，到处都堆满了书，整个别墅就相当于图书馆。她经常指导朋友希拉里“做一个读很多很多书的女人”，在杰奎琳看来，要想成为一个传奇女人，其奥秘就是书和学习。

莱因霍尔德曾这样说：“杰奎琳在社会学和神学上表现出的智慧感动了我，我被杰奎琳感动以后，便下决心支持她的丈夫。”戴高乐在见识杰奎琳的智慧之后，这样说道：“杰奎琳女士对法国历史的了解程度远远超过了法国本土的妇女们，她并不介入政治，但又给自己的丈夫赋予艺术和文学支持者的名声，自从认识杰奎琳以后，我对美国更加信任了。”

杰奎琳非凡的智慧应该归功于她自己的终生学习。即使在自己地位和名声升高的时候，她也不放弃学习的机会，而且变得更加刻苦，并通过学习来提升自己的文化修养。这位伟大的第一总统夫人已经将学习当成了一种习惯，当成了自己生命的一部分。

鬼谷子智慧

著名语言文字学家周有光在已年逾百岁时，但仍坚持每天伏案学习，笔耕不辍。有人问他：“您都一百多岁了，又有那么多成果，为何还那么辛苦呢？”他坦然一笑，回答说：“辛苦吗？我没觉得，一辈子的习惯，想改都难。”当学习已经成为了一种习惯，你想摆脱都很难了。一个善于学习的人，他的内心是极为满足的，而他的才情都是用足够的知识和生活经历所积累的。

效法鸷鸟，循间而动

散势者，神之使也。用之，必循间而动。

——鬼谷子

鬼谷子主张，散发威势，即利用权威和有利形势采取行动，要效法鸷鸟。散发威势，是由精神主宰的。要散发威势，一定要抓住时机行动。有人说：“‘君子以自强不息’，为什么还要将自己的光华内敛呢？”这句话固然说得对，但是有失偏颇。

在西方流传着这样一句话：“尽管星星都有光明，却不敢比太阳更亮。”纵观历史长河中，多少有才能的人，不仅没有因为才能而走出人生的广阔天地，反而因为太过暴露自己的才能而陷入了人生的低谷。游走于社会，切忌争强好胜，事事张扬，人们都愿意与一些稳重谨慎、收敛锋芒的人相处，因为锋芒毕露的人，往往会给人留下浮躁、偏激、年轻气盛和缺乏修养的印象。相反，若是收起锋芒，韬光养晦，则能给自己留下一份回旋的余地。

老子说：“大巧若拙，大辩若讷。”意思就是说那些大智慧的人、真正有本事的人，虽然有丰厚的才华学识，但平时像呆子，从来不自作聪明；有的人虽然能言善辩，但表现得就好像不会说话一样。早在几千年以前，老子就一语道破了智慧人生的玄机，那就是我们无论处于一个什么样的位置，锋芒必不可露，不要随处显示自己的聪明。

王女士在一家德国公司驻上海分公司做公关经理，她在商场上有很高的声誉。有一次，德国总公司的几位最高领导决定在上海举行宴会，除了上海分公司的总经理以及一些要员外，德国总部的要员当然少不了，再加上一些合作无间的大客户，宴会办得很隆重、盛大。王女士作为上海分公司的公关经理，她经常以女强人自居，因为在许多方面，她所带领的团队都是干得最出色的。在宴会上，不知是被胜利冲昏了头脑，还是内心的自豪感作祟，她的风头竟凌驾于总经理之上。

宴会当晚，王女士周旋于宾客间，确实令现场的气氛甚为愉快。直至分别由总公司的高级主管以及分公司的总经理说话时，她仍在旁边介绍他们出场。到了自己的上司，也就是分公司的总经理该出场时，她在介绍之前，竟擅自做主地说了一段话，感谢在场客户的支持。虽然仅仅是几句话，但这已经让总经理皱起了眉头，因为她当时负责的只是介绍上司出场，并没有发言这个环节。

宴会结束后，分公司总经理被上级邀请开会，研究他是否能坚守自己的岗位，而不是凡事都由公关经理代为处理。最后，王女士主动辞职，理由是自己被削权了，但她始终不知道是由于自己锋芒太露而喧宾夺主。

身处职场，被人比下去是一件令人恼火的事情，因此，如果上司被我们超过，这对我们来说不但很糟糕，而且会产生致命的后果。在职场，自以为的优越感总是令人讨厌的，更是很容易招致领导和同事的嫉妒。对于领导者来说，他最讨厌自己被超过，当领导的总是要显示自己在一切重大的事情上都比其他人高明，他喜欢被人辅佐，但最讨厌被人超越。在这样的情况下，如果你锋芒毕露，逞强显能，那必然会自食其果。

《菜根谭》说："鹰立如睡，虎行似病。"老鹰站在那里就如睡着了一样，老虎走路的时候很像是有病在身，而一个真正具有才华的人反倒不显山不露水。收敛锋芒是一种修炼，一种体悟。在平日生活中，待人处世需要多自我克制一些。当自己处于不利地位时，不如先退让一步，这样做不仅能避其锋芒，脱离困境，还可以另辟蹊径，重新占据有利的位置。当然，如果形势对自己非常有利，就更需要放低姿态，谨慎处事，收敛锋芒，才能不被现实所伤。所谓"兵强则灭，木强则折""强梁者不得其死"，说的就是这个道理。

麦克大学毕业后被一家公司看中，第一天的工作结束后，他回到家里就高兴地告诉父亲："公司总裁表扬我了。"没想到，父亲并没有想象中那样高兴，而是神色紧张地问："总裁是怎么表扬你的？"麦克回答说："总裁说我是公司第一个毕业于名牌大学的毕业生，也是公司花重金请来的专家，希望大家多跟我学习。”父亲听了连连摇头说：“不行不行，总裁先生怎么可以这样说呢，你毕竟还是个刚毕业的学生嘛，怎么就成了专家呢？我得去跟你们总裁先生说清楚，否则真的会误事的。”

麦克以为自己听错了，很不解地问父亲：“您是不是老糊涂了？总裁先生表扬我了，您还不高兴，还要去找人家的麻烦。是不是还得去求人家骂我，您才高兴啊？”他气冲冲地出了门。然而，他一脸沮丧地回到家，父亲问：“出什么事情了吗？”麦克说：“大家怎么都不理我呢？我们都是公司的一员，完全可以团结互助嘛。再说，我又没有得罪他们，他们凭什么孤立我？”这次父亲只是微笑着说：“这就对了，你是一个新人，他们对你不友好是对的，慢慢地，他们就会接受你的。”麦克一副很不理解的表情，父亲却不慌不忙地说：“你只要按照我的方法去做，同事们很快就不会再排挤你了。你首先得虚心地向别人学习，并且适当地去表扬别人，就好像总裁先生表扬你一样。”

果然，没过多久，总裁先生再次表扬麦克：“不但专业水平高，还懂得团结同事。”

那些到处显露聪明的人实际上并没有受到人们的喜欢，他们会处处受到排挤，最后郁郁不得志。我们深究其原因，就是因为他们锋芒太露，太过张扬，从来不掩饰自己的聪明，甚至为了表现自己的聪明才智，他们常常口若悬河、直抒胸臆，丝毫不考虑别人的感受；或者毫不留情地当面指出对方的错误，不给对方一个台阶下。

鬼谷子智慧

一个人有绝顶的聪明，有满腹才华，那固然是好事，但在合适的时机运用才华而不被或少被人所妒忌，避免功高盖主，这才是最大的才华。一个拥有大智慧的人，他从来不会到处炫耀自己的聪明和才华，因为他懂得更好地保护自己，这样的人才是真正有智慧的人。

灵活变通，方圆并用

圆者，所以合语；方者，所以错事。转化者，所以观计谋；接物者，所以观进退之意。

——鬼谷子

鬼谷子认为，圆转灵活，是为了使彼此意见融洽；方正直率，是为了正确地处理事务。运转变化，是为了观察计谋的得失；接触外物，即与人交往，是为了观察别人进退的意图。哲学家曾经说："你改变不了过去，但你可以改变现在；你想要改变环境，就必须改变自己。"没有任何东西是一成不变的，你只有懂得了灵活变通，才能巧妙取胜。也许，通往成功的路多得数不清，但你依然可以选择以变化自己为途径，踏上某条成功之路。在纷繁杂乱的社会中，灵活变通是做人不可缺少的法宝。

正所谓"变则通，通则久"，说的就是这个道理。但在现实生活中，总有那么一些人，凡事愿意较真，喜欢钻牛角尖，思维僵化，不懂得如何变通，他们从来不考虑事情的多面性与多样性，只认定一个想法，最终闯进了一条死胡同，这就是不懂得灵活变通的后果。虽然在生活中，我们需要那么一股子劲儿，但是适时的时候，也要学会变通，才能达到成功的顶峰。有的时候，我们明明可以绕道而行，轻松抵达目的地，但有的人偏偏喜欢一条路走到黑，结果把自己撞得头破血流，这又是何苦呢?

那些不懂得灵活变通的人，做人循规蹈矩，太过死板，以至于他只能在原地踏步。这样的人往往会因为钻牛角尖而走向极端，他们太以自我为中心，总是画地为牢，不敢越池半步，最终的结果可想而知，只能自己一个人尝透失败的滋味。做人要懂得灵活变通，以巧取胜，这样即便是遇到了突发事件，也能轻松应对。明明知道前面就是死胡同，就不要一味地钻牛角尖，甚至头撞南墙也不回头。如果你在这个时候理智地选择放弃，独辟蹊径，开创出自己的新天地，那么，你的人生又多了一番别样的美丽。

在现实生活中，当我们在处理一些问题的时候，绝大多数人都习惯性地按照常规思维去思考，由于不懂得变通，最终不得不走向失败；而如果我们能学会灵活变通，就会发现在“山重水复疑无路”之后，迎来“柳暗花明又一村”的境况。只有变通，才会有所收获，才会取得最后的成功。

章鱼的体重可达几十公斤，虽然它拥有如此巨大的身躯，整个身体却非常柔软，柔软到几乎可以将自己挤进任何一个想去的地方。令人神奇的是，它竟然可以穿过一个银币大小的洞。一些渔民掌握住了章鱼的这一特点，便将小瓶子用绳子串在一起沉入海底。章鱼一看见小瓶子，都争先恐后地往里钻，不管这个瓶子有多么小，多么窄。

结果，这些在海洋里横行霸道的章鱼，就成了瓶子里的囚徒，成为了渔民的猎物，最后成为了人们餐桌上的一道美味。

整个海洋异常宽阔，但章鱼偏偏要向一个瓶子里钻，最终丢掉了自己的性命。也许，你会嘲笑章鱼的愚笨，但实际上，生活中的我们在很多时候就像这些章鱼，不懂得灵活变通，最终面临失败。

王国维在《人间词话》里说：“诗人对于宇宙，须入乎其内，又须出乎其外。入乎其内，故能写之。出乎其外，故能观之。入乎其内，故有生气。出乎其外，故有高致。”这就是告诉我们，无论是做人还是做事，都需要灵活变通，不能太死板，也不必拘泥于某个地方，这样才能在复杂的社会中左右逢源，获得成功。

鬼谷子智慧

其实，未来并不是只有一个方向，世界也并不是只有一个样子。只要你学会了灵活多变，舍弃了“头撞南墙不回头”的气势，做一个懂得变通的人，就能以巧取胜，否则通往成功的路途中，你只会举步维艰。所以，要想成功，就要学会灵活变通，以巧取胜。

第十六章

持枢之道——善识时务，顺势而为

持枢，就是掌握行动的关键，控制事物的规律。比如春季耕种，夏季生成，秋季收割，冬季储藏乃是天时的正常运作规律。不可悖反这一自然规律，而倒行逆施。凡是违反自然规律的，即使成功一时，也终究必败。

顺势而行，借力行事

持枢之道。

——鬼谷子

鬼谷子认为，持枢，就是掌握行动的关键，控制事物的规律。从小我们就被教育要独立奋斗，自己的事情需要自己去做，不要把希望放在别人的身上，凡事都应自力更生。虽然这么多年以来，我们从来没有否定个人奋斗的重要性，但当我们个人付出了很多的努力却难以得到回报的时候，就难免会产生一种忧闷的情绪，甚至灰心丧气、一蹶不振、自暴自弃。实际上，我们不妨从另外一个角度去想，想想如何借力行事，从而永远保持着积极向上的心态，这无疑是一条通往成功的蹊径。当然，这样的借力行事，并不是要我们完全摒弃个人奋斗，任何事情都需要依靠外力来帮忙。真正的借力行事，就是在我们原有的努力基础之上，巧妙外借他人之力，顺应天势，以此来达到我们所想要的结果，这就是人生中的大智慧。

孙中山曾说过："世界潮流，浩浩荡荡，顺之则昌，逆之则亡"。世间的任何事物都有其规律可循，顺势而为，才能事半功倍，即使是伟人，他们也不能逆势而为。而且，自古以来人们就讲究"天时、地利、人和"，方能成就大事。实际上，这都是借外力而为，顺势成事才是真正的大智慧。所以，当我们直接向前行却难以取得大的成就时，不妨舍弃坚持，借力行事，顺势而为之，必将成大事。

荀子在《劝学》中曰："假舆马者，非利足也，而致千里；假舟楫者，非能水也，而绝江河。君子生非异也，善假于物也。"寥寥数语就道出了人生的大智慧，君子其实与其他人并没有大的差别，只是因为他们善于借助和利用外物而已，这就是一种善于借助外力的大智慧。因为一个人的能力往往是有限的，必须借助外界的力量来达成自己的目的，借他人之力来促使自己的成功。

现实生活中，一个人要想成就一番事业，仅仅凭他单枪匹马是不足以获得成功的，他或多或少都要依靠外来的力量，比如地位、名望、财富或者权力，否则他就会举步维艰。比尔·盖茨曾经说："一个善于借助他人力量的企业家，应该说是一个聪明的企业家，在办事的过程中善于借助他人力量的人也是一个聪明的人。"因此，在人生的路途中，当你觉得一个劲儿地向前冲并不能为自己解决问题时，就要学会舍弃一些坚持。一个人横冲直撞并不能成功，必须借助他人的力量来增强自己的力量。

成吉思汗被世人赞为"一代天骄"，不过，成吉思汗在历史上几次大规模的战争中都处于劣势，为什么最终获胜的是他呢?

其实，这是因为成吉思汗善于利用外力来为自己打天下。他利用了札木合、王罕与蔑儿乞人之间的宿怨，利用塔塔儿人与王罕的旧仇，利用札木合与王罕之间的新隙，成功地分化了阿兰人与钦察人，然后各个击破，最后征服了整个东欧草原。他在对付每一个敌人的时候，都利用敌人内部矛盾，如利用札木合与他一些下属的矛盾，利用王罕父子的矛盾等。在扩张过程中，他利用金夏之间的矛盾，攻下西夏，从根本上清除了两国联合御敌的可能；而在攻打曲出律时，他又利用西辽的阶级矛盾与宗教矛盾，分化瓦解了曲出律的势力，使强大的西辽变得不堪一击。

每当成吉思汗征服一个地区，就把所俘获的俘虏杀了，妇女掳为己有，儿童抚养成长，成就了蒙古的新生力量，不杀的男丁、士兵则编入军队，充当伪军去进攻敌人。所以，随着蒙古大军的四处征战，成吉思汗的军队不但没有减少，反而多了起来。另外，他还常用俘虏去攻打敌人，当攻下了一个地方之后，他就把那些俘获的百姓放在军队前面，让那些百姓充当挡箭牌，一般守城的人见了自己的同胞都会手软，不忍下杀手，自然大大减轻了对方军队的战斗力。

成吉思汗借助敌人的力量，成就了一代天骄的美名。在他兵力还不是很雄厚的时候，他就先后联合了草原雄鹰札木合和王罕，依靠联合他人的力量来成就自己的事业，最后成为了草原霸主。事实上，许多历史上成大事者都很善于借助他人力量来使自己获得成功。三国时期，草船借箭的故事几乎家喻户晓。试想，如果当时孔明坚持自己造弓箭，那肯定会以失败告终，所以，他借助外力完成了任务，也让周瑜对他刮目相看。

鬼谷子智慧

鬼谷子认为，我们需要顺应规律，善于借力，如此才能顺势而行。无数的例子告诉我们，借力行事成为了通往成功之路的法宝。我们一个人的力量毕竟是有限的，而你要想在人生的道路上获得成功，除了靠自己的努力奋斗之外，有时候还需要借助他人的力量，就像是三月里的风筝，凭借好风力，才得以望尽大好河山。所以，在必要的时候，我们要放下“一意孤行”的固执，而善于借助外力来获得成功。

与其待时，不如乘势

谓春生、夏长、秋收、冬藏，天之正也。

——鬼谷子

鬼谷子认为，比如春季耕种，夏季生成，秋季收割，冬季储藏，都是天时的正常运作规律。有句老话说得好：“做事情要如中国一句成语说的‘与其待时，不如乘势’，许多看起来难办的大事，居然都顺顺当当地办成了，就是因为懂得乘势的缘故。”与其等待机会，不妨乘势而行，这样，机会反而掌握在自己手中。许多经验告诉我们，在事情的发展过程中，升势可能在跌势中产生，衰退也会从高潮中出现，因此，时机的选定要靠自己斟酌，与其待时，不如乘势，如此才能达到事情的尽善尽美。成功大师卡耐基说：“一个把握眼前机会的人，十有八九可以成功。”机遇来了，就应该抓住机遇，顺风而上。

在鬼谷子看来，一个人若想真正地把握机会，让机会变成实实在在的财源，出手要快，更重要的一点就是学会乘势而行。乘势得在时，不在争；机会大小在势，能否赚到大钱要看势有多大，势大机会就大。关于时势，自有一番分别："时，需要等待，是一种天道酬勤的等待；势，可遇而不可求。时，要因时而动，时动则动；势，要顺势而为，赚足趋势。"如此，才能时势造英雄。在现实生活中，很多时候，我们总是在等待机会的来临，殊不知形势已经变了，之前所等待的机会如今就在眼前。因此，我们要学会乘势而行，抓住机会方可成功。

胡雪岩帮助左宗棠筹办船厂就是乘势的结果，而在这之前，他对"乘势"别有一番理解。

在一次闲聊之余，左宗棠对胡雪岩说："有句话叫'与其待时，不如乘势'，许多看起来难办的大事，居然顺顺利利地办成了，就因为懂得乘势的缘故。谈到势，要看人、看事，还要看时。人之势者，势力，也就是小人势力之势，当初我几乎遭不测之祸，就因为湖广总督官文的势力，比湖南巡抚骆秉章来得大，朝中自然听他的，他要参我，容易得很。"

胡雪岩回答说："是的，同样一件事，原要看什么人说。"左宗棠接口说："也要看说的是什么事。以当今大事来说，军务重于一切，而军务之急，肃清长毛余孽又是首要，所以我为别的事说话，不一定有力量，要谈入闽剿匪，就一定会听我的，你信不信？"在谈到筹办船厂的事情时，左宗棠说道："办船厂一事，要等军务告竣，筹议海防，那才是一件大事。但也要看时机。不过，我们必得自己有预备，才不会坐失时机。你懂我的意思了吧？"胡雪岩自然深谙其中之意。

果然，胡雪岩在借款筹办船厂的时候，找准了形势，一办就成。

一件事情的成功在于天时地利人和，其中的"时"就是时机，若是时机不对，那么，事情自然会有所差池。我们常说："此一时，彼一时。"其实，所道出的就是时势之妙。在很多时候，虽然是同样一件事，但是，你此时去办，有可能花了精力与财力都不能办好；而彼时去办，却是不办则已，一办即成。其中的玄妙之处在于，事情本身并没有改变，而是外在的形势变了。胡雪岩正是掌握了其中的奥妙，找准了形势发展的需要，促成了筹办船厂和向洋人借款的事情。

村长很早就想经营养殖业，可是，在这个穷苦的小山村，想成功谈何容易。比如说，养鱼，光是水源就是一大难题。无奈之下，村长只好作罢，日出而作，日落而息，耕种着自己那三亩田地。

去年，经常干旱的山村竟然迎来了一场暴风雨，足足下了三天三夜。一场大雨过后，山洪暴发，把村长家仅有的三亩田冲成了大坑，积满了十多米深的水。全家人见此情景，愁眉不展，感到生活没有了希望。村长围着大坑走了几圈，突然笑了起来，他对家人说："这不是上天给了我一个大鱼塘嘛！既然不能种地了，那就养鱼呗。"说干就干，他先到一个养鱼专业户那里学习了养鱼技术，又借钱买来了鱼苗，年底，他还清了所有的借款后，还剩下了一万多。

从养鱼中尝到甜头的村长索性干到底，在第二年，又养鱼又养蟹，一年下来挣了好几万，这可比以前的土地经营划算多了。

村长因祸得福，全在于他懂得乘势而上，如果没有那场山洪，他就圆不了自己的梦想；如果没有失去土地，他有可能还在土地上经营，那么，只能够温饱，哪能发家致富呢？当形势未变的时候，即使花了大量的精力，也不能将事情做好；一旦形势有所变化，那些之前看起来困难的事情也变得简单了。所以，与其待时，不妨乘势，借着东风的力量，才能将船只划得更快更远。

鬼谷子智慧

鬼谷子认为，一个人只有善于乘势而行，才能行得更远，更稳当。俗话说："借得东风好行船。"东风所指就是势，若是没有东风，行船速度缓慢，有可能白花力气不说，还会耽误了行程；相反，若是有了东风，船就能顺势而下，节省了力气，也不耽误行程，岂不美哉。在现实生活中，我们既要善于发现时机，也要关注大形势的变化，有时候，形势一变，就可能生出许多机遇来，这时就要抓住机遇，顺势而上，做事自然是事半功倍。

顺应规律，逆之必败

不可干而逆之。逆之者，虽成必败。

——鬼谷子

鬼谷子主张凡事顺应大自然规律，否则，即便一时成功，也终将失败。对于我们来说，则应该顺应这个社会环境。一个人总是要看陌生的风景，结识陌生人，甚至生活在一个陌生的环境里。因为这个世界是变化莫测的，如果我们固执地待在最初的原点，那么，我们将不能适应这个世界的变化，并逐渐被这个世界所淘汰。当然，对于大多数人来说，他们更喜欢接触熟悉的人和事，因为熟悉，便少了内心的那份恐惧。

在陌生的人和事面前，人们往往会乱了阵脚，多了胆怯，他们不知道自己该说什么话，该做什么事情，甚至，他们根本不知道自己应该把手放在哪里才好。既然，陌生的风景、陌生的人、陌生的环境是我们无法拒绝的，为什么不尝试着去慢慢接受呢？其实，人生一直是在适应中体味快乐，我们又何必那么惧怕陌生呢？

成功大师拿破仑·希尔曾讲述了这样一个故事：

一位将军去沙漠参加军事演习，妻子塞尔玛需要随军驻扎在陆军基地里。沙漠干燥高热的气候，全然陌生的环境，令塞尔玛感到很难受，而她的身边又没有可以倾诉的人。陷于孤独的塞尔玛经常给父亲写信，在信中透露出自己想回家的强烈愿望。然而，父亲的回信只有短短的两行字：“两个人从牢中的铁窗望出去，一个看到泥土，一个却看到了星星。”父亲的回信令塞尔玛十分惭愧，她决定要在沙漠里寻找星星。

从此以后，塞尔玛开始与当地人交朋友，彼此之间互相赠送礼品，闲来无事，她开始研究沙漠里的仙人掌、海螺壳。慢慢地，她迷上了这里，通过亲身的经历，她写了一本《快乐的城堡》。

沙漠并没有改变，当地的印第安人也没有改变，是什么使塞尔玛的生活发生了巨大的变化呢？心态，当然是心态，以前惧怕陌生的塞尔玛看到的只是泥土，但是，当这样的心态发生变化之后，她开始慢慢适应这个陌生的环境，并在体味中追寻到了快乐，她终于在沙漠里找到了星星。

王先生热衷于广结朋友，而他最擅长的就是与陌生人打交道。有朋友问他："面对陌生人，你不害怕吗？"

王先生哈哈大笑，回答说："我这个人可从来不提倡'不要和陌生人说话'，相反，我觉得与陌生人聊天乃是人生的一大乐趣。前不久我回老家，坐在拥挤的大巴车里，人们用熟悉的乡音聊天，一位年逾70的老大爷跟我们讲了他参加革命的故事，我就特别喜欢，时而询问两句。看着他那颤动的皱纹，我觉得自己又多了一个陌生的朋友。虽然，下车后我们各走各的，可能以后都不会见面了，但是，他所讲述的那些故事以及他这个人，都有可能会成为我讲给别人的故事，我仍记得，我曾跟这样一个陌生的大爷在一辆破旧的大巴车上热情地聊天。"

朋友笑了，问道："也难怪你能说那么多好听的故事，不认识你的人还以为你经历了很多事情呢！"王先生笑着说："其实，那些故事都来源于陌生人。人们常说'行万里路'，事实上，我与那些不同的人打交道，听不同的故事，认识不同的人，我又何尝不是行万里路呢？所以，对于我来说，比起那些熟悉的朋友，我有时候更愿意接触陌生人。"

与陌生人结识其实就是一段新奇的旅程，在这段旅程里，你会认识到不同于以往所接触的人，包括他的秉性、长相、说话方式，以及发生在他身上的故事。其实，在这个世界上，对我们来说并没有什么完全陌生的东西，因为一切陌生的事情都会慢慢地变得熟悉起来。那熟悉的过程，事实上就是体味快乐的过程，有时候，快乐就是如此简单，比如听别人的故事。

如果换一个角度，你会发现，所谓的"陌生"其实就相当于一次新奇的探索之旅。在陌生的环境里，你会结识新的朋友，新的同事；你会有一间跟以前全然不同的房间，或许你早就厌倦了之前的摆设，趁着这个机会正好可以重新装饰；你会有一种新的生活方式，可能以前那循规蹈矩的生活你早就厌倦了，为什么不趁着这个机会改变呢？在适应陌生的过程中，其实你一直都能体味到那种“新奇”的快乐，因为所有的所有对于你来说都是未知的，新鲜的，自然也是乐趣无穷的。

鬼谷子智慧

鬼谷子认为，只要你顺应了这个环境，就不会陌生，就万事皆好。“陌生”这个词儿常常会唤起人们内心的胆怯，他们害怕去接触，更害怕自己从一个熟悉的环境到一个全新的环境。其实，这样的心理是可以理解的，从陌生到熟悉，需要一个漫长的过程中。

择机而动，顺势致远

此天道、人君之大纲也。

——鬼谷子

鬼谷子主张，客观规律是人君必须遵守的大纲纪。然而，顺势而为，重点在于择机。顺势是眼光，取势是目的，做势就是行动。大多数商人都有这样的毛病：急功近利。毕竟，商人所有的目的皆是求利，在这样的心理下，他们很容易为了求利而错过最佳的时机。对此，先不必求利，先等待时机。在生活中，做事应不急于求成，你越是着急，就越不利于事情的发展。反之，如果你不急于求成，事情反而会朝着有利的方向发展。

在现实生活中，许多人总是抱怨没能遇到成大事的机会，事实上，机会始终是可遇不可求的，当机会来临的时候，能否以一双慧眼捕捉机遇，这才是决定一个人是否能成大事的关键。在我们身边，不是缺乏机会，而是缺少发现，如果你想做出一番成就，就必须拥有一双火眼金睛，这样，才能抓住每一个成功的机会。

在晚清时代，许多商人对打仗唯恐避之不及，而胡雪岩却不这么看。在他看来，做大生意，最好的办法就是帮军官打胜仗。他说："只要能帮军官打胜仗的生意，我都做，哪怕亏本也要做。要知道这不是亏本生意，是放资本下去。只要军官打了胜仗，时势一太平，什么生意不好做？到那时候，你是为朝廷打败太平军出过力的，官家自会报答你，做生意处处给你以方便。你想想看，这还能不发达？"做生意不必急于求成，而应等待时机，有了这样的看法后，胡雪岩积极投入到帮助左宗棠军队的事业中，事实证明，最后，他真的得到了丰厚的回报。

后来，在帮助军队筹集粮饷的时候，由于阜康钱庄资金有限，于是胡雪岩打算寻找合作伙伴。出人意料之外，他选择了大源钱庄，在旁人看来，胡雪岩应该选择信和钱庄：一方面，信和钱庄资本雄厚，生意做下来肯定会大赚；另一方面，于公于私，信和钱庄都与胡雪岩有着密不可分的关系，之前早已经成了阜康的生意伙伴。对于胡雪岩如此的决定，旁人感到很疑惑，就连档手刘庆生也说："阜康和信和关系非同一般，你为什么不选信和来做？如果与毫无名气的大源钱庄合作，万一失利怎么办？"胡雪岩却有自己的小算盘——他希望将自己的生意做到最大。要做大生意，肯定要广结商界人士。借此笔生意，且不论利益如何，这笔生意可以扩大自己的商业，这无疑是在为自己的生意制造"机会"。

一个人要想成就一番大的事业，不仅需要乘势，更需要等待时机。在时不逢机的时候，唯有等待才是最好的选择。在那动乱年代，胡雪岩大力赞助左宗棠的军队，但他并不急于求成，而是善于等待。等到太平天国运动被平息，他也就成为了有功之臣。所以说，在等待中积蓄力量，寻找时机，才能取得更大的成就。

在现实生活中，我们总想做一些事情，却往往做不成。有时候，是因为条件不具备，或者一些障碍。在这样的情况下，该如何办呢？坚持去做，有可能会一败涂地，我们不妨选择等待。暂时先忍耐一下，等待最佳的时机，如此，我们才能重新奋起。扭转困难的机遇往往隐藏在我们没有注意的地方，假如我们能发现它、抓住它、利用它，那么，我们将有机会摆脱困境，获得成功。

有一天，一头驴不小心掉进了一口枯井里，农夫绞尽脑汁想办法救出它，但是，几个小时过去了，那头驴还在枯井里痛苦地哀嚎着。最后，农夫决定放弃，心想，反正这头驴年纪也大了，不值得大费周章地把它救出来，但是，无论如何，要将这口枯井填起来，以免其他动物掉进去。

于是，农夫请来了左邻右舍，大家一起帮忙将枯井填满，同时，也好免去驴的痛苦。农夫和邻居们手拿铲子，开始将泥土铲进枯井中，当那头驴了解到自己的处境时，眼里满是绝望，忍不住流下眼泪，并不断在枯井里发出痛苦的嘶叫声。但是，出乎意料之外的是，没过多久，这头驴就安静了下来，农夫好奇地探头往井底一看，出现在他眼前的景象却令他大吃一惊：当铲进枯井里的泥土落在驴身上的时候，它将泥土抖落在一旁，然后站到新铲进的泥土堆上面。很快，那头驴便出现在人们的眼前，大家都惊讶地捂住了自己的嘴巴。

当意识到自己将葬身于此时，那头驴着急了，挣扎、痛苦地嘶叫，可是，这些似乎对事情一点帮助也没有。于是，它安静了下来，等待新的机会，没想到，伴随着灾难来临的还有机会，它抓住机会，走出了枯井。在事情尚未成功的时候，智者眼里往往能够看到个潜在的机遇，而愚者却对此无动于衷。

鬼谷子智慧

在现实生活中，有的人发现了机会，却犹豫不决，在左右为难中，机会也就消失了。所谓“机不可失，失不再来”，机会，并不是你想它来就能来的，而是在它来的时候你要抓住它，否则，这次机会一旦错过，就没有重新再来的机会了。所以，成功者从来不急于求成，他们就像猎豹一般默默潜伏、时刻准备着，伺机重拾成功。

顺应潮流，不进则退

故人君亦有天枢。

——鬼谷子

鬼谷子认为，我们应该顺应自然规律，在现实生活中则应该顺应时势，开拓思维，与时俱进。有这样一句老话："牢骚太盛防断肠，风物长宜放眼量。"做任何一件事，我们都需要将目光放在长处，与时俱进，无论是思维还是计划都需要超前，不能只顾盯着眼前，因为鼠目寸光是永远不可能做成大事的。在工作中，解放思想就是一种与时俱进，一些陈旧的思维和观念在我们头脑中根深蒂固，随着时间的推移，慢慢地，它成为了我们做事情的阻碍。有时我们心中有了一些好的想法，可思维和计划却总受到陈旧观念的束缚，最后，我们什么事情都做不好。懂得与时俱进，就是要摒弃心中那些不合适的陈腐观点，为大脑中注入新的思想和观念。

曾国藩是传统文化的代表，可是，他本身并不拘泥于传统，他懂得，一个人既然要务实，就不能因循守旧。于是，在他的一生中，思想经历了几次大的变化，对于"解放思想"这几个字，他是说到做到。

刚开始的时候，曾国藩致力于辞章之道，希望成为一名理学大师。不过，他在这其中，加入了经济的思想，而且，在他的推动下，编撰了《船山遗书》，彰显了经世哲学。后来，在太平天国时期，曾国藩一改传统思想，一个文弱书生竟然带起了兵。在平定太平天国的时候，他解放了申韩之术，对待敌人，他异常冷漠，杀人如麻，由此获得了"曾剃头"这个绰号。等到太平天国平定以后，曾国藩开始修身养性，他主动裁撤湘军，并让功劳最大的弟弟回家养病。可见，曾国藩不仅能灵活运用传统文化，而且，他懂得了与时俱进。

曾国藩说："前世所袭误者，可以自我更之；前世所未能及者，可以自我创之。"这话揭示了"与时俱进"精神的实质。曾国藩成为了最早推动洋务运动之人，他派出了第一批留学生留学国外，学习西方科学技术。另外，他还引进了一系列科技人才和翻译人才，希望能够为国人所用。今天，我们不得不说，曾国藩与时俱进的思想，对中国近现代社会的发展产生了积极的作用。

对于曾国藩来说，他的解放思想不仅仅体现在为官上，更形象地体现在家庭教育上。熟悉曾国藩的人都知道，他有两个儿子，一个是有一口流利英文的外交家曾纪泽，一个是著名数学家曾纪鸿。与曾国藩同一个时代的人，他们所读的书都是程朱理学，四书五经，但是，曾国藩却从其中超脱了出来，这应该得益于他不唯书，敢于突破程朱理学的新思想。

威尔逊在创业之初，全部家当就只有一台分期付款的爆米花机，价值50美元。第二次世界大战之后，威尔逊做生意赚了点钱，他决定从事地皮生意。当时，在美国从事地皮生意的人并不多，战后大多数人都比较穷，买地皮修房子、建商店的人很少，地皮的价格也很低。

当威尔逊骄傲地宣布自己的决定时，遭到了亲朋好友的反对，大家都对他说："你的决策是不是有问题，你应该慎重考虑一下。"然而，威尔逊却坚信自己的决策是正确的，他认为家人和朋友的目光太短浅了，美国毕竟是战胜国，其经济应该很快就能进入发展期，而那时买地皮的人增多，地皮的价格就会暴涨。

于是，威尔逊用自己的积蓄再加上贷款在市郊买下了很大的一片荒地，然而，这块土地地势低洼，不适宜耕种，简直无人问津。不过，威尔逊还是决定买下这块土地，他预测：美国经济很快就会繁荣，城市人口增多，市区会不断扩展，必然向郊区延伸，在不久之后，这块荒地就会变成黄金地段。

一两年过去了，威尔逊的预言成真了，美国城市人口剧增，市区迅速发展，大马路一直修到了威尔逊那块土地上。这时，人们发现这块土地风景宜人，是一个夏天避暑的好地方。于是，这块土地的价格倍增，很多商人竞相出高价购买，但是，威尔逊却有着长远的打算。他在这块土地上盖起了一座"假日旅馆"，由于地理位置比较好，开业后生意非常兴隆，从这以后，威尔逊的生意越做越大，在世界各地都有威尔逊的“假日旅馆”。

威尔逊创业的决定遭到了亲朋好友的反对，他们对于威尔逊的计划颇为不屑，甚至认为他的思想有问题。但是，威尔逊自有一番见解，他认清了当下时局，分析了经济的走向后，没有局限在陈旧的思维和观念里，而是将自己的思维和计划超前。事实证明，他的决定是明智的，而他也凭着长远而敏锐的眼光开创了自己的事业。如果威尔逊当初没有坚持自己的意见，放弃了地皮生意，那么命运将又是另外一种结果了。其实，对任何一项工作任务，我们要善于将思维提前，这样，一方面可预料到即将发生的问题，以早作准备；同时，灵活的思维将为你的成功多增添一个筹码。

鬼谷子智慧

鬼谷子告诫我们，要想搭上潮流这趟船，就需要开拓思维，大胆创新。当然，放弃陈旧思想是需要勇气的，毕竟思想已经成为习惯，而在新思想未出现之前，陈旧的思想和观念是一种权威，所以说，与时俱进也是一种勇气。传统的思想是值得尊崇的，但是，尊崇并不是说要因此而故步自封，当身边的事物已经发生了变化，如果思想和观念依然不变，你就会被时代所抛弃。

顺风顺水，必顺人意

生养成藏，亦复不可干而逆之，逆之虽盛必衰。

——鬼谷子

鬼谷子主张顺势而为，君王要组织百姓生产生活，教养万民，收获，储藏等，也不能违抗客观规律，如果背逆客观规律，即使表面上看似强大，也必将衰弱。简单地说，就是做事要顺应潮流，不要逆势而行。老话说得好：“留得青山在，不愁没柴烧。”我们生活在这个世界上，会有很多事情要做，有些事情做起来比较顺利，有些事情做起来却坎坎坷坷，有些事情根本做不好。对于这些，有人归结为是“命”，命运好的人，运道亨通，做事顺利，没有阻碍；运气差的人则处处受阻，哪怕看似水到渠成，也会功亏一篑，而且别人能做的事情转眼到了他手里就是不行。

其实，细细想来，事情成败的原因可以归结为一个字——势。若顺势而为，如水推舟，事半功倍；若逆势为之，则逆水行舟，艰难险阻，功败垂成。所以，一个人能做大事，干成大事，有时并不是这个人有多大的本事，也不是我们所说的这个人的命有多好，而是他顺应了大势，时势成就了他，这就是所谓的“时势造英雄”。

1993年，陈志刚到圣彼得堡市留学，当时正值俄罗斯经济转轨，各种生活物资都很匮乏，在我国国内有许多人扛着大包的生活物资到俄罗斯倒货，因此发财。陈志刚鼓起勇气，尝试着做了第一笔生意。没想到这笔生意很顺利，赚到了100多美元，他对此很有成就感。当时学校的课程不多，于是在课余时间，他都是在做生意。到了1996年，他的业务已经很繁忙，尽管他一个月只工作八天，也可以赚上万美元。博士毕业后，他决定留下来，继续做生意。

1998年底，正是陈志刚生意最火爆的时候，然而他却在这时做出了一个决定：退出皮货市场。接下来他清空了所有的货物，在俄罗斯房地产比较混乱的时候，陈志刚花费了自己所有的积蓄买了一处房产，并把它装修一新，起名北京饭店，开起了中餐馆。原来，他发现俄罗斯经济已经开始复苏，这个地方开始更加广泛地与世界各国进行交流，这里的人热爱古老的东方文化，爱上了中餐，认为吃中餐是一种时尚。陈志刚正是看中了这个时机，准备全力以赴经营餐饮业。

正当北京饭店的生意如火如荼的时候，陈志刚又出人意料地在一个既无人气、更谈不上好地段的，甚至很混乱的地方——一处买卖牲畜和干草的广场旁买了两处房产，也是要开中餐馆。他认为，他看好的这个地方，将成为圣彼得堡将来的商业中心，因为他太了解这座城市了。300年以来，这座城市几乎保存了各式各样的旧式建筑，闻名的不闻名的，通通都不允许破坏原样，所以圣彼得堡是世界上唯一一座整座城市都被列为世界文化遗产的城市。

事实也正如他所料，仅仅五年时间，这个昔日又脏又乱的地方，早已经是圣彼得堡繁华的商业中心了，他的香港饭店，赚足了大钱不说，而他购买的房产，也是24小时都在增值。这个时候，虽然他已经组建了一个相当大的国际兄弟贸易集团，旗下包括饭店、旅游、贸易清关、航空票务等一系列分公司，他却又从房产的巨大增值中，看到了新的商机——解决老百姓的居住问题，已经成为俄罗斯的基本国策。

陈志刚立马又开始投身到建筑业，他在当地寻找专业的合作伙伴，主要作设计，掌控建筑风格和建筑标准，然后从中国找建筑队。他的房地产业很快也紧锣密鼓地开张了，而且，他的工地搞得热火朝天，连州长都跑去参观，说是二十年没有见过这样的工地了！

顺势而为，百战不殆。回顾陈志刚在俄罗斯将近十五年的时间，从做皮货，开餐饮，到搞房地产，都适应了苏联解体，俄罗斯进入极度困境的情况下，从解决穿衣问题开始，到追求饮食文化，再到现在的对居住的需求。而他每一次都是凭着自己深厚的文化素养，把圣彼得堡的历史、政治、经济等环境研究得一清二楚，把握住了经济发展的趋势，才以敏锐的眼光捕捉到一个又一个的商机，顺势而为，因此成就了他自己今天事业的辉煌。

成功的关键在于一个“顺”字，顺应，顺道，顺利，而不是悖逆，逆反，否则朋友不容你，环境不容你，世道不容你。成功的关键正在于一个“为”字，只有作为才能成就事业，只有作为，才能通向未来。这个世上，你改变不了世界，只有改变自己，你让世界适应你，只会头破血流；你主动适应世界，才会顺风顺水，一帆风顺。

鬼谷子智慧

鬼谷子告诫我们，凡事应顺势而为。顺势而为，关键在于一个“势”字，要有一双慧眼，判明大势进退；要有一颗明亮亮的心，悟达通透。只有看得清，瞅得准，心如明镜，才会知晓大方向，大趋势，知进退。

参考文献

[1]鬼谷子.鬼谷子（典藏全译本）[M].北京：中国画报出版社，2011.

[2]孔维勒.孔维勒说鬼谷子：言谋天下[M].北京：东方出版社，2013.

[3]高崖子.六韬·鬼谷子[M].成都：成都时代出版社，2014.